本书由西安交通大学人文社会科学

中国水下文化遗产的法律保护

刘丽娜 / 著

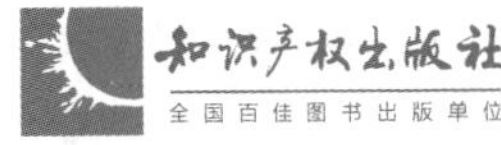

图书在版编目（CIP）数据

中国水下文化遗产的法律保护/刘丽娜著．—北京：知识产权出版社，2015.3
ISBN 978 -7 -5130 -3098 -4

Ⅰ.①中… Ⅱ.①刘… Ⅲ.①水下—文化遗产—法律保护—研究—中国 Ⅳ.①D922.164

中国版本图书馆 CIP 数据核字（2014）第 241151 号

内容提要

相比于陆上的文化遗产，水下文化遗产更为完整地保留了文化多样性和人类文明。然而，人类对水下文化遗产的窥觑和贪婪导致非法打捞、走私、破坏水下文化遗产的情况愈演愈烈。本书从分析我国水下文化遗产法律保护的困境入手，在比较了国外法律制度和司法实践的基础上，阐述了水下文化遗产的国际法保护，提出了我国水下文化遗产的国内法保护建议和国际法保护对策。

责任编辑：韩婷婷　　**责任校对**：谷　洋
装帧设计：张　冀　　**责任出版**：刘译文

中国水下文化遗产的法律保护
刘丽娜　著

出版发行：知识产权出版社有限责任公司　　**网　　址**：http：//www.ipph.cn
社　　址：北京市海淀区马甸南村 1 号　　**邮　　编**：100088
责编电话：010 -82000860 转 8359　　**责编邮箱**：hantingting@cnipr.com
发行电话：010 -82000860 转 8101/8102　　**发行传真**：010 -82000893/82005070/82000270
印　　刷：北京科信印刷有限公司　　**经　　销**：各大网上书店、新华书店及相关专业书店
开　　本：720mm ×1000mm　1/16　　**印　　张**：13.5
版　　次：2015 年 3 月第 1 版　　**印　　次**：2015 年 3 月第 1 次印刷
字　　数：233 千字　　**定　　价**：39.00 元

ISBN 978-7-5130-3098-4

序一

中国海域辽阔，陆地江河湖泊星罗棋布，水下文物十分丰富。1982 年《中华人民共和国文物保护法》（以下简称《文物保护法》）第四条规定："中国人民共和国境内地下、内水和领海中遗存的一切文物，属于国家所有。"这对我国水下文物权属和保护管理在法律层面做出明确规定，中国水下文物保护事业进入一个新的快速发展阶段。

中国对水下文物保护和在法律法规层面做出规定，其认识来源于对事物的观察和实践，来源于保护经验的积累。

早在民国文物法规创建时期，北京政府内务部于民国五年（1916 年）颁发的《保存古物暂行办法》中，第二条规定了保护"堤堰"等古迹之属；民国十七年（1928 年）南京国民政府内政部颁发的《名胜古迹古物保存条例》第二条"遗迹类"中规定保护"矶石"等古迹；民国二十四年（1935 年）中央古物保管委员会《暂定古物范围及种类草案》"建筑类"规定中包括"堤闸"等遗址。这些江河湖泊边的"矶石""堤堰"和"堤闸"等古迹，在水位低时，自然处于地上，但在洪水季节水位大幅上涨时，则可能被淹于水中，成为水下文物。在民国时期文物法规中规定应保护的石刻（碑刻），也应包括水下石刻等。这些规定，实际上都涉及水下文物保护，应是对这一类文物保护重要性认识的体现。

新中国成立后，文物保护事业和文物法规建设迅速发展。在 20 世纪 50 至 70 年代开展的大规模基本建设工程，尤其是大型水库建设中，一些水库区的文物，由于当时人财物等条件的限制，国家仅对个别重要文物建筑进行迁移，如迁移山西省芮城县元代建筑永乐宫；对有些库区重要的古遗址、古墓葬进行了调查发掘。但有不少文物建筑、碑刻以至城 0 镇被淹没于水库之中，成为水下文物。1961 年，国务院公布的《文物保护管理暂行条例》中规定保护石刻等文物，应包括水下石刻等。1971 年，迁移水库区全国重点文物保护单位湖南省永顺县溪州铜柱。1974 年，福建省发掘保护泉州湾宋代沉船。1977 年，国家文物事业管理局在经国务院批转的一个报告中写道："在历史文物中，要特别注意调查、保护反映地质水文、地下水脉、河道变迁、地貌变化和天文气象等情况的遗址、墓葬、碑刻等文物，并及时进行整理研究，直接为生产建设和科学研究服务。"如保护四川省白鹤梁唐代至清代水文题刻，这些刻于江中石床上的珍贵石刻，在长江夏秋洪水季节被淹没，而到枯水季节，复又逐渐露出水面，成为珍贵的历史水文资料，是十分重要的水下文物。这个时期保护水下文物经验的积累和认识的升华，逐步形成了保护水下文物的理念，为在1982年《文物保护法》中做出保护水下文物的规定，提供了实践经验和思想理念。

1982年《文物保护法》为保护水下文物提供了重要法律保障，我国依法保护水下文物和水下文物保护事业发展进入一个快速发展阶段。1987年，文化部文物局推动、组织了多部委局参加的"国家水下考古协调小组"，成立了国家水下考古专业机构，培训了水下考古人员，制定了有关政策。1988年，白鹤梁题刻被国务院公布为全国重点文物保护单位；对白鹤梁题刻的有效保护，为尔后建设三峡库区水下博物馆奠定了基础。1989年10月20日，国务院公布了《中华人民共和国水下文物保护管理条例》，为我国水下文物保护管理提供了重要法律保障。我国水下考古工作迅速、有序开展，取得了一系列重要成果。中国保护水下文物的成绩和经验及法规建设成果，受到了国际社会的普遍关注，为联合国教科文组织制定《保护水下文化遗产公约》做出了贡献。

刘丽娜的《中国水下文化遗产的法律保护》是一部研究水下文物法律保护的力作。全书结构合理，内容丰富，研究思路、方法清晰。其特点，一是对国内外水下文化遗产保护及其法律规定的历史和现状作了比较系统的梳理研究；二是对一些重要问题进行了比较深入的比较研究，提出了自己的意见和建议。如对中国《水下文物保护条例》的分析和修订建议，对中国参加《保护水下文化遗产公约》的利弊分析与建议等，均有较强针对性，可提供有关部门参考。

《中国水下文化遗产的法律保护》是刘丽娜在博士论文的基础上进一步研究的阶段性成果。《水下文物保护条例》是中国特色文物法律体系的重要组成部分，希望就水下文物保护的有关法律问题继续深入研究，同时希望拓展文物保护法律研究范围，取得新的研究成果，为中国特色文物法制建设和依法治理做出贡献。

是为序。

李晓东

2014年11月5日

序二

刘丽娜博士的《中国水下文化遗产的法律保护》是近年来有关我国水下文化遗产保护的一部令人欣喜的力作。所谓令人欣喜，不仅仅是因为该书在全面梳理国内、外水下文化遗产保护法律背景的基础上，为中国水下文化遗产保护提出了法律性的对策和建议，即便对当前的热点海域——南海海域的水下文化遗产保护，作者也提出了自己的看法和见解，而且书中对相关国家水下文化遗产保护状况的评析和对“梅赛德斯”号等沉船的个案分析，很有借鉴意义。凡此种种，都体现了本书较高的学术价值和现实意义。更重要的是，这是一本由“圈外人”——即不是传统意义上的“水下考古人”完成的著作，她给我们带来的国际视野的开拓、保护理念的新颖，以及“圈外人”对水下文化遗产保护工作的热情关注，不仅令人欣喜，而且令人鼓舞。

1928 年，法国考古学家 Salomon Reinach 有感于突尼斯 Mahdia 沉船水下考古的成果，写下了“海洋是人类最大的博物馆”这样一句至理名言。自此以后，世界各地的水下考古成果纷至沓来，令人瞠目结舌的发现接连涌现，让人们深切感受到了海洋文明的无穷魅力！与此同时，国际社会也深刻反省愈演愈烈的商业性打捞对水下文化遗产保护带来的前所未有的冲击。2009 年，联合国教科文组织《水下文化遗产保护公约》（2001 年联合国大会通过）正式生效，成为国际社会保护水下文化遗产的基本准则。提倡原址保护、反对商业打捞、提升公众意识、促进可持续发展和国际协作，已然成为国际水下文化遗产保护事业的共识。目前，签署或批准加入《水下文化遗产保护公约》的国家已有 49 个，其中包括法国、意大利、西班牙等水下文化遗产大国；亚洲国家中，伊朗和柬埔寨已经率先加入，斯里兰卡、菲律宾甚至印度尼西亚等国也正在积极申请加入。另一方面，经联合国教科文水下公约秘书处认证的水下文化遗产非政府组织已有11个，包括来自美国、英国、德国、加拿大、澳大利亚、法国、南非等国的水下考古协会组织。此外，还有一批国际知名大学成为水下公约秘书处的合作学术机构。目前，中国尚未批准加入水下公约组织，但申请加入公约的呼声一浪高过一浪，在国际公约和国内法律框架下开展水下文化遗产保护工作已经成为社会各界的共识。从这个角度讲，刘丽娜博士专著的出版可谓正逢其时。

众所周知，中国海域辽阔，海岸线漫长，水下蕴藏着丰富的遗产资源，是世界公认的水下文化遗产大国。回顾我国的水下考古事业，从1974年泉州湾宋代古船的发掘，到2007年“南海I号”沉船的整体打捞，再到2007—2008年西沙“华光礁一号”沉船的发掘，我们的水下考古工作经历了从滩涂发掘到近海打捞再到远海作业的历史进程。同时，我们也欣喜地看到，近年来中国水下文化遗产保护事业取得了突飞猛进的发展：2014年6月4日，中编办批复“国家文物局水下文化遗产保护中心”独立建制；9月4日，我国第一艘水下考古船——“中国考古01号”在青岛首航出发并开始了水上作业，标志着我国水下考古技术装备一跃跨入世界先进行列；目前，在广东阳江“海上丝绸之路博物馆”沉睡五年之久的“南海I号沉船”正在进行室内考古发掘工作，令人欣喜的发掘成果不断呈现……但是，我们一直也知道，相关水下文化遗产保护的法制建设、制度建设，也一直是我国水下文化遗产事业的薄弱环节。在国家实施海洋强国战略、特别是习总书记提出“一带一路”构想以来，水下考古与海上丝绸之路已然成为时代关注的热点话题。我们注意到，海洋经济建设正在如火如荼地进行；填海造地、海洋工程、以及各种打捞与探险活动，都使不可再生的水下文化遗产资源面临前所未有的风险。防范这些风险的一个重要措施，就是加强水下文化遗产保护的法制建设。因此，刘博士的这本著作，也正适应了当前工作的急需。

我和刘博士相识于2011年2月的巴黎。当时我还兼任国家水下文化遗产保护中心的主任，去联合国教科文组织总部参加《保护水下文化遗产公约》秘书处的会议，刘博士正在秘书处实习。我向她介绍了我国水下文化遗产保护工作的情况，希望她能够参与部分工作，得到她的积极响应。回国之后，刘博士与我院的几个年轻同志一起完成了有关的课题研究，在此期间，她也有了更多的机会去实际考察我们的工作。我可以看出她已经把这些工作和考察的成果转化到了这本著作之中。所以，我是满怀欣慰之情写下这些充作序言的文字，并真切期待刘博士继续关注并参与我们的水下文化遗产保护工作，不断有新的成果问世。

中国文化遗产研究院院长　刘曙光

2014 年 12 月 1 日

词汇缩略表

UNESCO 联合国教科文组织
United Nations Educational, Scientific and Cultural Organization

UNCLOS 联合国海洋法公约
United Nations Law of the Sea Convention

ICUCH 国际水下文化遗产委员会
International Committee for the Underwater Cultural Heritage

ISA 海底管理总局
International Seabed Authority

IUCN 世界自然保护联盟
World Conservation Union

ICOMOS 国际古迹遗址理事会
International Council on Monuments and Sites

WHC 世界遗产中心
UNESCO World Heritage Centre

UNIDROIT 国际私法协会
International Institute for the Unification of Private Law

MACHU 水下文化遗产管理项目
Managing Cultural Heritage Underwater

目　录

第1章　绪　论

1.1　研究背景

我国水下文化遗产（以下简称“水遗”）及保护现状是研究我国水遗法律保护的前提和背景。

地球4/5的大洋中有成千上万沉没的船只乃至被淹没的城市，他们的遗骸像“时光胶囊”一样尘封了宝贵的人类遗产。“世界最大的博物馆在深海海底”❶，UNESCO曾统计过全世界水下有超过300万艘的沉船遗址，仅1824—1962年《蒸汽机时代海难词典》中列明的沉船就有12542艘。❷而我国拥有1.8万公里的海岸线、6000余个海岛和丰富的内陆水域，其中蕴含着种类多样、数量巨大的水下文化遗产。特别是我国南海海域、黄海海域内沉没了诸多起源于我国的水下文化遗产。海上丝绸之路使得中国的物品随着船只绵延至印度洋、大西洋，甚至太平洋，有的沉没于海底。这些水下文化遗产是中华民族勤劳智慧的结晶，记录和承载着中华民族悠久而灿烂的文明。

相比较为完备而高效的陆上中国文化遗产保护，中国水下文化遗产保护刚刚起步。虽然1982年《文物保护法》中对文物的规定涵盖了内水和领海内的文物，但我国真正重视到水下文化遗产要从1987年一起沉船船货拍卖事件开

❶ UNESCO Culture Sector. Titanic now protected by UNESCO Director-General calls for remembrance and protection [EB/OL]. [2012-04-03] http: //www. unesco. org/new/en/culture/themes/underwater-cultural-heritage

❷ Charles Hocking. Dictionary of disasters at sea during the age of steam including sailing ships & ships of war lost in action 1824-1962 [M]. London: Lloyd's shipping file, 1969: 134.

始。1986 年，英国“职业捞宝人”麦克·哈彻（Mike Hatcher）在中国南海水域打捞到“海尔德马尔森号”（Geldermalsen）沉船，捞出了 126 块金条和 160000 件瓷器（迄今所发现的最大一批中国出口瓷器），虽然当时的国际海洋博物馆大会要求“以科学方法发掘‘海尔德马尔森号’这样重要的考古发现”，但打捞者利欲熏心，全然不顾沉船货物的历史意义，沉船遭到灭顶毁坏。这艘 1751 年沉没的荷兰帆船上残留下的珍贵货物，特别是瓷器，以“南京货”为名在阿姆斯特丹进行了拍卖。该事件的发生引起我国政府和考古界的重视。继“国家水下考古工作协调小组”之后，1987 年 11 月，根据文化部文物局与国家科委科技促进发展研究中心联合发出的“关于加强国家水下考古工作的报告”的精神，国家文物局委托中国历史博物馆（2003 年起称国家博物馆）承担并组织成立了我国第一家从事水下考古学研究的机构——水下考古学研究室，中国的水下文化遗产保护工作也就此拉开了序幕。

27 年间，中国的水下文化遗产保护事业经历了从无到有逐渐发展壮大的过程。首先是对四大海域的多项水下沉船遗址的调查。全国范围系统开展水遗普查是从 2000 年开始，特别是 2009—2010 年开展的第三次全国文物普查中的水下普查工作取得诸多重要收获，统计显示目前我国已经发现 108 处水下遗址疑似点。其次是对多项水下沉船遗址的发掘工作，见证了我国水下考古从滩涂发现发掘到近海打捞再到远海作业的历程。1974 年泉州湾宋代古船的发掘，是考古学界在海岸滩涂对古代沉船进行发掘和开展多学科合作研究的成功之作；2007 年广东阳江“南海 I 号”沉船的打捞，在国际水下考古学界率先采用沉箱整体打捞技术，堪称近海沉船考古的一次创举；2007—2008 年，西沙“华光礁 I 号”沉船的发掘，标志着中国水下考古的工作水域已经由近海扩展到远海海域。不仅如此，我国还在内水水域（如湖泊、水库、内河、运河等水域）开展了一系列水遗保护项目，从单纯的沉船遗址扩展到包括水下遗址、城市、桥梁、码头、水闸、水文石刻乃至近现代军舰等诸多历史文化遗迹。再次是对水遗保护的科学研究，出版了一批有关沉船发掘与水下考古的报告及研究成果，如《泉州湾宋代沉船发掘与研究》《绥中三道岗元代沉船》《福建连江定海湾沉船考古》《西沙水下考古（1998—1999）》《东海平潭碗礁 I 号出水瓷器》《蓬莱古船与登州古港》等。最后，我国确立了专门的水遗保护机构，形成了全国一盘棋的保护理念。2009 年，在中国文化遗产研究院设立了国家水下文化遗产保护中心（以下简称水下中心）成立。其作为“国家水下文化遗产保护工作协调小组”的日常办事机构，负责全面组织协调、规划实施国家水下文化遗产调查、发掘、研究、保护、利用以及人才培养等工作。之后，在宁波、青岛、武汉、福建分别建立4处国家水下文化遗产保护基地。2014年7月，中央编办正式批准成立国家文物局水下文化遗产保护中心，标志着我国水遗保护跨入新的阶段。

20多年的水遗保护的发展使得我国在水下考古技术、出水文物保存修复等层面已取得不小进步。但跟世界其他水遗大国相比，我国在水遗法律保护方面还是有一定差距的。

国际水下文化遗产的探测从1943年“水肺”（SCUBA）的发明开始，到20世纪60~70年代水下遥控机器人、水下摄影机和声纳技术的利用，人类对深海探测开发的能力“足以触及所有大洋海床面积的98%”[1]。特别是海尔德马尔森号（Geldermalsen）沉船、中国泰兴号（Tek Sing）沉船的发现，使得猎宝者开始窥觑打捞沉睡海底的文化遗产。于是，从20世纪70年代开始，一些传统海洋国家不同程度地修改了本国文化遗产法。有的专门制定了水遗保护法案，如1972年美国的《国家海洋保护区法案》（Natioal Marine Sanctuaries Act）、1973年英国的《沉船保护法案》（The Protection of Wrecks Act）、1992年印度尼西亚的《五号法案》，但立法本身理念及保护的效力都差强人意。最重要的国际法保护是2001年UNESCO通过的《保护水下文化遗产公约》（以下简称《水遗公约》），2009年该公约生效。随后，法国、意大利、西班牙和葡萄牙等水下文化遗产丰富的国家相继加入公约；其他遗产大国纷纷寻求与教科文组织水遗公约处的种种合作，如地区水遗保护项目；此外，双边水遗保护条约、与水遗相关的国际司法判决都尊重并使用《水遗公约》中的水遗保护原则，水遗保护国际规则逐步形成并越来越具有影响力。

面对水遗国际保护规则的出台和影响力的增强，我国对水下文化遗产的法律保护却裹足不前。1989年国务院公布的《中华人民共和国水下文物保护管理条例》（以下简称《水下文物保护条例》），是中国第一部也是唯一一部水下文化遗产法规。但在实施20多年里，随着我国对海洋经济的开发，未来我国对河道的清理，海洋油气的开发，海底电缆铺设，甚至水下试验，都有可能污

---

[1] Patrik J. O. Keefe. Shipwrecked Heritage: A Commentary on the UNESCO Convention on Underwater Cultural Heritage［M］. UK: Institue of Art and Law, 2002: 4.

染海洋，令水下文化遗产的保存环境受到威胁，暴露出越来越多的法律制度方面的问题。因此，我国应该对水遗保护的国际规则、国际实践、其他国家水遗保护法律制度及其对《水遗公约》的态度进行系统分析，加以研究和借鉴。

1.2 研究意义

人类文明本身的多样性导致了文化遗产范畴的进一步细化，并发展了新的类型。水下文化遗产作为这种新型文化遗产，得到越来越多国家和国际社会的关注。而水下探测科技客观促成的水下打捞情况的恶化，使得国际社会和各个国家确立法律规范遏制破坏水下文化遗产的行为。我国水下文化遗产面临的情况促使研究如何通过法律途径保护我国水遗成为必要。

首先，本书希望对《中华人民共和国水下文物保护管理条例》（以下简称《水下文物保护条例》）的修订提出建议。1989 年由国务院公布的《水下文物保护条例》共 13 条，简单且概括地对水下文物的定义、范围、管理机构、考古和发掘等事项做出了规定。自公布 20 多年来，中国水遗保护已出现许多问题，与条例相关的一些法律也已发生变动，对条例的修改势在必行。本书通过比较《水遗公约》、其他国家水遗保护法、国际水遗保护原则与中国水下文化遗产在立法、保护理念上的异同，提出对《水下文物保护条例》中的立法保护模式、法律制度、执法制度等的修改建议。

其次，本书对中国加入《水遗公约》的可行性进行论证。通过梳理《水遗公约》已有的缔约国、非缔约国国内水遗法、保护实践和对公约的态度，如水下文化遗产的定义、管辖权制度、所有权制度等的规定等，系统分析及论证中国加入《水遗公约》后享有的国际权利，并对加入时应注意的“解释性声明”“保留条款”“主权声明”等条款提出分析对策。中国拥有丰富的海洋和内水资源，水下文化遗产藏量颇丰，本书研究预期加入公约后其可能对中国相关立法和实践造成的影响，提前制定应对策略，并探讨我国应如何更好地与国际水遗保护法“对接”。

再次，本书旨在完善水下文化遗产权属问题的国际法理论，推进水下文化遗产国际法在权属制度方面的发展。随着海洋经济时代的到来，各国对海洋资源的争议已经延伸到文化遗产领域，各国对海底沉船沉物的归属及管辖存在争议，从沿海国的领海海域扩展到公海海底。然而水下文化遗产的权属问题是国际法中最棘手并一直回避的法律问题，至今没有国际条约规制此内容。本书通过分析水遗权属的复杂性，解释客观造成《联合国海洋法公约》（以下简称 UNCLOS 或《海洋法公约》）、《水遗公约》一直回避的原因，归纳出权属争议的焦点并非表象的不同水域造成的权属复杂性，而是水下文化遗产和“来源国”的关联性问题。在剖析现有国际法原则“全人类共同遗产”原则、“惠及来源国”原则不适用于水下文化遗产权属争议后，提出水遗权属的国际法依据——文化认同。

最后，本书希望构建南海水下文化遗产合作保护模式，通过对《水遗公约》的国际“合作体系”及国际水遗保护的国际法原则的研究，旨在为合理解决我国与邻国未来在水遗方面的争议提供国际法保护依据。我国与东南亚其他国家在南海海域划界上存在争议，涉及巨大的经济利益和地区安全问题，如果再加上南海水遗争议，会使得该地区问题愈加复杂，而水下文化遗产所蕴含的与特定民族联系而产生的历史、考古价值使得这一争议更加复杂，也使得研究更具现实意义。

可见，一方面，研究我国水下文化遗产法律保护是我国文化遗产保护事业的重要内容。水下文化遗产和陆上文化遗产一样，是我国历史文化遗产的重要组成部分。仅以陆上文物资源来说，我国当之无愧是文化遗产大国，但一个国家的文化遗产保护必须兼顾陆地与水下。保护这些珍贵的水下文化遗产，不仅有利于弘扬中华优秀文化，更是我国文化遗产保护事业发展的需求，是人类文明的多样性和互动性的必然结果。另一方面，研究我国水下文化遗产法律保护也是对新时期国家海洋事业和文化遗产保护工作提出的紧迫要求。水下文化遗产保护是国家海洋战略的重要组成部分，水下文化遗产法律保护势必受到国际海洋法、国际水下文化遗产法形势的影响。我国海洋战略的实施影响水下文化遗产保护事业，而国际海洋形势的变化是促使我国水下文化遗产保护事业发展的重要外因。总之，我国水下文化遗产法律保护的研究是保证国家海洋主权和文化安全的客观需要，更是发展海洋文化、海洋经济的必要组成部分。

1.3 研究思路

本书以我国现有水下文化遗产法律保护现状和困境为研究基础，随后分别论述国外水下文化遗产法律保护和水下文化遗产国际法保护对中国水下文化遗产法律保护的影响和借鉴，最终提出我国水下文化遗产法律保护的国内法建议和国际法对策。

首先是对我国水下文化遗产法律保护现状和困境加以分析。从保护主体、客体、内容、范围四方面的变化概括出我国现有水遗的法律保护现状的新特点，并从法律保护中的概念、立法理念、特有的法律制度、与其他法律制度的冲突、境外水遗保护五方面阐述现有法律保护的困境。

其次分为外国、国际两部分，分别对其水下文化遗产法律保护加以评述。评析外国水下文化遗产法律保护是通过比较外国现有水遗法律保护模式、特有法律制度、司法实践来实现的。评析水下文化遗产国际法保护是通过分析水遗的公约保护的国际法框架、一般法律原则和公约生效后的立法实践与保护措施来实现。

最后，对我国水下文化遗产法律保护提出建议。根据我国水遗法律保护的困境，本书的建议分为国内法意见和国际法对策。国内法建议从完善我国水下文化遗产法、水下文化遗产权、南海水遗保护三方面进行论述。国际法对策从我国加入公约的优势、加入的对策、水下文化遗产权属争议的解决三方面进行论述。

1.4 研究现状

明确水下文化遗产作为国内法、区域公约的保护对象经过了前后 30 年光景（作为我国法律专门的保护对象只有 20 多年），而确立为国际法保护的对象前后不过 4 年时间，因此，对水下文化遗产法律的研究成果并不多。梳理国内外相关研究成果，可分为三类：文化遗产法、水下考古与水下文化遗产管理、水下文化遗产法律研究。其中，文化遗产法的相关研究是水下文化遗产法律研究的理论基础；而水下考古与水下文化遗产管理是水下文化遗产法律研究的现实条件。

1.4.1 国内研究现状

（1）文物法与文化遗产法

首先，对文物保护法的相关研究是水下文化遗产法律保护的基础研究。文物保护专家李晓东的《文物保护法概论》对我国 2002 年出台的新《中华人民共和国文物保护法》（以下简称新《文物保护法》）制度和措施进行了逐条诠释，针对性强，评价及分析中肯；而李晓东的《文物保护单位防范体系研究》对我国文物保护单位的法制建设提出了建议。刘晓霞 2005 年的《文物保护法通论》则不拘泥于新《文物保护法》法律条文，除了阐述文物的定义、价值和作用以及立法宗旨等，还从理论和实践层面对国外立法例及主要国际公约、文件进行了比较。

其次，对文化遗产属性、文化遗产法价值的研究也是水遗价值研究的基础。如李玉雪 2007 年的《文物的私法问题研究——以文物保护为视角》，王云霞 2008 年的《文化遗产法的立场：民族主义抑或国际主义》，李玉雪 2009 年的《对“人类共同文化遗产”的法律解读——以文物保护为视角》《应对文物危机的路径选择——以国内法和国际法对文物的保护为分析框架》，杨念群在 2010 年发表的《什么才是真正的“文化重建”?》等。这些论文论述了文化遗产是“民族主义”的，由法律层面解读“人类共同文化遗产”的概念，提出民族主义的立场是第一位的，即文化遗产应归还原属国。对“人类共同文化遗产”的解读可以看作为《水遗公约》中的“为全人类利益保护”原则提供了相对应的分析思路。

再次，也有对文化遗产与相关概念加以辨析的研究。如《民国时期的“古迹”“古物”与“文物”概念述评》《从“文物保护”走向“文化遗产保护”》《什么是文化遗产？——对一个当代观念的知识考古》《论文化财产国际争议中的冲突及其解决——以文化为视角》等。

最后，是对文化遗产概念、文化遗产法制史等的研究。如，李晓东的《民国文物法规史评》是对民国文物法制史的论著。叶秋华和孔德超 2008 年发表的《文化遗产法律保护中的几个问题》简要分析了国内外对文化遗产的概念、保护理念及立法模式等问题。《中国文物法制化管理的开端——简析南京国民政府的〈古物保存法〉》是对文化遗产法制史的研究。也有少量研究国外文化遗产的，如《外国文物保护法简介》《法国文化遗产法研究》等论著。

（2）水下考古及水遗管理

杜玉冰 2008 年的《驶向海洋：中国水下考古纪实》是对中国水下考古重大事件的报道，大致勾画了我国水下考古的发展历程及状况。我国台湾地区学者胡念祖的《国际海洋法与水下考古》《南海Ⅰ号沉船考古与水下文化遗产保护》《从南海Ⅰ号谈水下考古》，以及陈政宏2008年的《台湾海域沉船记录之分析》等文章，都对了解中国水下考古的发展历史、台湾地区海域沉船的基本情况等提供了资料上的帮助。

此外，2009成立的国家水下中心统筹协调全国水下文化遗产保护工作。中心的每年工作总结以及《水下文化遗产保护“十二五”专项规划（草案）》，都是了解国家水遗保护状况及国家水遗部署的最佳资料。

（3）水下文化遗产专门研究

首先，对《水遗公约》及其国际水遗保护基本原则的介绍居多。《UNESCO 2001年〈保护水下文化遗产公约〉评析》《UNESCO〈保护水下文化遗产公约〉研究》《水下文化遗产保护的国际法制——论有关水下文化遗产保护的三项多边条约的关系》《国际水下文化遗产若干法律问题研究》《沉没的军舰和其他国家船舶的法律地位——以水下文化遗产保护为视角》分角度对《水遗公约》的内容或某一原则进行了介绍。而论文《“无意中影响水下文化遗产的活动”法律问题研究》《论沿海国对毗连区海底文物的管辖权》《毗连区海底文物所有权问题》等对水遗国际法中的特定问题做了研究。此外，相关研究还有尹田2004年的《海域物权的法律思考》，是将海域作为一种类似于不动产的物，研究国家作为海洋（物）的所有者在使用和平衡海洋保护和海洋资源上的问题。

其次，国内学者研究外国水遗保护的论文并不多。如郭玉军2005年的《法国法中海底文化财产的法律地位》、余诚2010年的《英美有关水下文化遗产保护的政策及立法评介》等。

再次，关于我国水遗保护制度的研究，主要在南海Ⅰ号的保护方面，如《从“南海Ⅰ号”事件看我国水下文化遗产保护制度的完善》。而《我国有关水下文化遗产保护的立法完善》《积极推进我国水下文化遗产保护工作》等论文，对多角度了解、阐述水下文化遗产立法及实践均助益良多。我国台湾地区的水遗保护研究主要是行政研究报告和国际法分析。如针对澎湖县马公港疑似沉船遗址的《台法合作水下文化资产调查及人才培训成果专辑》、藺明忠的《水下考古活动发展与水下文化遗产保护法制之研究》以及胡念祖的等文章。

最后，有关《水遗公约》对我国水遗的影响的研究，以水下文化遗产的法律保护为主题的论著主要有两本：一是傅琨成2006年的《水下文化遗产的国际法保护——2001年UNESCO〈保护水下文化遗产公约〉解析》，该书主要从《水遗公约》诞生的背景及谈判过程开始，对公约逐条进行解读，是研究《水遗公约》十分重要的参考书。二是赵亚娟2007年的《UNESCO〈保护水下文化遗产公约〉研究》，该书涉及《水遗公约》的产生背景、争论焦点和主要目标、一般原则，也对中国水遗保护情况做出了评价，并提出修订1989年《水下文物保护条例》的意见。

1.4.2 国外研究现状

（1）文化遗产法

1989年林德尔·V. 普罗特（Prott. L. V.）和卡夫（P. J. O'Keefe）教授合著的《法律与文化遗产》（第三卷）主要讨论关于文化财产交易的法律保护。而芭芭拉·霍夫曼（Barbara T. Hoffman）女士2005年出版的《艺术与文化遗产：法律政策及实践》中关于文化遗产法的研究主要涉及各国国内对文化、艺术品的管理保护政策，国际文化财产权及艺术品市场管理的研究等。2010年科雷克·福雷斯特（Craig Forrest）完成的《国际法与文化遗产保护》是一本系统介绍国际文化遗产保护状况的外文著作。作者对国际法视野下的文化遗产的定义，国际法律框架，武装冲突情况下文化遗产相关国际法律文件，可移动文化遗产的返还、追索和送还原属国的基本理论和所涉公约，世界遗产公约、水下文化遗产、非物质文化遗产以及五个文化遗产相关国际公约之间的相互融合均有涉及。

（2）水下考古及水遗管理

水下考古是水遗保护的第一步，也是确定水遗打捞方式的重要环节。国际保护确立以水下考古而非商业性打捞的方式对水遗进行保护利用，也是经过长期发展的结果。日本的小江庆雄先生开了日本乃至亚洲水下考古学研究之先河。他完成于1982年的《水下考古学入门》是日本第一部水下考古学著作（1996年其中文版问世）。该书介绍了全世界20世纪70年代以前水下考古学的发展状况及成果和世界各国的海底文化遗产状况，比较全面地记录了世界水下考古学研究史。伯纳德（Oxman Bernard）1998年的《海洋考古和国际海洋法》、波斯特（Boesten. E）2002年的专著《国际水域内的考古与（或）历史价值沉船：国际公法及其影响》是从水下考古对沉船价值保护的角度入手，建议采取公法保护水遗，并对管辖范围、历史沉船概念的外延、人类共同遗产等问题进行了讨论。英国海洋考古学会（NAS）2009年编写了《水下考古：

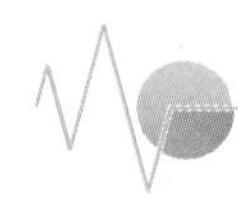

NAS 的原则与实践指导手册》，就水下考古的内涵和外延、具体操作规程及使用工具、注意事项做了十分详尽的说明，反映了水下考古实践的最新发展。此外，2009 年通过的《水遗公约》的附件《关于开发水下文化遗产活动的规章》（以下简称《规章》）是水下考古、遗产档案管理、保存方式等最重要的国际准则。

（3）水下文化遗产专门研究

首先，国外关于《水遗公约》的研究集中在公约的立法过程、对公约内容的解释、国际原则阐释等方面。20 世纪 90 年代早期水遗专家建议制定专门的保护国际法规则，建议水遗保护从海洋法规则中分离出来的研究有：《保护水下文化遗产的国际新机制》《〈联合国海洋法公约〉背景下的考古或历史价值文物》和 1985 年的《UNESCO 国际水下文化遗产保护概述》。1995 年阿纳斯塔西娅（Anastasia Strati）教授的《水下文化遗产保护：当代海洋法的新兴目标》一书是较早对水下文化遗产的管辖权与海洋法的规定做研究的专著。之后的研究，如《UNESCO 和水下文化遗产保护》《定义“水下文化遗产”》《海底文化财产和人类共同遗产》《打捞法不再适用于水下文化遗产?》等文章中，最值得提出的是，2008 年 UNESCO 主办的《国际博物馆》（Museum International）水下文化遗产专刊组织了一批实务经验和专业知识丰富的专家就非商业性打捞原则、“原址保护”优先适用原则、《水遗公约》的优势与挑战等，专刊分析了水下文化遗产保护的关注焦点及发展趋势。此外，也有分析水遗争议的论文，如《泰坦尼克号案辨正》《所有者，哭泣者，抑或无发现者：国际趋势对美国历史沉船打捞案件的管辖权及实体法施行的影响》等，也为本书的写作提供了论据及论证思路。

其次，萨拉·德罗姆古尔（Sarah Dromgoole）水遗专家编著的两部介绍世界各国水遗保护情况的论文集，是了解其他各国水下文化遗产立法最主要的参考资料。1999 年《水下文化遗产保护：国家及国际视角》一书邀请 13 位各国专家，对中国、法国、希腊、爱尔兰、意大利、澳大利亚、波兰、南非、西班牙、瑞典、土耳其、英国和美国水遗的立法状况进行了纲领式介绍。2001 年《水遗公约》通过后，2006 年 UNESCO 重新修订此书，出版了《水下文化遗产保护：〈水遗公约〉观照下的各国视角》：由 16 位专家每人担纲一章，就《水遗公约》制定前后的各国水遗立法进行了简要介绍，该书增加了芬兰、荷兰、新西兰、挪威。

再次，对各国水遗保护法律制度的研究。本书收集整理了 13 个国家水遗法律制度及保护政策的演变和发展，其中包括缔约国、非缔约国、准备加入公约的国家，如纳米比亚、意大利、西班牙、日本、印度尼西亚、美国、马来西亚、澳大利亚、法国、俄罗斯、泰国、巴西。其中，意大利水遗的法律保护主要体现在《宪法》《民法典》《文化遗产保护法》和其特有的“文物宪兵”保护制度方面。马来西亚水遗的法律保护主要体现在《船运法案》和1976年《文物法案》、2005年《国家遗产法案》。西班牙保护文化遗产的法案诸多，而“1%文化政策”也值得注意。法国的《关于海洋文化财产的法案》确定了水下文化遗产属于国家财产。❶ 泰国水遗的法律保护主要体现在《民商法典》(Civil and Commercial Code)、《有关“文物、纪念碑、国家博物馆艺术品”的法案》❷ 等。

1.4.3 对国内外研究现状的评述

从对很多水遗大国已确立的保护水下文化遗产制度的研究来看，大量是介绍水遗保护的实践，只有极个别对于法国、西班牙文化遗产法的介绍，鲜见关于法律保护困境、立法理念、保护制度等的研究，更谈不上比较研究。而对水下文化遗产国际法保护的研究，也多集中在对UNESCO通过的2001年《水遗公约》内容的研究和分析上，重点在于阐释公约起草的过程及公约的问题，没有分析水遗权属解决之道。

对水遗的国内法的相关研究更是匮乏，目前尚没有研究中国水遗法律保护的专著，而散见文章中对中国《水下文物保护条例》及相关法律法规的分析也略显简单。这一方面是由于我国水遗保护还在起步之初；另一方面是由于我国水下文化遗产保护的立法及法律研究远远不够。而我国仅有的研究水遗的专著都是在《水遗公约》生效之前，未涉及其他国家的水遗保护立法与实践，更谈不上其他国家对《水遗公约》的态度、《水遗公约》生效后的履行和水下文化遗产一般法律原则的发展。此外，国内外尚无对水下文化遗产权或水下文化遗产所有权争议实质标准的研究。

---

❶ 郭玉军，向在胜. 法国法中海底文化财产的法律地位［J］. 时代法学，2005（4）：32.

❷ Act on Ancient Monuments, Antiques, Objects of Art and National MuseumsB. E. 2504 (1961) (No. 2), B. E. 2535 (1992) published in the Government Gazette Vol. 109, Part 38.

第2章　中国水下文化遗产法律保护现状评析及困境

我国关于水下文化遗产的法律制度可分为加入的国际条约和国内法律法规。由于我国尚未加入《水遗公约》或其他区域、多边、双边关于水遗保护的条约，因此我国水下文化遗产法律保护主要体现在我国宪法、法律、行政法规和规章、地方性法规和规章及单行条例所组成的立法层次较全但较分散的法律保护基本框架之下。

2.1　中国水下文化遗产法律保护现状评析

我国拥有1.8万公里的海岸线、6500余个海岛、1.4万公里的海岛岸线和丰富的内陆水域，其中蕴含着种类多样、数量巨大的水下文化遗产。但我国水下文化遗产保护工作从20世纪80年代末才开始起步；经过20多年的努力，从最初单纯对个别水下遗址的考古、被动的沉船抢救，到我国水下文化遗产保护事业已初具规模，在管理体系和机制构建、重大项目组织和实施、机构建设和人才培养等方面开展了大量工作，取得了显著成果。这些成果反映在法律治理的法律保护制度层面，主要体现在水遗保护主体的多元化、客体的多样性和整体性、新增的水遗保护内容和水遗保护空间范围的扩大。

2.1.1　保护主体的多元化

法理学中，法律关系的主体指法律关系的参加者，即一定权利的享有者和一定义务的承担者。因此，水遗保护的主体是在法律关系中依法享有水遗权利、承担水遗保护义务的人。水遗的所有权人及其继承人应为水遗保护的主体。从 2006 年“十一五”开始，我国水遗的主体呈现新变化：水遗保护主体呈现出地方立法活跃、执行主体多部门协调合作的特点。

首先，我国水遗立法主体体现出地方立法活跃的特点。按照《中华人民共和国宪法》（以下简称《宪法》）、《中华人民共和国立法法》的规定，全国人大及其常委会制定了如《中华人民共和国文物保护法》（以下简称《文物保护法》）等全国性法律；国务院制定了如《中华人民共和国文物保护法实施条例》、《水下文物保护条例》等行政法规；省市立法机构可以制定地方性法规。自 2009 年开始，我国水遗集中的省份以法律法规来明确地方政府保护水下文物的责任，如福建、广东。

福建与中国的水遗保护有着极深的渊源。1987 年在福建连江定海进行了我国首次水下考古并出水了一批宋代瓷器。随后，在福建海域相继发现了大量水下文化遗产。例如，其中发现的沉船就从五代到宋元明清各个朝代都有。随着水下考古与水遗保护工作的深入，相应的地方行政法规也相继出台。2009 年，福建省修订的《福建省文物保护管理条例》增加了“水下文物的保护”一章，这是我国第一个明确水下文物保护的地方性法规。其中，对水遗保护的主管机关、水遗调查的义务、水遗报告制度、水遗保护与其他水下作业的关系等一一做出了规定和解释。

广东省 2009 年也结合文物保护工作的实际情况制定了地方实施办法，即《广东省实施〈中华人民共和国文物保护法〉办法》，该实施办法补充并细化了《文物保护法》的有关条款。其中，针对广东省海岸线长、省内水下遗存丰富的现状，第 26 条规定设立“水下文物保护区”制度，“对具有重要历史、艺术、科学价值的水下文物遗存，由广东省人民政府确定为水下文物保护区，并予以公布，在水下文物保护区内不得从事危及文物安全的捕捞、爆破等活动”。

其次，水遗保护执行主体呈现多元化。水遗保护执行主体指组织、实施水遗保护的组织及个人。根据《宪法》第 53 条，公民必须爱护公共财产。而《文物保护法》第 7 条规定，个人有依法保护文物的义务。根据《水下文物保护条例》第 2 条，我国境内的水遗归国家所有；第 4 条规定，国家文物局主管水下文物的登记注册、保护管理以及水下文物的考古勘探和发掘活动的审批工作，而各级文物机构负责本行政区域水下文物的保护工作。可见，水遗保护作为公共性事业，其保护工作主要由国家文物局及各级文物行政部门统一规划管理。但在实际中，水遗保护的范围、方式、标准等涉及建设、环保、规划、文

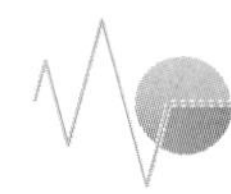

化等多方事宜，往往牵扯多个部门多头交叉管理水遗保护工作；这一新特点也体现在地方立法中。例如，2007年福州市十三届人大常委会通过的《福州市海域水下文物保护若干规定》❶ 规定，建立文物与公安边防海警协调机制，赋予公安边防水下文物的行政执法权。2009年《福建省文物保护管理条例》进一步肯定了公安机关对水下遗产的行政执法权，其中第25条规定："公安机关负责对本省行政区域毗邻海域开展巡查，防范和查处涉及海域内的水下文物的违法犯罪行为。公安机关发现涉及海域内的水下文物违法犯罪行为的，除依法采取必要措施外，应当及时通报所在地县级人民政府文物行政主管部门，所在地县级人民政府文物行政主管部门应当采取措施实施保护，并报告上一级人民政府文物行政主管部门。"福建公安边防官兵依法承担了福建沿海水下文化遗产保护监管任务，严厉打击非法盗捞、打捞、贩卖水下文物等违法活动。此外，2010年国家文物局与国家海洋局签署的《关于合作开展水下文化遗产保护工作的框架协议》规定了双方在水遗保护战略与规划、水下考古、海洋文化建设等八个方面进行合作。而2009年成立的国家水下中心统筹协调全国水下文化遗产的保护工作。宁波、青岛、武汉、福建水遗基地的挂牌以及计划建设的南海水下考古中心和西沙水下考古工作站，明确了各基地的职能和定位，开展水遗保护工作，使得我国水下文化遗产保护事业的发展进入一个新的历史阶段。可见，我国水遗保护的主体已从单一部门主导发展为多部门积极参与协作。

2.1.2 保护客体的多样性

法律关系的客体是"法律关系主体间权利和义务所指向的对象"❷，是连接法律关系主体和义务的中介，包括物、非物质财富、行为三类。我国水遗保护客体的特点体现为水遗本身（物）的多样性和整体性。

根据《水遗公约》对水遗的分类，我国水遗保护正在从传统类型水遗如沉船、沉船遗物，扩展到古港口、造船厂、沉没古城、沿海海防、沿海盐业遗址、海战遗迹以及综合整体保护的"海上丝绸之路"等多种类型。"海上丝绸之路"和"明清海防遗址"是我国特有的两类水遗。

"海上丝绸之路"（见图2-1、图2-2）是古代中外海上贸易和文化交流的

---

❶ 李白蕾．福州将出台首部保护水下文物的地方性法规［N］．福州日报，2007-08-31（2）．

❷ 沈宗灵．法理学［M］．北京：北京大学出版社，2001：334．

重要通道，促进了中外各国社会、经济和文化的繁荣，被世界各国人民传为佳话。20世纪80年代末期，UNESCO几番考虑，最终在1989年第二十五届大会上决议开展为期10年的“丝绸之路”研究活动。为配合UNESCO的综合研究活动，我国随即开展了南海“丝绸之路”的综合研究。到21世纪，结合第三次文物普查，我国开展了一系列水下文化遗产的保护工作，其中也将“海上丝绸之路”定义为我国特有的水遗类型。

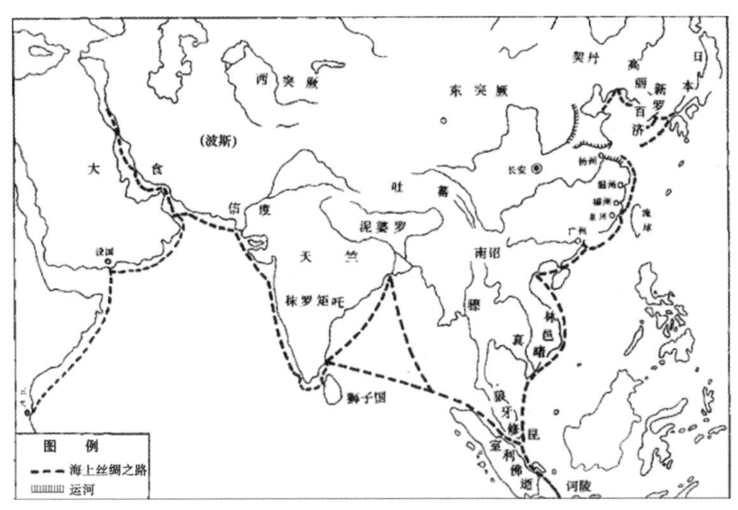

图2-1　唐代海上丝绸之路图

（引自《南海丝绸之路文物图集》，广东科技出版社1991年版，第52页）

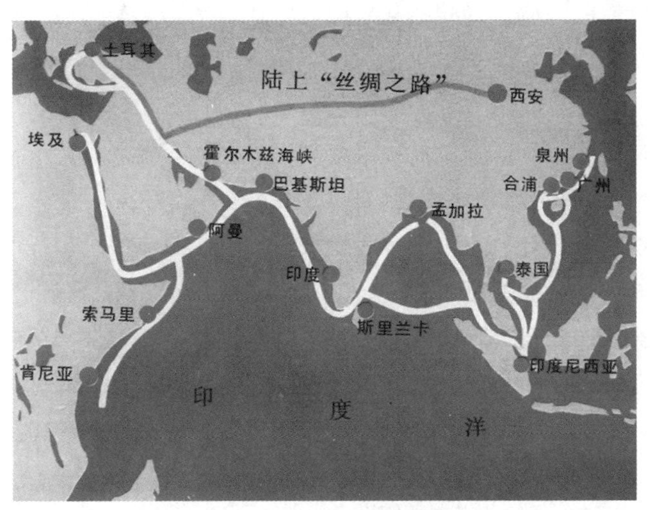

图2-2　南宋海上丝绸之路图

（引自《南海丝绸之路文物图集》，广东科技出版社1991年版，第87页）

我国“海上丝绸之路”兴起于西汉，发展于三国，鼎盛于唐宋，转变于明清。我国对“海上丝绸之路”的水遗保护体现在古港口、航路、货船、船体四个方面。❶

古港口体现了海陆文明的交汇，探究以海港为背景的海洋贸易网络体系、海港附近的沉船、海外交通史、海港模式的城市设施、造船厂、陶瓷窑址等。海上丝绸之路港口遗址主要有山东胶东半岛登州、蓬莱古港口、江苏古扬州港、浙江宁波港、漳州月港和古合浦等。水下中心计划于2015年、2016年启动“海上丝绸之路港口遗址系列调查——漳州月港、泉州港、宁波港、广州港”。

航路保护主要探索我国出海航路的遗痕，分东线、东南线、南线三条线探寻我国航路的历史遗痕。东线以山东胶东半岛直达日本、朝鲜半岛；东南线以浙江、福建沿海辐射至琉球群岛、中国台湾、菲律宾、澳大利亚及美洲西海岸；南线以广东沿海拓展至越南、印尼、新加坡、印度等东南亚诸国。

水遗船货保护以历年水下考古发现的沉船资料为主线；因为“丝绸之路”从中国输出的主要是丝绸、陶瓷器，而进口的主要是香料。瓷器品为沉船内主要保留的船货，通过对产品特征的研究进而研究具体时代的内涵。

船体研究是现有的唐至清沉船，涉及北方沙船、浙船、福船、广船等种类，分为贸易船、战船、内河船与远洋船等。

明清海防遗址❷指明清时期在中国沿海地区和领海内，国家主持修筑的抵御海上来犯外敌的防御工程和配套设施。明代，海寇日渐猖獗，政府开始建立专门的御海建制，在沿海一带设卫所。海防被称为“海上长城”。据《筹海图编》，我国沿海共有卫54个、所99个、巡检司353个、烽堠997个、堡190个、墩313个、水寨58个、台48个、塘铺24个、城7座。该海防一直贯穿于中国13个省、直辖市、特别行政区和台湾地区，涉及港澳特别行政区和台湾地区合作的调查研究。仅以浙江省宁波市为例，明清两代在各地设立的海防遗址种类齐全，包括卫、所、巡检司、寨、堡、烽堠等。这些遗址分散在象山、宁海、余姚、慈溪等地。有些遗址已是全国重点文物保护单位，如镇海口海防遗址（见图2-3）。针对明清海防遗址的研究，对更好地把握中国海防的

---

❶ 国家水下文化遗产保护中心. 水下文化遗产保护“十二五”专项规划（草案）［R］. 国家水下文化遗产保护中心2010工作汇报材料，2010：9.

❷ 国家水下文化遗产保护中心. 水下文化遗产保护“十二五”专项规划（草案）［R］. 国家水下文化遗产保护中心2010工作汇报材料，2010：12.

特点以及现今的海防建设都有指导意义。

图 2-3 镇海口海防遗址——安远炮台

（图片来自镇海口海防历史纪念馆）

2.1.3 新增的保护内容

法律关系的内容是指法律关系主体依法享有的权利和履行的义务。其按照主体不同，进一步可分为政府的权利义务、个人的权利义务。我国水遗保护法律赋予我国政府的权利义务包括水遗的勘察、发掘、保护、监控等，赋予个人的权利义务包括对水遗的报告、保护等。以下从水遗勘察、水遗保护、水遗监控、水下考古与国际交流合作四个方面加以详述。

（1）水遗勘察范围扩大

《水下文物保护条例》第 4 条规定水遗的勘察由国家文物局和各地文物部门负责，“国家文物局主管水下文物……考古勘探和发掘活动的审批工作。地方各级文物行政管理部门负责本行政区域水下文物的保护工作”。

我国针对不同水域内水遗的特点制定了相应的水遗勘察任务，分为内陆的内水水域、黄渤海、东海—台湾海峡、南海四个部分。首先，内水水遗调查重在京杭大运河、长江、黄河等重要人工和自然河流；以湖北、安徽、湖南等省为重点，计划调查丹江口水库、鄱阳湖、京杭大运河等大型水库淹没区、内河航道、重要古代航运线等。其次，黄渤海海域水遗资料和线索缺乏，调查工作需要配合涉海基建工程；重点勘察山东半岛海域、蓬莱—长岛—大连的黄渤海

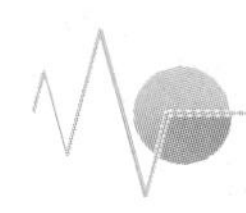

交界海域、辽宁绥中、辽宁大鹿岛、天津港等。目前青岛、烟台、威海海域确定了3处古沉船遗址，疑似文物遗存点超过14处，如烟台市牟平区蛤堆后沉船遗址。❶ 再次，东海—台湾海峡的水遗勘察任务是对福建、浙江沿海开展水遗常规调查，并重点开展浙江宁波象山海域、舟山嵊泗以及福建漳州海域水遗的专项调查。最后，南海水域水遗的调查工作也是维护我国领土主权和海洋权益的表现。2010年春秋两季，国家水下中心先后分别组队进行了科考，考察了东沙、中沙、南沙、西沙及北部湾，基本覆盖了我国南海管辖海域。2011年、2013年，国家水下中心和海南省文物局共同组织开展了针对西沙群岛水遗保护状况的巡查和文物执法督查工作，共巡查了西沙48处水下文化遗存，并对北礁水下沉船遗址点进行了巡视，对甘泉岛遗址进行了测绘，在晋卿岛海域进行了水下考古工作观摩，以及永兴岛文化遗产调查与西沙工作站选址点考察、七连屿南沙洲地面遗物调查、赵述岛踏查等实际工作。国家计划继续开展针对西沙群岛和南沙群岛海域的专项调查，启动北部湾、粤西地区水下文物、始发港及相关海外贸易产品遗存的调查，完成环海南岛沿海普查工作以及对甘泉岛遗址的测绘。

结合2007—2011年第三次全国文物普查工作，我国组织开展了涉及11个省和部分内水水域的水下文物普查工作，已经发现108处水下文物点。可见，水遗勘察是摸清我国水遗分布和保存的基础，我国的水遗勘察刚刚起步。

此外，我国在水遗调查和发掘过程中越来越多地使用旁侧声呐、浅地层剖面仪等先进设备和技术。而2014年中国自行设计制造的首艘水下考古船“中国考古01号”已建成并投入使用，该船可承担水下文化遗存的调查、发掘、出水文物保护和展示宣传工作。

（2）水下文化遗产保护新措施

我国水遗保护也采取了国际水遗保护中“水下保护区”的概念，并且提倡水遗的区域保护和“原址保护”（in situ）。我国1989年《水下文物保护条例》第5条就规定了根据水遗的价值设立水下文物保护单位和水下文物保护区。到2012年，地方法规落实了“水遗保护区”理念，这是20多年水遗保护措施发展的结果。

2004年实施的《福建省“海上丝绸之路：泉州史迹”文化遗产保护管理

---

❶ 张彤. 山东3处古沉船遗址待探秘［N］. 济南日报，2012-03-30（4）.

办法》[1] 在附件中明确了泉州水遗的保护范围，确定了保护措施和罚则。其中第 10 条规定，“泉州海丝遗产保护范围，按照其保护规划划分为保护区、缓冲区、环境协调区，分级进行保护”；并规定保护区内禁止任何建设活动。2007 年福州市十三届人大常委会通过的《福州市海域水下文物保护若干规定》[2] 进一步规定了水下文物重点保护的海域范围即长乐、连江、平潭等。到 2009 年，《福建省文物保护管理条例》明确规定，对于有水下价值的文化遗址，范围较大、需要整体保护的，可以依法核定为“水下文化保护区”。2012 年，在福建平潭海域选取区域，作为我国首个水下考古区域，并计划在 3 ~5 年间在区域内开展水下考古物探工作，探索疑点目标的分类分级、水下文化遗产评估等水遗保护工作。

此外，对水下古城和水下人类建筑的保护也是我国水遗保护的另一大特点。由于自然因素或人为因素导致整个城镇淹没水中而形成的水下古城或水下人类建筑，也是我国水遗的一种类型。例如浙江省千岛湖下的“狮城”“贺城”。2013 年，水下中心在湖北丹江口水库对“均州古城遗址”[3] 进行了水下考古；同年，又在辽宁绥中县沿海对碣石宫（姜女石秦行宫遗址）进行了水下考古，发现较多疑似人工的水下构筑物遗迹。

我国重视出水遗产的保护工作。相对于陆上文化遗产来说，水遗要求更高的、特殊的文物出水及原址保护措施以及相关的技术支持，需要根据质地、类别采取相应的处理方式，使得出水文物得到切实保护。我国依托广东“南海 I 号”、海南西沙“华光礁一号”、福建平潭“碗礁一号”“大练岛一号”等沉船保护工作，对出水陶瓷、金属和木质等文物的病害腐蚀机理进行研究，重点解决了脱盐、保护修复、防腐加固、无损提取等关键性技术问题。这使我国对出水遗物保护的理论、技术与方法逐渐增强。

---

[1] 福建省人民政府令第 87 号《福建省“海上丝绸之路：泉州史迹”文化遗产保护管理办法》已经于 2003 年 11 月 3 日省人民政府第 7 次常务会议审议通过，自 2004 年 1 月 1 日起施行，共 6 章、35 条。

[2] 李白蕾. 福州将出台首部保护水下文物的地方性法规［N］. 福州日报，2007-08-31（2）.

[3] 1958 年兴建湖北丹江口水利枢纽工程，1967 年丹江口水库蓄水。受当时历史条件、保护观念和技术手段等因素限制，在水库兴建过程中，只对库区内部分特殊文物进行了拆迁，众多珍贵文物来不及抢救或没有抢救而淹没水下，特别是古均州城被淹没时，城墙、城门以及净乐宫至武当山 60 华里官道上的 120 余座古建筑大部分保存完好。其中，净乐宫是武当山“九宫”之一，建于明代永乐十六年（1418 年），有东宫、西宫、御花园，面积约 12 万平方米，极具历史、建筑、考古、宗教和情感价值。

（3）增加水遗监控的义务

水遗监控也是我国水遗保护近几年来的新内容。特别是在福建、广东、南海海域，由于该海域沉船数量多、分布广、价值重大，水下盗捞、走私等活动日益猖獗。地方政府通过设立监控点并运用安防技术对水遗进行动态监测。我国在《水下文化遗产保护“十二五”专项规划》中预计联合公安部、国家海洋局等相关部门，在水遗较密集的海域加大监控和执法力度，应用成熟的科技手段开展水遗监控试点工作。南海重点水域监测，选择西沙为重点海域，编制西沙水遗保护区，并进行常态化巡查。

（4）开展国际交流合作

我国已开始重视水遗的交流和合作。首先是潜水培训，国家文物局先后组织了六批次的水下考古潜水培训。其次是参加国际水遗的各种会议如 2011 年 2 月专门审议《操作〈保护水下文化遗产公约〉业务指南》（以下简称《操作指南》）的工作组会议、2011 年第二次科技咨询大会、2011 年克罗地亚水下考古中心会议。此外，我国已与韩国、澳大利亚、意大利等国的水遗考古及保护机构建立了合作关系。

2.1.4 保护空间范围的扩大

水遗的空间范围从以沿海海域为主、近海海域为辅发展为以沿海为核心、以近海为重点、启动内水、推进远海的全方位水下文化遗产保护格局。

（1）内水水遗保护

内水（internal waters）是指沿海国领海基线向陆地一侧的水域，“包括沿海国的河流、湖泊、运河和沿岸的河口、港口、海湾、海峡、泊船处、低潮高地等内水海域”（《海洋法公约》第 8 条）如我国鄱阳湖、洞庭湖。

我国对内水水遗的保护工作主要由武汉中山舰博物馆、重庆白鹤梁水下博物馆承担，特别是武汉水下基地对水遗进行专项保护工作。中山舰博物馆[1]于 1999 年开馆，为纪念中国近代史上 1938 年被日机炸沉于长江金口的名舰“中山舰”而建馆。中山舰 1997 年被整体出水打捞之后，相继出水了各类珍贵文物 3400 件；随后中山舰船体修复竣工并通过水路 22 公里，于 2008 年被运回武汉该博物馆内。重庆白鹤梁水下博物馆在 2009 年 5 月建成开馆。这是世界

[1] 黄捷．舰魂铸碑——中山舰博物馆的设计［J］．建筑学报，200（5）：54.

第一座遗址类水下博物馆，标志着原址保护的重要性在我国开始得到充分重视。白鹤梁博物馆的“无压容器”设计，将这座“世界第一古代水文站”内的“水下碑林”原址原貌地展现在世人面前，受到了国际社会特别是教科文组织的大力赞扬。“国家水下文化遗产保护武汉基地”于2011 年4 月在武汉市木兰湖畔揭牌，该基地是国家开展内陆水下文化遗产保护这一战略部署的重要组成部分。该基地将带动和促进以武汉为中心延伸到长江流域其他省份湖泊、江河的内水水域水下文物调查、发掘、出水文物保护等研究及培训，对内陆的内水水下出水文物进行保护。

（2）渤海、黄海水遗保护

我国渤海三面环陆，属于内陆水域的陆内海，也称内海。内陆水域和内水不同，内陆水域（inland waters）是指与大洋完全分离，或与之没有直接联系的大型水域，又称地中海、封闭海，其海洋水文特征受大陆影响显著。渤海的水通过渤海海峡注入黄海。我国黄海为西太平洋边缘海，全部为大陆架所占地浅海，位于中国与朝鲜半岛之间，北面和西面临中国，东临朝鲜半岛。由于地理、历史环境的特点，黄海、渤海水域水遗与海战相关。

黄海、渤海海域曾发生多次大规模海战，对我国近现代史和世界历史格局的变化产生了深远影响。该海域仍保存着大量近现代军舰、炮台等遗迹遗物，对研究我国近现代史、战争史以及加强爱国主义教育等具有重要意义。如青岛胶州湾海域保存了大量珍贵的近代水下军事文化遗产，特别是在胶州湾爆发的1914 年日德之战，为防止军备资敌和阻塞航道，30 多艘军用舰船自沉。[1] 在2012 年的水下普查中，胶州湾海域发现了“1 号遗存”，其发现位置、尺寸及海底保存状态等信息与奥地利巡洋舰“伊丽莎白皇后号”（Kaiser Elisabeth）的相关记载信息较为相符。

为了更好地保护该地区水遗，水下文化遗产保护青岛基地于2010 年挂牌成立。2013 年，考虑到我国水遗的战略布局，在现有青岛基地的基础上计划建设一个国家级水遗保护机构——“北海基地”，并预计于2015 年建成使用。北海基地的主要职能是协助国家文物局水下文化遗产中心制定黄海、渤海水下文化遗产保护发展战略、规划和工作方案，协助做好黄海、渤海水下文化遗产

[1] 《青岛海港史》引自海关报告的记载：有日本巡洋舰“高千惠号”、驱逐舰“白妙号”被击沉，奥地利巡洋舰“凯撒伊丽莎白号”，德国巡洋舰“克罗毛浪号”以及炮舰“伊尔奇斯号”“尔伦利克马斯号”“丢轮打特号”“米卡尔及不逊号”“亚格尔号”及水雷敷设船。

的调查、发掘、保护工作，特别是对日俄战争遗迹、甲午海战遗迹、第一次世界大战（以下简称“一战”）遗迹等近现代海战相关的沉船遗址进行保护。鉴于该海域水遗保护的特殊性，需要海军、海事等相关部门进一步合作。

（3）台湾海峡水遗保护及问题

台湾海峡连接我国的东海和南海，是中国台湾岛与福建海岸之间的海峡，属东海海域。我国对台湾海峡水遗的保护分为对台湾海峡西部的保护和台湾地区的水遗保护。

台湾海峡西部水遗的保护主要指福建、浙江及周边海域；这是传统的重要海上交通路线，也是海上丝绸之路的重要组成部分。为通力合作保护海峡两岸水遗的发展，我国相继成立了“国家水下文化遗产保护宁波基地”“国家水下文化遗产保护福建基地”。福建水遗丰富，如福建省平潭出水的清代康熙年间的“碗礁一号”、福建漳州畲族乡东南半洋暗礁海域发现的“半洋礁一号”和“半洋礁二号”，重视对遗址的保护并加大对出水文物如福建东山清代沉船的科技保护。此外，福建沿海海域沉船数量多，分布广，价值重大。国家计划联合公安部、国家海洋局等相关部门，在水遗密集的连江海域，进一步加大监控和执法力度，应用成熟的科技手段开展水下文化遗产保护的监控试点工作。而浙江针对已发掘出的多艘古代沉船，对船体进行科学保护、研究和展示，重点实施浙江象山渔山清代木质沉船保护复原展示、象山涂茨明代沉船保护复原展示；同时，对宁波市象山县渔山列岛海域的“小白礁Ⅰ号”沉船遗址开展了船载文物发掘，并在2014年开展了对船体的发掘。

我国台湾地区也十分重视台湾海峡水遗保护。[1] 台湾周边海域特别是台湾海峡蕴藏了大量人类活动遗存，包括旧石器人类活动的遗物以及自新石器时代以至近代人类航海活动中的各种物质遗留等，可以说是一座极为重要的历史文化宝库。台湾地区“中央研究院”从2005年开始对澎湖马公港进行沉船调查研究。

我国在台湾海峡的水遗发掘多伴随着水遗盗捞。2011年，《法制日报》提供了一组数据：2005年“碗礁一号”沉船的盗挖者嚣张地在岸边公然叫卖。仅在2006年的福建省边防总队的一次打击非法打捞文物行动中，就破获盗捞水下文物案件45起，缴获文物7144件。而2008年6月在福建省龙海市破获

[1] 莊米期．马公99%证实无古沉船［N］．澎湖时报，2007-03-23（3）．

的一起水遗盗捞案中，缴获 3838 件水下文物，涉及福建沿海 8 条沉船，其中二级文物 1 件，三级文物 164 件。❶

（4）南海水遗保护及问题

对南海水遗的保护和研究是《水下文化遗产保护“十二五”专项规划》中的重点项目。南海是我国面积最大、水遗最丰富的海域，也是国际形势最复杂的海域。对于这个区域水遗的研究，除了历史和考古学的意义外，更多的是现实的战略意义。

“南澳一号”和“南海 I 号”是南海水域水遗保护的重点。首先是对“南澳一号”出水文物的保护。在距离汕头经济特区 11.8 海里的南澳岛以西 5 海里处，发现了一条明代沉船，它的出水为我国研究明代海上贸易提供了重要线索，也是我国研究对外交流与海上陶瓷贸易的重要实物。对此，我国计划完成船载文物和沉船船体的发掘，开展出水文物保护工作。其次是对“南海 I 号”的考古发掘。2007 年 12 月，在距离阳江市 18 海里的水域发现了一艘南宋早期沉船。2009 年至 2011 年，经过沉船整体打捞、整体搬迁，沉睡海底 800 多年的南宋沉船入驻广东“海上丝绸之路博物馆”，并在博物馆中建立了考古发掘区，进行了两次试掘。这标志着我国水遗保护的巨大进步——采用“公共考古”的理念，对“南海 I 号”进行系统性清理发掘，对出水文物（船货、船体等）进行科学保护。

此外，我国计划在南海建立水下考古中心和西沙水下考古工作站（工作站负责水遗资料的搜集、文物保护、水下考古发掘、监控等方面工作），并建立南海水下文化遗产保护信息资料库。

南海水域的非法盗捞非常严重，有相当部分是别有用心的外国打捞者。南海是我国古代海上贸易的必经通道：从汉武帝到宋元时代，我国商船经此前往东南亚和印度洋；而欧洲和美洲国家船舰也由此来到我国。南海海域分布着上百座岛、礁、暗滩和暗沙，特别是西沙和南沙群岛的岛礁众多，因此成为海上航线的危险之地，也成为世界沉船遗存最多的海域之一。2011 年 4 月，在“西沙水遗情况巡查”中发现西沙海底文物盗掘大约有 26 处，面积占遗存面积的 50% 以上。并且，周边一些国家也有蓄意破坏中国南海水下遗址的行径。据媒体报道：“位于中沙群岛黄岩岛附近海底的一艘明代沉船就遭到外籍轮船

❶ 蔡岩红．我国水下文物盗捞呈集团化公司化趋势［N］．法制日报，2011-12-15（12）．

的破坏。海南渔民曾见过两艘2000多吨的外籍轮船在明代沉船遗址处轮番作业，进行盗掘和破坏。”❶

（5）中国水遗境外保护及问题

由于水下文化遗产保护工作的特殊性以及人员、经费、技术、装备等方面的局限，中国水遗保护还局限在我国近海海域。1996年，中国首次参与了国外水下考古工作，在日本爱知县参加了“中部空港”建设水下考古。史料表明，15世纪郑和下西洋中曾两次到达今天的肯尼亚。为更好地研究肯尼亚与中国的贸易交往，2010年，北京大学考古文博学院、中国国家博物馆和肯尼亚国家博物馆签订了《中国和肯尼亚合作实施拉穆群岛地区考古项目实施合同》，为期3年。合同规定，中国对肯尼亚开展水下考古，对肯尼亚拉穆群岛及其周边水域水遗进行勘探、发掘，调查在肯尼亚出土的中国瓷器。❷目前，项目已结束，并取得了一些重要成果。

在大西洋、太平洋及北冰洋相继发现的一些沉船中，也都发现了中国船货。例如，太平洋的西非几内亚湾的洛佩斯角（Cape Lopez）“毛里求斯号”（Mauritius）沉船❸、爱尔兰多内加尔水域发现的16世纪西班牙无敌舰队、“特里尼达巴伦西亚（La Triniad Valencera）号”沉船❹、瑞典海湾“哥德堡号”沉船❺、地中海的法国洛斯科特（Loscat）“康迪王子号”（Prince de Conty）沉船❻等沉船物中发现了大量来自中国的货物，由此推断这些沉船多是欧洲各国在东印度公司的商船，是在运送中国物品航出南海后绕过好望角到达欧洲、非洲的途中触礁沉没的。

---

❶ 蔡岩红．我国水下文物盗捞呈集团化公司化趋势［N］．法制日报，2011-12-15（12）．

❷ 崔波．中肯合作实施拉穆群岛地区考古项目签字仪式举行［N］．中国文物报，2010-02-24（4）．

❸ M. L'Hour and L. Long, The wreck of an ‘experimental’ ship of the ‘Oost-Indische Companie’: The Muritius（1609）［J］, *The International Journal of Nautical Archaeology*, 1990, 19: 63-73.

❹ 该沉船上1件明代瓷碗被为研究早期西班牙船队的亚欧航路上重要中国瓷器标本。详见：C. Martin, La Trinidad Valencera: An Armada Invasion Transport Lost off Donegal［J］., *The International Journal of Nautical Archaeology*, 1979（8）, 1: 13-38.

❺ 这艘打捞的沉船上保存了丰富而完好的50万余件瓷器，但这仅是原沉船的三分之一。详见：Berit Wästfelt, BoGyllenevard and Jorgen Weibull, Porcelain from the East Indiaman Gotheborg［M］. Denmark: Forlägs AB, 1990.

❻ 该沉船上有大宗的清乾隆年间的白瓷和青花瓷以及木制茶叶盒、金锭、紫檀木和小铜炮。See M. L Hour and F. Richez, An 18th Century French East Indiaman: the Price de Conty（1746）［J］, *The International Journal of Nautical Archaeology*, 1990,（19）. 1: 75-79.

2.2　中国水下文化遗产法律保护困境

我国水遗法律保护的基本特点是多层次、多部门、分散型法律保护模式，即在《宪法》的统率之下，由不同法律位阶的规范组成了对水下文化遗产法律保护的基本框架。

中国有关水下文化遗产的法律规定散见于《宪法》、《文物保护法》、《水下文物保护条例》、《中华人民共和国海洋环境保护法》（以下简称《海洋环境保护法》）、《中华人民共和国专属经济区和大陆架法》（以下简称《专属经济区和大陆架法》）、《中华人民共和国海上交通安全法》（以下简称《海上交通安全法》）、《关于外商参与打捞中国沿海水域沉船沉物管理办法》（以下简称《外商打捞沉船沉物管理办法》）、《中华人民共和国刑法》（以下简称《刑法》）、《中华人民共和国治安管理处罚条例》（以下简称《治安管理处罚条例》）以及国务院《关于加强文化遗产保护的通知》。

其中，《宪法》作为国家根本大法，明确了国家有保护民族重要历史文化遗产的义务，水下文化遗产作为重要的历史文化遗产应受到法律保护。《宪法》第 22 条规定，国家“保护名胜古迹、珍贵文物和其他重要历史文化遗产”；第 119 条是关于民族自治制度的规定：“民族自治地方的自治机关自主地管理本地方的教育、科学、文化、卫生、体育事业，保护和整理民族的文化遗产，发展和繁荣民族文化。”《文物保护法》和《水下文物保护条例》是我国重要的关于水下文化遗产保护的法律法规。《文物保护法》规定对我国境内的文物实施保护。《水下文物保护条例》是我国唯一针对水下文化遗产的专项法规，对水下文化遗产的保护主要是以行政管理方式进行。

我国水下文化遗产保护事业取得的长足进步使得水遗保护的主体、客体、内容和范围都出现了新的变化；现有法律法规特别是《文物保护法》《水下文物保护条例》明显滞后，已不适宜我国新形势下水遗事业的发展。

2.2.1　水下文化遗产概念不清晰

（1）界定不清

我国的《水下文物保护条例》采用的是“水下文物”。这里首先需要辨析

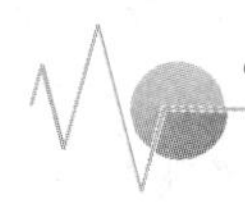

"文物"的概念。从20世纪30年代起，"古物"和"文物"二词在法律文件中替换使用。1930年6月，南京国民政府公布了"中国历史上由中央政府公布的第一个文物保护成文法"——《古物保存法》[1]；1931年颁行的《古物保存法施行细则》、1935年公布的《采掘古物规则》《古物出国护照规则》《外国学术团体或私人参加采掘古物规则》等，均以"古物"为名。1934年行政院公布了《旧都文物整理委员会组织规程》，之后在北平成立了旧都文物整理委员会。新中国成立后，政务院于1950年5月24日公布的《禁止珍贵文物图书出口暂行办法》，是公认的新中国成立以来最早的相关法律，其第1条为立法旨意即"为保护我国文化遗产，防止有关革命的、历史的、文化的、艺术的珍贵文物及图书流出国外"。谢辰生先生在《中国大百科全书·文物　博物馆》卷"前言"中，将文物定义为"人类社会历史发展过程中遗留下来的，由人类创造的或者与人类活动有关的一切有价值的物质遗存的总称"。[2]

文物是我国带有特定含义的法律词语。现行的《文物保护法》（2002年）在总则部分列举了五类受保护的文物："（一）具有历史、艺术、科学价值的古文化遗址、古墓葬、古建筑、石窟寺和石刻、壁画；（二）与重大历史事件、革命运动或者著名人物有关的以及具有重要纪念意义、教育意义或者史料价值的近代现代重要史迹、实物、代表性建筑；（三）历史上各时代珍贵的艺术品、工艺美术品；（四）历史上各时代重要的文献资料以及具有历史、艺术、科学价值的手稿和图书资料等；（五）反映历史上各时代、各民族社会制度、社会生产、社会生活的代表性实物。"这五类基本涵盖了所有的"人类历史发展过程中遗留下来的遗物、遗迹"。

可见，文物一词在我国有特定的法律含义，在强调有形之"物"的同时强调"文化、历史、艺术价值"；而国际公约中"文物"的含义和"文化财产"相似，或者和"纪念地"相似。

其次，关于"水下文物"的概念。《水下文物保护条例》第2条定义"水下文物"是指遗存于特定"水域的具有历史、艺术和科学价值的人类文化遗产"，同时排除"1911年以后的与重大历史事件、革命运动以及著名人物无关的水下遗存"。这个概念充分肯定了水下文化遗产的遗产价值，同时界定了水

---

[1] 鲜乔蓥．中国文物法制化管理的开端——简析南京国民政府的《古物保存法》［J］．中华文化论坛，2010（2）．

[2] 中国大百科全书·文物　博物馆［G］．上海：中国大百科全书出版社，1993．

遗保护的时间范围，并将 1911 年以后的“重大历史事件”也规定到水遗保护范围内，基本符合我国实际情况。虽然此概念所保护的时间范围是 1911 年之前，少于《水遗公约》规定的达到保护的水遗至少 100 年（第 1 条）的要求，但公约也表明了各国应“采取一切适当措施……根据各自的能力，运用各自能用的最佳可行手段”（第 2 条第 4 款）。

然而，这个概念的界定也存在问题。首先，其只强调水下“物”的历史、艺术和科学价值，而忽视了水下文化遗产与环境的关系。水遗的特殊性之一就是与其所处的环境密不可分。此外，我国法律中一直使用“文物”。随着国际社会对“文化遗产”概念的推广，2005 年我国国务院发布了《关于加强文化遗产保护的通知》，指出文化遗产是“物质文化遗产”和“非物质文化遗产”的总称，并分别进行了定义。这也是我国目前对“文化遗产”概念做出的最权威的解释。其中，“物质文化遗产”分为可移动文物和不可移动文物。迄今为止，我国一直没有在法律意义上使用“水下文化遗产”的概念。

最后，我国大陆地区没有使用“文化财产”术语的法律习惯，而我国台湾地区法律中通常使用“文化财产”“文化资财”来定义那些具有历史、艺术和科学价值的财产。此外，日本、韩国也多采用“文化财产”这样的法律术语。

（2）分类模糊及分级保护制度缺失

《水下文物保护条例》对水遗设定的分级保护体现在第 5 条：“依据《中华人民共和国文物保护法》第二章规定的有关程序，确定全国或者省级水下文物保护单位、水下文物保护区”。可见，“水下文物保护单位”和“水下文物保护区”是《水下文物保护条例》对水遗进行具体保护的体现。

而由《文物保护法》可知，“文物保护单位”是国家对于不可移动文物采取的保护制度。“古文化遗址、古墓葬、古建筑……等不可移动文物，根据它们的历史、艺术、科学价值，可以分别确定为全国重点文物保护单位，省级文物保护单位，市、县级文物保护单位。”（《文物保护法》第 3 条）由此可见，《水下文物保护条例》第 5 条仅是针对不可移动的水遗中可以设定为“全国或省级水下文物保护单位”的一种具体规定，只是针对“具有特别重要的历史、艺术价值的”不可移动水遗的一种高级别的保护。在我国第六批国家保护单位中，西沙的“甘泉岛”“北礁沉船遗址”已被列为“全国重点文物保护单位”，这是祖国最南端的文物保护单位。

2009年，地方法规落实了“水下文物保护区”的水遗保护理念。2009年，福建省修订的《福建省文物保护管理条例》落实了“水下文物保护区”。对于有水下价值的文化遗址，范围较大、需要整体保护的，可以依法核定为“水下文物保护区”，遵守国际水下遗产保护的“原址保护”原则。而《广东省实施〈中华人民共和国文物保护法〉办法》，针对广东省海岸线长、省内水下遗存丰富的现状，于第29条规定，“对具有重要历史、艺术、科学价值的水下文物遗存”，由省政府设立“水下文物保护区”，并在保护区内不得进行危及“文物安全的捕捞、爆破等活动”。随后，福建省在东山县冬古湾设立“水下文物遗产保护区”，保护2010年福建省水下文物普查在该地发现的一批年代序列完整、历史内涵丰富的水下文化遗存。

然而，现有《水下文物保护条例》缺少对可移动水遗的明确规定。我国水遗不止是沉船、沉没古城等不可移动水遗，还包含沉船船货等可移动水遗。而可移动水遗更容易被破坏甚至盗捞。《文物保护法》对于可移动文物采取等级完备的保护制度。其第3条规定，历史上各时代重要实物、艺术品等可移动文物，分为珍贵文物和一般文物；珍贵文物分为一级文物、二级文物、三级文物。而在实际破获的水遗打捞案件中，也是采用“一级文物、二级文物、三级文物”来鉴定一起走私盗捞水遗案件的危害性。例如，在2008年6月福建省龙海市破获的一起水遗盗捞案缴获的3838件水下文物中，涉及二级文物1件，三级文物164件。[1]

可见，我国现行的《水下文物保护条例》只对重要的不可移动水遗采取了认定为“国家或省级文物保护单位”“水下文物保护区”的级别保护。只有在法律中对不同水遗采取不同类型和级别的保护，才能更好地保护我国的“可移动水遗”与“不可移动水遗”。

2.2.2 水下文化遗产立法理念的反思

黑格尔在《法哲学原理》中说：“理念是任何一门学问的理性。”[2] 法律的创制必然受制于立法理念，而法律理念又反映法律制度中的共性、体现一定的立法特点。法律规范的内容必须反映出它所调整的社会关系的一般要求。我国

[1] 蔡岩红．我国水下文物盗捞呈集团化公司化趋势［N］．法制日报，2011-12-15（12）．

[2] 黑格尔．法哲学原理［M］．北京：商务印书馆，1961：2.

对水下文化遗产立法的基本理念是基于水遗权属来确立法律保护制度的。

所有权是物权中最重要也是最完全的一种权利，具有绝对性、排他性、永续性三个特征。虽然水下文化遗产具有文化遗产“物”的特性，但水下文化遗产的特性决定了其立法保护理念不能完全基于权属而设立。

我国《文物保护法》和《水下文物保护条例》中水遗权属的立法理念粗阔而笼统。《文物保护法》第5条第1款规定：“中华人民共和国境内地下、内水和领海中遗存的一切文物，属于国家所有。”而《水下文物保护条例》第2条规定了两种情况下水遗所有权归国家：一是“遗存于中国内水、领海内的一切起源于中国的、起源国不明的和起源于外国的文物”；二是“遗存于中国领海以外依照中国法律由中国管辖的其他海域内的起源于中国的和起源国不明的文物”。对于“遗存于外国领海以外的其他管辖海域以及公海区域内的起源于中国的文物”，国家享有辨认器物物主的权利。可见，我国对水遗所有权的规定，是结合了国际法中的属地原则和属人原则，简而言之，在中国内水、领海内的水下遗产所有权归国家，毗连区、专属经济区和大陆架上的起源于中国和起源不明的水下遗产也属于中国。

《水下文物保护条例》中关于水遗所有权的规定一直是国内外学者诟病最多的条款，这是由于它与国际公约以及其他非缔约国国家的水遗国内法规定不同。首先，我国对领海内的所有水遗有管辖权（《水下文物保护条例》第2条、第3条）。“所有水遗”无疑包括起源于中国和起源于外国的水遗。但根据国际法中国家主权豁免原则以及《水遗公约》的相关规定[1]，对于我国内水、领海起源于外国的国家船舶或飞行器，国家可以国家财产为由要求管辖豁免。即使以“商业性打捞”为基本保护模式的马来西亚（详见本书第三章第3.1.1节），对马来西亚海域沉船的管理也因权属不同而区别对待：一类是归属于马来西亚的古沉船；另一类是在马来西亚海域沉没的其他国家的船舶。此外，在马来西亚领海打捞出水的外国沉船，能辨明沉船来源国的，该国驻马领事对沉船有处置权。其次，遗存在中国领海以外，“依照中国法律由中国管辖的其他海域内的起源国不明的文物”，属于中国。这与《海洋法公约》《水遗公约》等国际公约对于“起源不明的”的水遗的规定不同，其规定属于全人

[1] 详见本书第四章第4.2节。

类共同财富，协调国或临海国有权实施保护措施，或因授权而保护之。❶ 虽然这些国际公约不涉及所有权，但对不同水域水遗管辖权的规定与我国水遗管辖权的规定不同。

国外学者认为我国对水下文化资源“主张的管辖权范围可能过大”❷，认为我国管理水下考古资源的政策带有明显的经济动机，因而未能有效管理水遗。应该说，我国关于内水、领海内的起源于中国的水遗归中国所有这一规定符合属地原则和主权原则——中国对本国内水和领海内的水遗享有所有权，但也应尊重沉于我国领海内的他国军舰或飞行器的“主权豁免原则”以及“起源不明水遗”属于“全人类共同所有”这个一般原则。

2.2.3 水下文化遗产特有保护制度的缺陷

（1）发掘制度

我国的考古发掘制度保证了国家享有水遗的绝对发掘权。《水下文物保护条例》第7条规定了水遗的开发特许和登记注册制度。首先，我国遵从了水下文物的考古勘探和发掘活动应当“以文物保护和科学研究为目的”的原则，不允许商业性打捞水遗。其次，我国规定：“任何单位或者个人在中国管辖水域进行水下文物的考古勘探或者发掘活动，必须向国家文物局提出申请，并提供有关资料。未经国家文物局批准，任何单位或者个人不得以任何方式私自勘探或者发掘。”对此，具体参考文物局的《水下文物的考古勘探和发掘活动许可》。外国参与中国管辖水域的水下文化活动，必须由文物局报国务院特别许可。

这种管理方式可以使国家完全掌握水遗的发掘权利，采取更为合适的方式开发和保护水遗。但是，水遗发掘相比于陆上发掘耗资更大，国家除了需要投入大量人力、物力外，还需要更为先进的水下发掘和保护技术作为支持。不论是中国还是其他水遗大国，水下发掘都是以水下考古这一新型领域的发展为前提的，而水下考古需要传统的文物发掘技术和高超的潜水能力，不借助社会专

---

❶ 《海洋法公约》第136条规定：“‘区域’及其资源是人类的共同继承财产。”第149条规定：“在‘区域’内发现的一切考古和历史文物，应为全人类的利益予以保存或处置，但应特别顾及来源国，或文化上的发源国，或历史和考古上的来源国的优先权利。”由此可知，对于不可辨明起源的，就应为全人类利益而保存或处置。详见本书第六章第6.3节。

❷ Sarah Dromgoole（ed）. Legal Protection of the Underwater Cultural Hertage: National and International Perspectives［M］. The Huge: Kluwer Law Intrnatinal, 1999: 89.

业团体或私人力量来发掘会增加国家发掘的成本，也无益于水遗的保护，无疑会阻滞我国水遗的保护。

此外，我国法律规定的考古发掘制度存在管理竞合的问题。《水下文物保护条例》第 8 条和第 9 条考虑到水遗发掘工作需要跟其他部门相互合作，规定水遗的发掘工作如果涉及港务监督部门管辖水域的，“必须报请港务监督部门核准，由港务监督部门核准划定安全作业区，发布航行通告”；水遗考古活动不得妨碍其他水上渔业生产、交通运输及军事活动。该条款充分尊重了 1984 年施行的《海上交通安全法》，但存在管理竞合的问题。

《海上交通安全法》是有关海上船舶航行及海上交通事故的法律。该法在“打捞清除”一章中对沉没物影响航道安全航行的情况做出规定：“对影响安全航行、航道整治以及有潜在爆炸危险的沉没物、漂浮物，其所有人、经营人应当在主管机关限定的时间内打捞清除。否则，主管机关有权采取措施强制打捞清除，其全部费用由沉没物、漂浮物的所有人、经营人承担。本条规定不影响沉没物、漂浮物的所有人、经营人向第三方索赔权利。”这项规定说明，以清理航道为目的打捞清除沉没物是包括沉船沉物在内的。并且，该法规定，对沉船沉物的打捞只能由主管机关批准，即第 41 条规定的“未经主管机关批准，不得擅自打捞或拆除沿海水域内的沉船沉物”。此处的“沿海水域”指“中华人民共和国沿海的港口、内水和领海以及国家管辖的一切其他海域”（第 50 条）。由此可知，我国“港务监督机构”对港口、内水、沿海、毗连区、专属经济区和我国大陆架内的航道里所有的沉船沉物有管辖权。而问题在于，根据《水下文物保护条例》第 4 条的规定，打捞、发掘我国境内水下文化遗产的主管机关是国家文物局。而《海上交通安全法》第 3 条规定“中华人民共和国港务监督机构，是对沿海水域的交通安全实施统一监督管理的主管机关”，所以航道的主管机关是港务监督机构。那么在我国沿海水域航道内发现的沉船沉物的打捞发掘，应由谁主管？

在 2005 年福建平潭“碗礁一号”沉船打捞中，就出现了当地群众一度哄抢水遗的情况。在湖北也出现过对于位于航道上的水下文化遗产，主管机关在不知情的条件下采取了强制措施予以打捞清除。可见，文物行政主管机关和港务监督机关在管辖权上出现了竞合，相关法律均没有明确规定竞合问题。此外，《海上交通安全法》并不涉及对沉没于航道内的外国沉没物的处理办法。

（2）水遗保护奖励制度

在我国鲜见奖励水遗保护的措施，2010 年国家文物局曾对公安云澳边防所保护“南澳一号”水下遗址给予了 20 万元的奖励。但我国对妥善保护水遗的行为规定了奖励措施。《水下文物保护条例》第 10 条第 1 款规定：“保护水下文物有突出贡献，符合《中华人民共和国文物保护法》规定情形的，给予表彰、奖励。”1982 年《文物保护法》第 29 条对符合表彰和奖励的行为做出具体规定：“有下列事迹的单位或者个人，由国家给予适当的精神鼓励或者物质奖励：（一）认真执行文物政策法令，保护文物成绩显著的；（二）为保护文物与违法犯罪行为作坚决斗争的；（三）将个人收藏的重要文物捐献给国家的；（四）发现文物及时上报或者上交，使文物得到保护的；（五）在文物保护科学技术上有重要发明创造或者其他重要贡献的；（六）在文物面临破坏危险的时候，抢救文物有功的；（七）长期从事文物工作有显著成绩的。”

我国对保护水遗行为设置的奖励机制得到西方学界的普遍认可和赞许。[1]然而水遗常年埋藏海底，发现与保护都实属不易。为了更有效地保护水遗并预防水遗的违法打捞，应鼓励发现者从发现阶段开始保护水遗。发现阶段是水遗保护的起点，发现者是水遗保护的最早实施者。保护现场是水遗保护的基础，应对发现并保护水遗现场并及时通报的人给予奖励。很多国家对水遗发现都给予不同形式的奖励，因此，应从有效性方面反思我国水遗的奖励机制。

（3）水遗发现报告制度

我国《文物保护法》对于文物发现报告制度的规定较为完善，但没有考虑到水下文化遗产发现的具体情况。首先，《文物保护法》第 32 条的规定，在进行建设工程或者在农业生产中，任何单位或者个人发现文物，应当保护现场，立即报告当地文物行政部门”。然而，水遗常常是渔民在捕鱼或者水上军事演习等活动中发现的，并非在建设工程或农业生产中。其次，《文物保护法》中规定的保护现场的时间也不适合水遗。根据该法第 32 条规定，文物行政部门接到报告后，如无特殊情况，应当在 24 小时内赶赴现场，并在 7 日内提出处理意见；发现重要文物的，应当立即上报国务院文物行政部门，国务院文物行政部门应当在接到报告后 15 日内提出处理意见。然而，水遗多在离岸

[1] Porter Hoagland, Sarah Dromgoole (ed). Legal Protection of the Underwater Cultural Hertage: National and International Perspectives [DB/OL]. Kluver Law Internatinal, 1999: 35.

较远的地方发现，从发现到通报通常需要更久的时间，如果采取“24 小时”“7 日”“15 日”的限制，则不切实际。

虽然 1989 年的《水下文物保护条例》去掉了“建设工程”和“农业生产”等不适合水遗发现制度的限制，但现有规定又太过宽松。《水下文物保护条例》第 6 条规定，任何单位或者个人以任何方式发现水下文物，应当及时报告国家文物局或者地方文物行政管理部门；已打捞出水的，应当及时上缴国家文物局或者地方文物行政管理部门处理。但《水下文物保护条例》对水遗报告的时间没有给出具体建议。因为报告时间是确保水遗能尽可能少地处于危险境地的限制，如不能明确“及时”的时间就不利于及时保护。另外，关于报告制度的奖惩措施也应进行明确，这些都有利于更好地保护水遗。

（4）水遗法律处罚制度

首先，关于我国水遗行政处罚的问题。《水下文物保护条例》第 10 条规定，在实施水下文物考古勘探或者发掘活动中违反行政规定的，可以处以 1000 元到 10000 元的罚款，但条例并没有对水遗发现不报的处罚。在 2006 年废止的《治安管理处罚条例》第 25 条中规定我国对发现水遗文物而藏匿不报的行为予以经济处罚（200 元以下），而取而代之的《中华人民共和国治安管理处罚法》却取消了藏匿水遗行政处罚的相关规定。而从国内外水遗发掘的情况来看，未严格按照考古科学性进行水遗发掘的，会造成对水遗的严重破坏，其损坏的价值远远高于《水下文物保护条例》规定的 10000 元。

其次，刑事处罚中没有针对水遗的罪行和刑罚，并且惩罚不严厉，规定不具体。《水下文物保护条例》第 10 条虽针对严重破坏、私自勘探、贩卖水遗的情况规定依法给予行政处罚或者追究刑事责任，但没有具体规定。其他相关法律主要是针对陆上文物的罪行与刑罚。如《刑法》（2014 版）分则在第 3 章第 2 节“走私罪”、第 5 章“侵犯财产罪”以及第 9 章“渎职罪”中都有针对文物犯罪的条款。其中，第 6 章第 324 ~ 329 条是专门关于“妨害文物管理罪”的规定。例如，第 324 条规定，“故意损毁国家保护的名胜古迹，情节严重的，处五年以下有期徒刑或者拘役，并处或者单处罚金”。1987 年最高人民法院也出台了《关于办理盗窃、盗掘、非法经营和走私文物的案件具体应用法律的若干问题的解释》，对盗掘古文化遗址、破坏珍贵文物、非法经营文物、走私文物及国家工作人员的犯罪行为都做了具体的处罚规定。

2.2.4 与其他法律制度的冲突与适用

由于水遗自身以及埋藏海底的特点，水遗的保护行为必定关联其他海洋活动，因而需要受到其他法律的制约。

（1）《海洋环境保护法》

水遗深处海底，水下文化遗产保护活动需要遵守保护海洋环境的法律规定。《海洋环境保护法》在第6章规定了“防治海洋工程建设项目对海洋环境的污染损害”，在第8章规定了“防治船舶及有关作业活动对海洋环境的污染损害”。因此，在海上进行考古发掘的水遗专业打捞船或工作船需要遵守排污的监督，防止船舶污染损害环境。

（2）《专属经济区和大陆架法》

1998年实施的《专属经济区和大陆架法》是我国对专属经济区和大陆架行使主权和管辖权的法律。虽然该法律保护的是专属经济区和大陆架区域内的“自然资源”及生物资源和非生物资源，并不涉及水下遗产这样的文化资源，但在实际中也常会出现水遗保护给经济让步的情况。1995年在广州汕头广澳港建设中，曾发现一艘郑成功的古战船，水下考古人员已进行了勘察定位；但由于当地政府没有及时采取措施，导致渔民炸沉船遗址狂盗瓷器，郑成功战船遗址的位置又丢失了，10年之后《广州日报》等多家媒体才相继爆出这一事件。此外，某些省市在修建港口、桥梁等大规模开发海洋资源时，并不重视水遗的保护。而海底沉没上百年的水下沉船、遗址多和海底生物、海底环境融为一体，因此，水遗保护活动可能影响海洋自然资源，需要考虑遵守《专属经济区和大陆架法》来维护国家海洋权益。

（3）《中华人民共和国海商法》（以下简称《海商法》）

需要注意的是，我国的《海商法》在原则上和目的上与1989年《国际救助公约》相似，其原则是最大限度地保护海上沉没船只和货物商业价值，这和《水下文物保护条例》第7条关于水下遗产发掘应当以文物保护和科学研究为目的而不涉及商业打捞的规定相矛盾。我国《海商法》第180条规定：确定救助报酬应当体现对救助作业的鼓励，并综合考虑“船舶和其他财产的获救的价值”“危险的性质和程度”“救助方所用的时间、支出的费用和遭受的损失”等因素。虽然其中也包括考虑海洋环境的保护及“救助方在防止或者减少环境污染损害方面的技能和努力”，但海难救助还是以考虑商业价值为主要目的的一种海事打捞行为，不是对于“具有考古价值、艺术价值”的水下沉船、物品的保护性打捞。

可见，我国《海洋环境保护法》规定水下文化遗产保护活动应该确保水下环境和生物资源等不受损害，符合国际法要求；而现有的《专属经济区和大陆架法》《海商法》和《水下文物保护条例》的规定中有不符合水遗保护的部分。

（4）外商打捞制度

实际上，我国“南海 I 号”在 1987 年由当时在中国海底寻宝的“英国海洋探测公司”发现并立刻向我国文物局提出打捞申请，由当时的广州救捞局参与。然而当英国人为了节约成本，采用 1 吨的抓斗在海底抓上来上百件瓷器、金银器的碎片时，中国立刻拒绝了由英国继续打捞的申请。直到 2001 年，我国才自己开始“南海 I 号”的考古打捞工作。可见，我国需要出台一部规范外商参与我国海上打捞活动的管理、确保各方合法权益的法规。

1992 年国务院发布并施行的《外商打捞沉船沉物管理办法》适用于外商参与打捞中国沿海水域具有商业价值的沉船活动。该办法第 3 条规定的“沉船沉物”不包括具有“重要军事价值的”“被确认为文物的”沉物。因此，我国规定不允许外商参与关于水遗的打捞工作。另一方面，该办法第 8 条禁止外商在打捞过程中对于发现的不属于合作标的的其他沉船沉物的擅自打捞。第 15 条规定，如果打捞过程中夹带有水下文物，应当上报当地文物行政管理部门，文物行政管理部门按照我国文物法律、法规处理并给予适当的奖励。这符合《水下文物保护条例》第 6 条规定的任何单位或者个人以任何方式发现水下文物的，应当及时提供给国家文物局或者地方文物行政管理部门辨认、鉴定。

（5）《文物保护法》

《文物保护法》是 1982 年第五届人大常委会通过并于同年实施的为加强对我国各类文物保护而制定的法规。该法对文物的定义中包含水下文化遗产；并对“文物保护单位”“私人收藏文物”“文物出境”“奖励与惩罚”等做了具体规定。等做了具体规定。而严格来说，《水下文物保护条例》曾一度由于《文物保护法》被修改而无法可依。1982 年《文物保护法》被 2002 年的《文物保护法》取代后，2002 ~ 2011 年间，《水下文物保护条例》中提及的原《文物保护法》（1982 年）的第 29 条、第 30 条、第 31 条因被更改而无法可依。为解决这一情况，2011 年 1 月国务院令第 588 号公布的《国务院关于废止和修改部分行政法规的决定》第106条将《水下文物保护条例》第10条第1款中“符合《文物保护法》第29条各项规定情况的”修改为“符合《文物保护法》规定情形的”；将第10条第2款“具有《文物保护法》第30条、第31条各项规定的情形的”修改为“具有《文物保护法》规定情形的”。

2.2.5 对境外中国水下文化遗产管辖能力的缺乏

目前我国水遗保护建立的是以沿海为核心、以近海为重点、启动内水、推进远海的全方位水下文化遗产保护格局。除了南海东盟各国海域内出现了我国水下文化遗址外，在大西洋、太平洋、北冰洋也有我国水遗的痕迹，这些遍布全球的中国境外的水下文化遗产存在不同程度的被打捞和被破坏的情况。

我国《文物保护法》和《水下文物保护条例》赋予了国家文物部门发掘和保护水遗的职能，却无法赋予我国管理领海外水遗保护工作的权利，我国现有国内法缺乏对远海、境外的中国水遗的保护能力。虽然我国现又加入了一系列文物返还公约，但也无法解决我国境外水遗面临的困境。例如，1954年UNESCO的《武装冲突情况下保护文化财产公约》是专门针对战争期间文化财产保护的国际公约。虽然该公约于1999年通过的《第二议定书》（2004年生效）是关于和平时期文物保护的，但主要是规定各国在和平期间采取防范措施以确保文化财产不在战争中被损毁。而纵观现有水遗的破坏原因并非是战争造成的，更多是由于非法打捞或商业性打捞行为造成的。1970年UNESCO的《关于禁止和防止非法进出口文化财产和非法转让其所有权的方法的公约》规定，根据缔约国国内法对于非法出口的规定建立“出口许可证”制度，以防止非法进口文物。我国于1989年加入了该公约。公约通过“出口许可证”制度，只规定了缔约国禁止出口没有许可证的文化财产，❶ 却没有禁止进口的对等互补性条款。因此，进口国可以通过“合法”进口的方式掩盖其文物的非法来源，这种方式也无法有效保护我国境外的水遗。1995年国际统一私法协会（International Institute for the Unification of Private Law，简称UNIDROIT）

---

❶ 该公约第6条规定，本公约缔约国承担以下责任：（1）发放适当证件，出口国将在该证件中说明有关文化财产的出口已经过批准。根据规定出口的各种文化财产，均须附有此种证件。（2）除非附有上述出口证件，禁止文化财产从本国领土出口。（3）通过适当方法宣传这种禁止，特别要在可能出口或进口文化财产的人们中间进行宣传。

的《关于被盗或者非法出口文物的公约》确保将被盗文物返还原始所有人，被认为是“唯一能够从根本上阻止文化财产非法交易的方法”。我国政府于1997年加入该公约时，声明保留了对历史上被非法掠夺文物进行追索的权利。但公约对于真正的所有人提起有效权利请求设定了时间限制，该做法客观上可能会鼓励欺骗性隐藏。假设南海周边其他国家在中国南沙盗捞水下文化遗产，而后隐藏一段时间再买卖，这样做不但会使文物升值，而且根据此公约还可以被免于追讨。

此外，对水遗破坏最严重的情况一般都发生在最初的发掘阶段，而海上发掘的隐蔽性很高，如果无法获得对领海外（如毗连区、大陆架、公海甚至他国领海内）对中国水遗进行发掘的海上船只的有效管辖，就无法控制和解决我国境外水遗肆意被盗、被走私、被破坏的问题。另外，我国已经加入的公约不能有效管辖境外的中国水遗，而我国尚未加入《水遗公约》，无法适用《水遗公约》为缔约国提供的水遗国家合作保护的框架，由此导致对境外的中国水遗缺乏处罚能力。

虽然我国曾经在20世纪90年代面对“泰兴号”打捞事件通过专家向国际组织提出了抗议，要求打捞者遵守1982年《海洋法公约》第149条❶的“水下文物应当顾及来源国”的规定，与中国共同协商这批水下文物的处理办法，却未能阻止水遗遭受毁灭性的破坏。我国南海海域、境外的水下遗址遭打捞和破坏的情况最近越来越严重，我国水遗法律保护的境外工作面临的形势愈加严峻。

2.3 小结

从2006年“十一五”开始，我国水遗保护主体呈现出地方立法活跃、执行主体多部门协调合作的特点，而我国水遗保护客体的特点体现为水遗本身（物）的多样性和整体性。国家和个人都体现出新的权利和义务的特点。我国政府涉足水遗的勘察、发掘、保护、监控，而个人在水遗的报告、保护上都有

❶ 《海洋法公约》第149条规定：“在‘区域’内发现的一切考古和历史文物，应为全人类的利益予以保存或处置，但应特别顾及来源国，或文化上的发源国，或历史和考古上的来源国的优先权利。”

新要求。水遗保护工作涵盖水遗勘察、出水遗产保护、水遗监控、水下考古与国际交流合作。水遗空间范围从以沿海海域为主、近海海域为辅，发展为以沿海为核心、以近海为重点、启动内水、推进远海的全方位水下文化遗产保护格局。水遗法律保护的新情况，使得现有的《水下文物保护条例》及其相关法规呈现出立法理念、保护制度、法律制裁等方面的不足和冲突。

第3章　外国水下文化遗产法律保护评析

各国根据自身不同的立法传统、文化遗产法律体系及水遗特点，确立了不同的水遗保护立法理念，从而形成了各自特有的法律保护模式，以规范、保护和管理水下文化遗产。一国的立法理念源于一国的法律传统和水遗的现实状况。大陆法系和普通法系的法律传统不同，各国为水下文化遗产所设计的具体的法律制度的思路也不同。有的国家为“水下文化遗产”设立专门法案，有的国家的法律制度散见于不同层次的法律法规中。梳理各国水遗立法史、现行水遗保护的行政管理规章，结合各国水遗特点，可从外国水遗法律保护模式、法律制度和司法实践中获得启示，从而为完善我国水遗法律保护制度和重塑我国立法理念提供借鉴。

3.1　外国法律保护模式的启示

由于各国水遗现状不同，大陆法系、普通法系的法律传统也不同，因此，各国为水下文化遗产设计的法律保护的思路也不同。即使是一国国内水遗保护的法律法规，也体现出侧重不同、前后发展的特点，但总体可归纳为以下三种法律保护模式。

3.1.1　鼓励“商业性打捞”的法律保护模式

（1）印度尼西亚

印尼是世界上最大的群岛国家，疆域横跨亚洲和大洋洲之间。据印尼国内普查，印尼海域有上千艘沉船；但政府缺乏对水域内水遗的监管，导致非法打捞水遗现象越来越严重。为了阻止非法打捞，印尼政府授权私人公司进行商业打捞。1989 年，印尼颁布了“第 43 号总统法令”，成立了“国家打捞和利用沉船委员会”（National Committee for Excavation and Utilization of Valuable Objects from Sunken Ships），但该委员会的主要目的是保护水下文物的商业价值。到 2000 年，总统颁布“第 107 号法令”，修改了该委员会的组织结构。新的委员会成员由 11 个政府部门的官员组成，由国家海洋及渔业部、文化旅游部共同管理。该委员会负责管理国内一切水遗的开发和利用，并采取“授权许可”的方式，委托其他单位从事水遗的开发和利用。到 2007 年，该委员会授权了 180 个私人公司在不同的水下遗址进行调研和发掘活动；同时，授权印尼官方机构负责 4 个地方的水遗发掘工作：2001 年 Kalimantan 岛西边的 Karang Cina、2004 年 Cirebon 岛北边的 Java Sea、2005 年 Riau 岛的 Karang Heliputan 和 2006 年 Bintan 岛南部的 Teluk Sumpat。印尼 1992 年出台的“五号法案”[1] 是唯一关于水遗保护的法案，次年出台了对该法的解释条例。该法涉及水遗所有权、开发、研究、保存、利用等诸多实质性问题。但从 2005 年开始，印尼对水下遗产的政策发生了重大改变：从重在水下遗址的商业开发转向保护水遗的文化、历史、科学价值，相关机构也实际上停止了工作。

（2）马来西亚

马来西亚是“海上丝绸之路”的要塞，是太平洋进入印度洋的海上交通要道，也是北太平洋沿岸国家与南亚、中东和非洲各国之间的航线必经地。郑和七下西洋，曾五度停留在马六甲。400 年的殖民统治和其特殊的地理位置使马来西亚成为东西方文明的交汇处，马六甲海峡里沉没了世界各地不同类型的船只。

马来西亚水遗的法律保护模式主要是“商业性打捞”；但 2005 年以后，马来西亚修改了相关立法，逐渐转变水遗保护的立法理念。马来西亚的水遗法规体现在 1952 年《船运法案》（The Merchant Shipping Ordinance of 1952）和 1976 年《文物法案》（其修改后为 2005 年的《国家遗产法案》）中；此外，萨巴州和沙捞越州也有各自的水遗保护法案。1952 年的《航运法案》第 5 部分“沉船及打捞”规定了航道内沉船沉物的所有权归打捞局，因为沉船被认

[1] Indonesia. Republic of Indonesia Number 5 of 1992 Concerning Items of Cultural Property (Law No. 5), 1992.

为是航道的阻塞物，而不是具有考古、文化价值的水下遗产；并且，打捞局可以决定处理方式——可以采取打捞或者移除至安全地方等。对于“易腐烂”、价值在100令吉（220元人民币）以下的水下财产，可以买卖。此外，其对违法破坏水遗的处罚也很明确。对于任何无故走私水遗的行为，会处以2000令吉或5年以内监禁的处罚。对于非法登上沉船、毁坏沉船的行为，会处以500令吉的处罚。对于举报私藏水遗的个人，奖励50令吉。此外，在马来西亚领海打捞出水的外国沉船，能辨明沉船来源国的，该国驻马领事对沉船有处置权。1976年《文物法案》明确了水遗保护的范围是马来西亚半岛内各类水下文化遗产，并对打捞外国沉船及所有权有所规定。到20世纪90年代末，各国水下打捞日益猖獗。2005年，马来西亚修改了1976年的《文物法案》，新的《国家遗产法案》设立了第4章“水下文化遗产”。根据该法案，在文化部下新成立了国家文化遗产注册局，并对任何在打捞、水下考古过程中发现的被认定为“水下文化遗产”的遗址或沉船沉物注册备案。可见，《国家遗产法案》更重视水遗的文化历史价值而非商业价值，采取原址保护而非移除破坏的方式。并且，值得关注的信号是“打捞审批委员会”从2006年开始由文化遗产部部长任该委员会主席。虽然马来西亚还没加入公约，但马来西亚水遗保护的趋势符合国际原则。

可见，对水遗采取商业打捞为主的国家也逐渐开始重视水遗的历史价值。对于有历史、文化价值的水下沉船，开始以非破坏的方式打捞并保护。

3.1.2　提倡“地毯式”的法律保护模式

“地毯式保护”（blanket protection）是相对于“重要性保护”（significance assessment）的另外一种遗产保护方法。它是指保护遗址“应以具体的时间为界定标准，不论遗址是否被发现，只要超过年限都应被保存，无所谓遗址是否‘重要’”。[1] 其以澳大利亚为代表国。

澳大利亚水遗丰富，在内水、港口和近海发现了7000多件沉没的土著人遗址、沉船和沉没的飞行器。澳大利亚水遗保护法的主要特点是“地毯式保护”，体现在其海洋法、沉船法和环境法中如1973年《海洋考古法》（Mari-

[1] Herderson, Graeme. Significance Assessment or Blanket Protection [J]. The International Journal of Nautical Archaeology, 2001, 30 (1): 4.

time Archaeology Act 1973）第 4 条的“海洋考古遗址”（maritime archaeology site）和第 9 条的“保护带”（protection zone）。“海洋考古遗址”指历史性沉船及其相关遗骸所在区域、防御工程、营地以及其他具有历史性意义的建筑物所在区域。对于这样的区域，政府可以用如浅水标（low water mark）、潮汐标（tide mark）等标识进行定位并进行公告。第 9 条规定，为了防止盗捞、损害或干扰海洋考古遗址及其中的沉船和遗物等，政府可以将环绕海洋考古遗址的周界 500 米的海床、底土和上覆区域划定为“保护带”（protected zone），在此区域只能进行无害通行、休闲或者商业捕鱼等不会对海洋考古遗址造成有害影响的水下活动。政府禁止、限制下列活动，违反者须承担法律责任：携带爆炸物或有损保护带内水遗的工具或器械进入保护带；潜水等活动；停船行为或者其他使用保护带水域的船舶行为。其他法律也相互协调配合“地毯式保护”立法理念。1976 年《历史沉船法案》（Historic Shipwreck Act）规定，75 年以上的所有沉船都在保护范围之内。1999 年《环境保护和生物多样性法案》保护被认为“重要性”的水遗，而不是所有 100 年以上的水遗都受到该法的保护。此外，澳大利亚对敏感地区的水下遗址的发掘和科考工作审批很严格。出水的文物严格禁止商业买卖。在州法案层面，有些州的文化遗产法案保护特殊的沉船和水下遗产，有些则不区分“水下”“陆上”文化遗产。

有学者将“地毯式保护”定义为最有效率、操作最便捷的保护模式。[1] 而将“地毯式保护”用于水遗保护，比较适合于海岸线不长、水遗较为密集的国家，因为这种划定海洋考古遗址和保护带的措施也会带来繁重的行政负担，需要耗费大量人力物力。

3.1.3 以“重要性”为原则的法律保护模式

（1）英国

根据水下遗址的“重要性”（significance assessment）进行保护，是英国水遗法律保护的重要立法理念。英国的水遗法律法规主要是《1973 年沉船保护法案》（the Protection of Wrecks Act of 1973）、《古迹和考古领域 1979 号法案》（the Ancient Monuments and Archaeological Areas Act of 1979）、《1986 年保护军

---

[1] Herderson, Graeme. Significance Assessment or Blanket Protection [J]. The International Journal of Nautical Archaeology, 2001, 30 (1): 4.

事遗迹法案》（the Protection of Military Remains Act of 1986）和《1995 年商船法案》（Merchant Shipping Act 1995）。其中，《1973 年沉船保护法案》就要求对有“历史、考古或有艺术价值重要性”的沉船进行保护。❶ 该法案对英国水域内 60 多处具有“重要性”的沉船遗址区域（wreck sites）进行管制。在区域内干涉、损坏或打捞沉船物品都属于犯罪行为。只有得到历史沉船遗址委员会的相应许可如旅游许可证、勘察许可证、遗址表面复原许可证、发掘许可证后，才能进行相应活动。此外，该法案对于处于濒危的沉船遗迹区设立特别管制，严禁潜水活动。《古迹和考古领域 1979 号法案》的目的是保护具有特殊考古或历史价值的遗迹不受非法干扰，法案保护“对国家具有重要性”的古迹。《1986 年保护军事遗迹法案》则限制私自勘探敏感的战船遗址，在某些战船遗址海域设立保护区和监控区，禁止所有潜水等活动。《1995 年商船法案》是对 1989 年《国际救助公约》的国内适用，并且“有关财产为位于海床上的具有史前的、考古的或历史价值的海上文化财产”不适用于该法案的商业救助。可见，英国通过设立“海洋考古遗址区域”“保护带”，对所有相关的水遗活动进行规制，将水遗保护的范围扩大到海床、底土和上覆水域的那些具有“重要性”的水下遗产。

（2）美国

美国对水遗采取“保护区”模式进行法律保护体现在一部联邦立法即《国家海洋保护区法案》（National Marine Sanctuaries Act of 1972）中。❷ 这部以维护海洋环境为背景的法案，不同程度地实现了保护水下文化遗产的目的。在《国家海洋保护区法案》里，“保护区资源”包括各种生物资源和非生物资源。法案规定对划定的保护区依法保护，不得进行破坏性、商业性的打捞活动。最初划定的一个保护区就是为了保护 USS Monitor 号沉船的。针对具体的保护区，又有具体的保护措施。比如，在佛罗里达群岛保护区制定了考古研究的规范，允许以公众利益为目的的私人发掘活动。这里所指的“历史性水域”是指对国家具有历史、文化、考古和古生物学等重要意义的区域。

美国不但对境内水遗采取“保护区”模式，如 USS Monitor 号沉船；还对领海以外水域的美国水遗采取“保护区”模式，如“泰坦尼克号”沉船（“泰

---

❶ Patrik J. O. Keefe. Shipwrecked Heritage：A Commentary on the UNESCO Convention on Underwater Cultural Heritage［M］. UK：Institue of Art and Law，2002：41.

❷ 16 USC 1431.

坦尼克号”沉船位于加拿大大陆架上，美国、法国、英国和加拿大达成了《关于“RMS Titanic”号沉船的协议》，设立了168平方海里的泰坦尼克号沉船保护区)。需要注意的是，美国这种领海外“保护区”模式多是通过双边、多边协议达成的。可见，虽然美国反对《水遗公约》的原因之一是该国际公约最初提出的“文化遗产区”被认为是扩张临海国管辖权的表现即“管辖权蔓延”(creeping jurisdiction)，然而美国却在水遗保护实践中屡屡使用“保护区”模式。

3.2 外国法律制度的借鉴

3.2.1 法国

法国于2013年加入《水遗公约》，其关于水遗的法律保护是从1961年的第61/1547号《关于确立海难残骸机制的法案》开始的。首先，最值得借鉴的是法国的报告奖励机制。至20世纪90年代，海底文化遗产的非法盗挖活动十分猖獗；为限制这种肆意偷盗行为，法国于1989年12月出台了第89/874号《关于海洋文化财产的法案》。其中最特别的是“报告奖励制度”，规定法国政府应奖励报告人。这种由文化部进行分配的奖励是强制性的，发现者可以对奖励方式二选一。一种是依据发现的财产价值的等级对报告者分级进行奖励，奖励由法国文化部咨询国家考古研究学会（National Council for Archaeological Research）决定，奖励额在1万法郎至20万法郎之间。如果其后发现该财产价值高于其最初评估的价值，文化部可以增加奖励金额。然而这种奖励方式却引来政府和国家考古研究会的日益激化的矛盾。[1] 第二种是由发现者保管该水遗，但水遗所有权归属于国家。国家和保管人之间会在合同中规定水遗保护的具体要求，如保管的环境和条件。有些情况下，发现者更愿意保管该水遗，而且这一措施可以避免政府为大量价值一般的水遗所累。整体来看，在政府和专家的

[1] 从1989年开始，法国文化部处理了大量发现奖励的申请。在奖励金额上，政府和国家考古研究学会观点不同：文化部会认为这一奖励是为了感谢发现者对海洋文化财产的贡献，因此，奖励金额的发放不必一定以其发现物的科学价值为标准；而国家考古研究学会则会以严格标准审核发现物的科学价值。郭玉军，向在胜. 法国法中海底文化财产的法律地位［J］. 时代法学，2005（4）.

有效配合下，第89/874号法案在水遗保护方面发挥了很大作用。❶

其次是法国的报告制度。法国自1961年第61/1547号《关于确立海难残骸机制的法案》开始规定“报告制度”。打捞者如发现具有历史价值的残骸，应对之采取救护措施，并于48小时内通知海事管理部门。在该部门无法对其报告的海底文化遗产进行研究的情况下，打捞者得申请获准对所发现的海底文物实施探测或发掘。第61/1547号法案确立的有关海难残骸的法律，对有历史、考古价值的海底水遗的保护发挥了较大作用。到1989年12月，法国又出台了第89/874号《关于海洋文化财产的法案》。该法案对于“报告制度”的规定更为具体：第3条要求发现海洋文化财产的个人应将发现物留在原处，不得抛弃，并自发现之时或首次到达发现物地点时起48小时内申报，任何侵占财产的人均不得参与财产分配。❷

3.2.2 意大利

被誉为“露天博物馆”的意大利是一个历史悠久的遗产大国，据说有4100个博物馆、95000座教堂、20000座城堡及6000多处古建筑。意大利共和国在其宪法中规定国家保护历史文化遗产。意大利《宪法》第9条规定，“国家保护风景名胜和国家的历史、艺术遗产”。意大利《民法典》规定，“海岸、沙滩、港口、河流、湖泊……博物馆、具有历史考古艺术价值的不动产都属于国家所有，是国有公共财产”。❸ 2009年颁布的《文化遗产保护法》也确定了政府依法保护文物的责任和国家对文物的所有权——“政府必须依法保护文物”，“文物属于国家所有”，同时也规定，国家对私有文物进行保护和监管。

对于意大利，首先值得借鉴的是“文物宪兵”保护制度。1969年，为打击日益猖獗的盗窃和破坏文化与自然遗产活动，意大利文化部设立了“保护文化遗产宪兵司令部”，这也是目前世界上唯一一支专门负责文化与自然遗产保护工作的武装部队。❹ 该总部在罗马有犯罪研究室，在威尼斯、都灵、佛罗

---

❶ Sarah Dromgoole (ed). Legal Protection of the Underwater Cultural Hertage: National and International Perspectives [M]. The Huge: Kluwer Law Intrnatinal, 1999: 89.

❷ 孔德超. 法国文化遗产法研究 [D]. 北京：中国人民大学，2010.

❸ [意大利] 罗伯特·隆波里. 意大利法概要 [M]. 薛军，译. 北京：中国法制出版社，2007：141.

❹ 龙运荣. 从意大利和英国管理模式看我国文化遗产保护的新思路 [J]. 湖北社会科学，2010 (17)：108.

伦萨等地有11个分部，共300余名成员。“文物宪兵”既是职业警察，也是受过艺术史和文物鉴定培训的专业人才❶：法律赋予“文物宪兵”统一调度其他警力的职能，可以调用直升机宪兵、海上宪兵和骑警宪兵等进行侦查监控等工作。“文物宪兵”专门负责监控文物安全并直接处理文物案件。发生盗窃、破坏文物的案件，相关部门必须在第一时间通报文物宪兵；由文物宪兵汇总相关线索，部署监听、监控、查扣被盗文物等相关工作。

其次，意大利水下文化遗产保护经费的来源渠道并不是靠中央拨款。以威尼斯水遗保护工作为例，其中仅有5%是意大利文化遗产部提供的，而剩余的95%分别由各级政府的公共资金、公司、个人提供。❷

再次，主管意大利境内文化遗产的是“意大利国家文化遗产与文化活动部”。对包括水遗在内的文化遗产实行从中央至地方的垂直管理，由国家主导、统一部署，由各个大区和相关专业机构共同完成。文物的管理权、建设权均在中央政府手中，地方政府则通过中央政府签署协议的方式获得部分管理权和使用权。

最后，意大利重视水遗保护的“预备方案”。意大利水遗登记制度也具有很长的历史。而水遗保护强调“预备方案”：在开展工作前，要对准备的工作进行可行性分析，在后续准备尚未妥当前一般不进行发掘。但一旦开展工作，就注重标准和规范的统一，严格按照方案实施。

3.2.3 纳米比亚

纳米比亚于2011年加入公约。该国是非洲西南部的沙漠型国家，水遗并不丰富，仅有2000公里的海岸线面向大西洋和一个内陆湖Otjokoto。内陆湖由国家遗产委员会（NHC）负责，湖内有第二次世界大战（以下简称二战）中德国战败留下的大炮遗骸。纳米比亚海域仅有的几艘沉船集中在国家骷髅海滩、纳米布国家公园海域，由国家遗产委员会、旅游与环境部和NAMDEB钻石开采公司共同监管。值得借鉴的是，纳米比亚的水遗主管机关是由多个机关合作组成的，符合纳米比亚水遗的地理位置。因为近海开钻石矿时会意外地发现水下遗产，而国家骷髅海滩是国家著名旅游景点，需要旅游和环境部的介

---

❶ 靳平川. 对意大利文物警察体制之扬弃［J］. 中国文物科学研究，2011（13）：91-93.

❷ 国家水下文化遗产中心. 意大利水下文化遗产调研报告［R］. 国家水下文化遗产中心2011工作汇报材料，2011：32.

入；因此，纳米比亚由所涉相关机构共同监管管理海域水遗并设立水遗报告机制。

3.2.4 泰国

泰国从 1975 年开始水下考古发掘；截至 2007 年，在泰国湾和印度洋的安达曼海内共发现 52 艘沉船。从 1981 年开展的“国家第二发展计划”至今，其对 14 艘水下沉船进行了发掘，并对湄公河旁大佛塔（Pagoda，Stupa）进行了修复以及对 Sakol Nakorn 省 Nong Harn 的水遗进行了重点保护。

泰国的水遗记录了国家的海运史和造船史。泰国的水遗多沉没于泰国湾，属于舢板和商船如平底 the Ko Samui and Ko Si Chang II 沉船、V 型底 the Pattaya、Ko Rang Kwian 等沉船。但由于地理环境的原因，泰国湾内 14 ~ 18 世纪的帆板木船只剩下船底，二战时期的战船被损坏的情况也很严重。而泰国舢板的造型混合了中国、印尼、马来西亚的风格。泰国沉船中常常有中国文物。例如，在 The Ko Rang Kwian 沉船里发现了中国古钱币；在 Chanthaburi 省的 Ban Ko Samed Ngam、Amphur Muang 的码头修理厂内发现了一艘中国古船被遗弃在此；还有一艘名为“The Samed Ngam”❶ 的中国制造的舢板战船。

泰国关于水遗的法律集中在两部法律即《民商法典》（Civil and Commercial Code）和 1992 年修订的《有关“文物、纪念碑、国家博物馆艺术品”的法案》中。泰国《民商法典》第 1326 条规定：海里、河里的遗弃物归泰国国家所有。而 1992 年修订的《有关“文物、纪念碑、国家博物馆艺术品”的法案》❷ 第 24 条规定：在领海和专属经济区内发现的遗弃物、埋藏物等文物属于国家财产。泰国政府在 1981 年 2 月 23 日宣称泰国拥有超过 200 海里的专属经济区。其水遗发现奖励制度规定：发现人须及时报告相关政府并会获得不超过发现物价值 1/3 的奖励。

泰国水遗保护的主要问题是泰国的水下考古管理机构能力有限，财力有限。原因在于国家对水遗保护并不重视。但泰国计划制定水遗考古措施，将文化保护区扩大到专属经济区内，对水遗的打捞要在专业考古的监控下，打捞的

---

❶ The Samed Ngam：长 24 米、宽 8 米，是由松木制造的，至今只剩下一层船舱板。据推断这艘船在中国制造，曾作为礼物在 18 世纪 60 年代献给当时的 Tak Sin 国王，计划用于对缅甸的海战中。

❷ Act on Ancient Monuments，Antiques，Objects of Art and National Museums B. E. 2504（1961）（No. 2），B. E. 2535（1992）published in the Government Gazette Vol. 109，Part 38.

首要原则是以保护研究为目的而不是商业目的。

3.2.5 巴西

在巴西东海岸的托多苏斯桑托斯湾（All Saints Bay），历史上有数百条船沉没于此。首先，巴西水下文化遗产和陆上文化遗产的法律保护框架大相径庭。巴西海军负责巴西水遗保护并颁发水遗“许可证”，而文化部下属的“国家历史、艺术及民族遗产协会”（IPHAN）负责陆上文化遗产的保护工作。其次，巴西对待水遗遵循商业打捞原则，不过近几年有所改观。自 1960 年水下遥控机器问世以来，水下寻宝者就一直觊觎巴西海底的文化遗产，而他们的打捞活动多得到政府官员或贵族的支持。这种官方许可的水遗打捞使得寻宝者“合法”掠夺了 80% 的沉船财宝。此外，巴西的水遗专家也一直鼓吹“水下寻宝”即商业打捞的水遗保护理念。直到 1986 年，巴西法律改变了对水遗保护的态度。第 7.542/86 号联邦法令规定“超过 100 年的考古沉船遗址都为巴西财产”，[1] 1988 年《巴西联邦宪法》肯定了这一态度。但 2000 年新的联邦法令第 10.166/00 号取代了第 7.542/86 号，“承认水下考古遗址打捞物的市场价值，并准许其进入国内外寻宝交易市场”。[2] 新法令显然与巴西宪法不一致，无视水下遗产的考古价值，也和国际上对水下遗产的态度截然不同。新的提案第 PL7.566/06 号已于 2006 年提交联邦参议院表决，这一提案将终结巴西境内的水下文化遗产的商业化打捞。

但巴西水遗保护的未来计划结合了水下环境的特殊性，并发展了巴西水下考古学。巴西关注水下遗产的保护，并认为大众参与是文物存在的要旨。巴西打算再次建造水下博物馆、水下考古旅游和虚拟博物馆。特别是虚拟博物馆，将融合虚拟潜水、参观水下考古遗址。

3.2.6 其他国家

还有些国家具体的文化遗产、水遗法律措施也值得重视。例如，作为公约缔约国之一的文化遗产大国，西班牙通过立法来确保文化遗产经费。西班牙的

---

[1] 希尔松·兰贝利．保卫巴西水下文化遗产：法律保护与公共考古学［M］．巴黎：国际博物馆，2008（62）：67.

[2] 同上。

"1%文化政策"[1] 出自1985年6月25日出台的第16/1985号法案及《西班牙历史遗产法》的第68条，规定"建造公共设施的经费中的1%必须用于西班牙历史遗产的保护和丰富，或用于促进艺术创造，尤其是有关文物及其环境方面的艺术创造"。该政策针对教堂、城堡及其他文化遗产的保护、修补、复原和巩固。为保证水下文化遗产，西班牙配备了水遗保护专业工作船。而以"商业性打捞"为保护模式的马来西亚，擅长通过经济措施来保护水遗，其"拒报惩罚制度"也值得留意。在马来西亚领海和管辖水域中发现水下遗产的个人，有报告水遗基本情况的义务，没有履行报告会受到1000令吉（2200元人民币）的处罚。另外，印尼的"水遗报告制度"规定，其文化遗产注册局需要在48小时内在水遗发现地的地方港务局发布公告；任何宣称水遗的所有者需要在1年内证明其所有，否则会受到处罚。

3.3 外国司法实践的启示

双边、多边协议是水遗国际保护的重要方式。在《水遗公约》通过前，国家通过缔结双边、多边协议来规定有效保护水遗的措施。[2]《水遗公约》生效后，公约第6条鼓励缔约国在批准后签订双边、地区或多边协定，唯一要求是签订的新协议对于水遗的保护不低于《水遗公约》的保护水平（公约第6条第1款）。而实际上，有些条约是在2003年《水遗公约》通过后而2009年《水遗公约》生效前的6年间签订的。对此，如何确立已缔结的水遗双边协定的效力呢？1969年《维也纳条约法公约》第18条规定，"签字国有义务不得在条约生效前采取任何妨碍条约目的及宗旨之行动"；因此，对于已经批准加入公约的国家或者公约的创始缔约国，不应缔结不符合《水遗公约》宗旨的双边或多边条约。但对于没有签字加入《水遗公约》的国家，则没有此项义

---

[1] 肖锡维. 西班牙世界文化遗产保护工作及其启示［D］. 对外经济贸易大学，2005：23.

[2] 参见1989年《关于规范HMS Birkenhead号沉船老旧之解决方案的意见》（南非—英国）（《Exchange of Notes between South Africa and the United Kingdom concerning the Regulation of the Term of Settlement of the Salvaging of the Wreck HMS Birkenhead》）、1989年《关于CSS Alabama号沉船的协定》（美国—法国）（《Agreement between the Government of the United States of America and the Government of the French Republic concerning the Wreck of the CSS ALABAMA》）、1997年《关于HMS Erebus号与HMS Terror号沉船的谅解备忘录》（英国—加拿大）。

务。然而实践证明，此期间缔结双边条约的非缔约国仍然考虑了采纳《水遗公约》中水遗保护的基本原则。

3.3.1 从 La Belle 等沉船案看领海内水下文化遗产的主权豁免原则

1972 年，《荷兰与澳大利亚关于荷兰古代沉船的协议》（以下简称《VOC 沉船协议》，英文常称《ANCODS 双边协议》）[1]，被认为是有关水遗保护的双边协议的典范。该协议化解了对水遗所有权的争议，而强调对沉船的有效保护。巴达维亚号（Batavia）是荷兰东印度公司（VOC）建于 1628 年的船。1629 年 6 月 4 日，该船在西澳大利亚州海岸的阿伯罗侯斯岛屿（Houtman Abrolhos）的灯塔岛触礁沉没。1972 年，澳大利亚与荷兰两国政府签订协议，保护西澳大利亚海域的 4 艘 17 世纪沉没的荷兰东印度公司的沉船。协议第 1 条规定："荷兰作为东印度公司财产和资产的继承人，将其位于西澳大利亚州沿海和沿海以外的荷兰东印度公司沉船及其任何物品的一切权利、所有权和利益转移给接受此权利所有权和利益的澳大利亚。"协议第 4 条规定："基于沉船文物的历史和文化的目的，澳大利亚承认荷兰对本协议第 1 条所指任何沉船中发现的物品拥有连续的利益。"该协议规定了保护制度和技术性原则，从文化遗产保护的角度出发，彼此退让，友好协商，为日后类似争议的解决树立了典范。

1989 年的阿拉巴马号（CSS Alabama）沉船案[2]：美国的阿拉巴马号战船于 1864 年在作战中被击沉于法国 Cherbourg 离岸 7 海里的地方，20 世纪 80 年代被发现。1989 年，美国和法国签署了《关于阿拉巴马号沉船的协定》。该协定充分考虑到阿拉巴马号对美国的特殊价值，指明阿拉巴马沉船的所有权属于美国，但处于 7 海里的法国领海区，法国为此设立"水下保护区"，双方建立科学委员会协商发掘和保护事宜。

La Belle 号沉船案[3]：La Belle 号是 17 世纪的一艘法国军舰，1686 年在美国德克萨斯州的 Matagorda 湾沉没，1995 年德克萨斯州历史委员会探察到 La Belle 号沉船遗址的位置。考虑到 La Belle 号是法国军舰的特殊地位，美国肯定

---

[1] Historic Shipwrecks Act 1976，1976 Austl. Acts No. 190，Schedule 1，Agreement between the Netherlands and Australia concerning Old Dutch Shipwrecks（ANCODS bilateral agreement）.

[2] Agreement concerning the Wreck of the CSS Alabama，U. S. -Fr.，Oct. 30，1989，T. I. A. S. No. 11687.

[3] 傅崐成、宋玉祥在《水下文化遗产的国际法保护——2001 年 UNESCO〈保护水下文化遗产公约〉解析》的附件中全文引用了《美国与法国政府关于 La Belle 号沉船协定》（英文）。该协定充分肯定了"首选原址保护"国际法原则，并肯定了法国享有 La Belle 号沉船的所有权。

了法国对 La Belle 号的所有权。但鉴于在该协议签订前，美国德克萨斯州政府监管 La Belle 号沉船已有 1 个世纪，法国不打算要回沉船遗骸，并相互约定了沉船遗物的公众展示细节。2003 年，《美国与法国政府关于 La Belle 号沉船的协定》诞生。虽然法国、美国不是《水遗公约》缔约国，但该协议充分遵守了有关主权豁免的国际法和国际惯例的规定、《水遗公约》第 2 条第 8 款关于不改变任何国家对本国的船只和飞行器拥有的权利的规定以及“首选原址保护”国际法原则。

Juno 沉船案[1]：2001 年，西班牙与美国在美国弗吉尼亚沿海发现了 1802 年沉没的西班牙 Juno 号船的残骸。打捞公司向美国法院提起诉讼，要求宣判该沉船不属于西班牙主权范围。然而最后，美国联邦最高法院判决该沉船属于西班牙所有，因为西班牙从未放弃过对 Juno 战舰的所有权。

3.3.2 从泰坦尼克号沉船案看英美水下文化遗产法的发展

世界闻名的“泰坦尼克号沉船”（RMS Titanic）从发掘、打捞、四国协议到 2012 年作为《水遗公约》的保护对象，一直备受瞩目，其历经的 27 年恰恰体现了英美法国家水遗保护遵循国际法原则的发展。

1912 年 4 月 10 日，泰坦尼克号作为当时最大的邮轮从英国南安普敦出发，邮轮途经法国瑟堡港以及爱尔兰的昆士敦，目的地为美国纽约。4 月 14 日，泰坦尼克号在北大西洋撞上冰山，1523 人葬身海底，造成了当时在和平时期最严重的一次航海事故。1985 年，泰坦尼克号的沉没地点确定，为防止其被商业性开发或破坏，次年美国国会通过了一部《泰坦尼克号海事纪念法案》（R. M. S. Titanic Maritime Memorial Act of 1986），规范针对泰坦尼克号进行的研究、发掘及打捞活动。但美国不希望与其他有利害关系的国家进行沉船打捞合作，于是引起了一系列诉讼争议[2]：专门对泰坦尼克号沉船进行打捞的美国“泰坦尼克打捞公司”获得了该船的专有打捞权；但到 1992 年，另一打捞公司提起动议，“泰坦尼克打捞公司”专有打捞权被收回；次年，“泰坦尼克打捞公司”通过诉讼重新取得对沉船的独占打捞权。法院的判决是基于“泰坦尼克打捞公司”年度报告中对于公司打捞目标的陈述做出的，“为历史求证、

[1] Tullio Scovazzi. Spanish Ship Caught in Storm almost 200 Years after Sinkin [EB/OL]. [1999-06-26]. http：//edition. cnn. com/US/9906/26/sunken. treasure.

[2] R. M. S. Titanic V. Wrecked& Abandoned Vessel, 435 F. 3d 521；2006 U. S. App.

科学研究和教育目的获取材料和科学数据，通过公开展示遗址、打捞的人工制品来保存泰坦尼克号历史并不向私人收藏家出售”。❶ 法院认为公司履行了应尽义务（due diligence），因而授予其排他独占打捞权。

然而从1993年至2006年，关于泰坦尼克号沉船的诉讼一直不断；因为依据国际打捞法的惯例，“发现者即所有者”（finders，keepers），所以，打捞者更加为所欲为，对海底进行掠夺性、破坏性的发掘。所谓的“应尽义务”是否满足顾忌了水下遗址的“考古、历史、艺术等价值”？虽然1996年ICOMOS出台了《保护和管理水下文化遗产宪章》，但美国法院并未予以考虑。直到2004年，美国、法国、英国和加拿大为共同解决国家间对泰坦尼克号的权利争端、防止无序打捞对沉船遗址的威胁，达成了《关于“RMS Titanic”号沉船的协议》（Agreement Concerning the Shipwrecked Vessel RMS Titanic）。其中第1条规定，“本协议的任何条款都不妨碍有关水遗的国际法发展”；第2条规定，“如果关于水遗保护的普遍性多边公约对所有缔约国生效，缔约国应进行磋商以讨论本协定与该公约之关系”。这显然是考虑了协议与《水遗公约》的关系问题。此外，四国协商采取的“原址保护”原则和《水遗公约》保持一致。第4.3条考虑到泰坦尼克号沉船独特的历史价值和水下情况，四国同意对于沉船物的打捞需要“优先考虑水下文化遗产保护，只有符合教育、科学和文化利益并不破坏其整体性的打捞行为才能获得授权，任何缔约国不得批准、授权针对泰坦尼克号及其沉物的专属打捞权，因为其会妨碍公众参与”。该协议附件的内容包括水下项目期限时间表、专业资历、项目的目标和使用的方法及技术、报告、保管等条款。协议的附件与《水遗公约》的附件《规章》的内容几乎完全相同，仅仅是将水下文化遗产具体为泰坦尼克号沉船。非政府组织对ICUCH保护立法的推动作用再次得到体现——技术性规章比可能会导致政治、经济上利益冲突的正文更容易为各国所接受及遵从。

而在排除了对所有权的判别后，属于英美法系的英国、美国、加拿大三国，与大陆法系的典型代表——法国，对待水遗保护的态度趋同一致，即捞救法不再适用，“原址保护”原则成为首选。2006年，美国司法对历史沉船的态度有所改变：❷ 在通过“强制禁令”（injunctive relief）的方式确保打捞者发掘

---

❶ James A. R. Nafziger, The Titanic Revised, Journal of Maritime Law and Commerce, April, 1999.

❷ R. M. S. Titanic V. Wrecked& Abandoned Vessel, 435 F. 3d 521; 2006 U. S. App.

沉船的历史、考古或文化价值上要站在“公众利益”的角度实施。强制禁令的条件是没有个人主张所有权或保险公司放弃其对于沉船的保险利益。

2012年4月，这艘沉没100年的“泰坦尼克号”最终成为《水遗公约》的保护对象。公约秘书处正式发表声明：“一旦泰坦尼克号沉船成为公约保护对象，公约缔约国禁止打捞、贩卖和破坏该沉船及其沉物。”[1] 鉴于泰坦尼克号沉船位于国际水域，没有国家对该水域行使完全管辖权，而一般在此水域只有船旗国可以对其船舶及其船员享有管辖权。《水遗公约》提供的“国家合作体系”恰可在此水域为如泰坦尼克号的沉船提供适当的水遗保护措施。所有缔约国应对破坏、走私泰坦尼克号沉船沉物的行为进行制裁。声明最终肯定了2003年四国《关于“RMS Titanic”号沉船的协议》，其中的做法与《水遗公约》及其附件相一致。

3.3.3　从莫塞德斯号沉船案看水下文化遗产所有权争议的发展趋势

莫塞德斯号（Nuestra Senora de las Mercedes）沉船案[2]是美国与西班牙持续3年、直到2012年3月才结案的关于水遗所有权争议的案件。莫塞德斯号是一艘西班牙沉船，被美国奥德赛（Odyssey）海洋探险公司于2007年在距离直布罗陀海峡100公里以西处发现，打捞出60万枚金银币（约5亿美元）并运回美国。之后，西班牙向美国法院提起诉讼，宣称对之拥有所有权。而奥德赛海洋探险公司声称，由于沉船地点位于公海，该公司可以保留90%的财宝。2009年，佛罗里达州的坦帕联邦法庭的法官虽然以缺少管辖权为由驳回诉讼，但依然基于沉船物品与西班牙的文化、历史有密切关系而建议奥德赛公司应将打捞物归还西班牙。之后，美国奥德赛海洋探险公司不服判决，又数次上诉。2012年2月，亚特兰大法院驳回奥德赛公司的申请，判决理由如下：莫塞德斯号不是一般的商船，而是西班牙国家军舰，是在1804年驶离秘鲁横穿大西洋时被英国军舰击沉的。现在，西班牙宣布打败美国奥德赛海洋探险公司，赢回价值5亿美元的金银币海底宝藏。该案件应该是《水遗公约》生效后发生

[1] 英文原文为“For the Titanic wreck the newly accorded protection will mean that all States Parties to the Convention will prohibit the pillaging, sale and dispersion of the wreck and its artifacts. They shall take all measures in their power to protect the site, and to ensure that proper respect is given to the human remains still to be found on it.”。

[2] No. 8：07-CV-614-SDM-MAP, 2009 U. S. Dist. LEXIS 119088（M. D. Fla. June 3）, 2009.

在"区域"内的有关水下文化遗产所有权的第一案。虽然美国不是《水遗公约》缔约国，但美国司法判例以《水遗公约》关于"区域"内水下文化遗产之规定即第 12 条第 6 款"对水下文化遗产采取保护措施……应特别考虑有关水下文化遗产的文化、历史和考古起源国的优先权利"为判定的实质标准（substantial criterion）。

3.4 小结

各国政府针对自身不同的立法传统、文化遗产法律体系及水遗特点，确立了不同的水遗保护模式。"商业性打捞"模式，提倡私人打捞公司以沉船的经济价值为衡量标准。"地毯式"保护模式能够提供全面保护，但会耗费大量人力物力资源，行政成本过高。而"重要性"保护原则以考察水遗的文化、历史价值为目的，已经成为国际法保护模式。各国特有的水遗保护制度如法国的水遗发现鼓励机制和报告机制、意大利的"文化宪兵"制度、西班牙的"1%文化政策"也为我国水遗保护提供了借鉴。特别是国外的司法实践，对我国的水遗保护有很好的启示作用。例如，泰坦尼克号沉船 27 年的诉讼历史见证了欧美水遗保护从商业打捞和开发到重视水遗文化、历史价值的保护新途径的趋势，更体现了水遗保护的国家合作和国际保护的重要性；而莫塞德斯号沉船案权属争议是有关公海内权属争议的最新案件。总之，从各国法律和实践中能够学习到规范保护、管理水下文化遗产的新特点，避免我国在法律保护中再走弯路，为我国的水遗法律保护提供了借鉴。

第 4 章　水下文化遗产国际法保护评析

本章所分析的水遗的国际法保护，是指《水遗公约》在 2009 年生效后国际法保护的内容。根据《国际法院规约》第 38 条“国际法渊源”的规定，本章对 2001 年《水遗公约》、国际习惯法、一般法律原则及国际实践四部分分别进行评析。其中，水遗的国际法一般原则正在形成逐渐“确立”（crystallizing）的法律确信（opinio juris），而公约成立后通过的一系列立法措施也正实践于世界各地的水遗保护工作当中。

4.1　水下文化遗产国际立法的起因及基本问题阐释

4.1.1　国际立法的起因

（1）国际法保护的现实紧迫性

水下文化遗产恰好保存了人类某些特有的文明史，即那些不好考证却无法忽视的沿海人类的文明史、航海史。仅以西班牙为例，2008 年西班牙文化部成立了由航运考古学家组成的专家组，统计并绘制了散落在全球水域海底的西班牙沉船。该专家组估计，仅在西班牙海域就散落着大约 700 艘沉船，其中有罗马驳船和英国航空母舰，还有大量西班牙“黄金时代”的运宝大帆船。[1] 而在巴西东海岸的托多苏斯桑托斯湾（All Saints Bay），据记载有数百条历史船舶沉没于此。

相对于人类对陆上文化遗产的保护历史而言，人类对水下文化遗产的关注

[1] 张麒麟. 西班牙掀起保护海底文物热 绘制“海上宝藏图”[N]. 中国文化报，2012-02-08（5）.

才半个世纪。深潜技术和远程控制技术经过近半个世纪的发展，造就了人类探索海底文明的可能性：如，1943 年水肺（SCUBA）的发明使得人类可以潜至 50～60 米深的水中；随后的遥控机器（remotely operated vehicles，ROV）代替人类接触的海洋深度可以达到 6000 米，人们对海底文明的探索就此开始。从 1960 年水下遥控机器问世以来，水下寻宝者就一直觊觎世界各大洋海底的文化遗产，他们的打捞活动有的竟得到政府官员或贵族的支持，而这种官方许可的水遗打捞使得寻宝者“合法”掠夺了沉船珍贵的水下文化遗产。

水遗遭盗窃和掠夺是毁坏水遗的第一大杀手。据 UNESCO 统计：从 20 世纪 80 年代开始，有 160 多艘大型沉船遭到大规模商业打捞，平均每艘沉船有 50 万件水遗遭打捞和买卖，如海尔德马尔森号沉船、Nuestra Signora de Atocha 沉船、泰兴号（Tek Sing）沉船、泰坦尼克号沉船等。而位于地中海沿岸潜水深度区的沉船几乎都遭到了不同程度的损坏。在 20 世纪 90 年代，以色列考古学家估计：原沉没在以色列海域的文物，大约有 60% 已被打捞并保存在各国博物馆中。[1] 而法国统计，在其沿海沉没的约 600 艘古沉船中，仍保留原状的仅占 5%，有的沉没于较浅海底的沉船早就被洗掠一空。[2]

而越来越多的潜水活动、河道维修也在无意识地损坏水下遗址。如，1759 年法国“正义号”战船沉没于法国卢瓦尔河谷地区，到 1970 年，挖泥船在疏通卢瓦尔河口航道时发现了该沉船，但挖泥船基本毁坏了该沉船，抢救出来的一些残片和火炮现在巴黎海洋博物馆展出。[3] 沉船被毁坏使得考古学界失去了这个弥足珍贵的了解历史的机会。中国于 20 世纪 90 年代在广州汕头广澳港建设中，曾发现一艘郑成功的古战船，水下考古人员已进行了勘察定位，但由于当地政府没有及时采取保护措施，导致水遗位置丢失而错过了最佳保护时期。

可见，水遗特殊的地理位置决定了水下文化遗产通常要比大陆上的文化遗产保存得更完整，人类对于许多在陆地无法考证的历史在海底却都有惊奇的发现。但这种特殊的地理属性也造成了对水下文化遗产在保护方式和保护手段上的困难，而水下打捞情况的恶化表明了国际水遗保护的现实必要性。

---

[1] Jean-Yves Blot. Underwater Archaeology：Exploring the World Beneath the Sea［M］. UK：Thames & Hunson，1995：111.

[2] 同上。

[3] The Bodrum Museum of Underwater Archeology［DB/OL］.［1999-01-01］. http：//www. bodrum-museum. com.

(2)《水遗公约》生效前国际法保护的局限性

在《水遗公约》生效之前，在文化财产法、文物法、文化遗产法、打捞法、救助法、海洋法等国际公约中，都“隐约可见”有关水下文化遗产的条款，但缺乏统一的水下文化遗产保护的国际法准则。而这些公约中，有些只关注水下文化遗产某一方面的保护；有些确实体现了水下文化遗产国际法保护的立法基础；有些却与保护水下文化遗产的精神相悖。

①文化财产类公约的片面保障。

国际保护文化财产的传统已久，虽然大部分关于文化财产的公约没有明确保护对象是否位于“水下”，但根据其对保护对象的特征可知，这些公约并没有排除沉没于海底的具有“历史、艺术、历史价值”的水下文化遗产。如国际法中第一个被广泛认可的保护“文化财产”（cultural property）的国际公约——1954 年《武装冲突情况下保护文化财产公约》中关于“文化财产”的概念与 1970 年教科文组织《关于禁止和防止非法进出口文化财产和非法转让其所有权的方法的公约》第 1 条对“文化财产”的定义基本相似，即“每个国家根据宗教的或世俗的理由，明确指定为具有重要考古、史前史、历史、文学、艺术或科学价值的财产”。此外，1976 年《关于文化财产国际交流的建议》对“文化财产”也采取了相似的定义。这些公约对于“战时”“平时”缔约国内水或领海的沉船及其船货赋予了国际法的保护，但没明确文化财产应位于“水下”，只强调对于文化财产，“每个国家根据宗教的或世俗的理由，明确指定为具有重要考古、史前史、历史、文学、艺术或科学价值”。

还有一些有关“文化财产”的国际文件，明确了保护范围应包括“位于水下”的“文化财产”。如，1968 年 UNESCO《关于保护受到公共或私人工程危害的文化财产的建议》第 1 条规定，“文化财产”包括具有文化价值的可移动财产和不可移动的物体，如地下的考古或历史遗存和地上现存的遗址，并包括此类财产周围的环境。第 8 条规定，预防性和矫正性措施应旨在保护或抢救可能受公共或私人工程损坏的文化财产，如修建灌溉、水利发电站或防洪大坝。因此，位于河道和港口的水下遗产因疏浚工程或其他工程遭受危害的，也应遵守该建议。而 1978 年《关于保护可移动文化财产的建议》在列举的 11 类需要保护的可移动物品中就明确表明包括“陆地和水下考古勘探和发掘的收获”。

在以上这些不管是否明确包含水下文化遗产的“文化财产”国际公约中，“文化财产”都只强调的是有形财产。另外，这些公约的保护对象——“文化财产”——强调“财产权”的部分，即普通法系财产法（Property Law）所规定的保护财产所有者独占性支配其财产的各项权利，如使用、让渡、收益、处分等。因此，“文化财产”的概念更强调有形的文化物品的商业价值。而正是以上这些文化财产（遗产）公约，却成为日后水下文化遗产所有权争议的国际法依据。[1]

②“文物”类公约的片面保障。

文物在中国指“人类在历史发展过程中遗留下来的遗物、遗迹”。[2] 国际公约中的“cultural objects”“objects”“monuments”在中文版公约里都采用“文物”一词表达，但这一翻译值得进一步推敲。

首先，一部分翻译为“文物”的公约所表达的概念范围远远小于我国文物的概念。《保护文物建筑及历史地段的国际宪章》（即1964年《威尼斯宪章》）中，monuments被翻译成文物；特别是在著名的1972年《世界遗产公约》中，“文化遗产”指文物（monuments）、建筑群和遗址。这里的文物是指：从历史、艺术或科学角度来看具有突出的普遍价值的建筑物、碑雕和碑画，具有考古性质成分或结构的铭文、窟洞以及联合体。可见，这里关于文物的概念和我国关于文物的第一类概念范围大致相同，译为“纪念地”更为妥帖。[3] 根据公约所要保护的范围来看，这些公约都不包含水下文化遗产。

其次，1995年UNIDROIT的《关于被盗或者非法出口文物的公约》中对于“文物”（cultural objects）的定义[4]与1970年《关于禁止和防止非法进出口文化财产和非法转让其所有权的方法的公约》中对于“文化财产”的定义[5]几乎完全一致，因此，公约未排除具有考古、文学、艺术价值的水下文化遗产。但公约的适用范围只包括位于缔约国内水和领海内的水下文化遗产的所有权保护。

最后，《海洋法公约》的中文版中也有关于“文物”的条款，即第303条

---

[1] 详见本书第四章第4.4节。

[2] 总编委会. 中国大百科全书［M］. 北京：中国大百科全书出版社，2003：306.

[3] 公约官方中文译本为“文物”，但“文物”在中国有明确的法律含义，和这里的Monuments不合。笔者赞同王云霞教授在《理论月刊》第11期的《文化遗产的概念与分类探析》一文中，将Monuments翻译为“纪念地”，以免产生歧义。

[4] 《关于被盗或者非法出口文物的公约》第1条规定，“文物”指“因宗教或者世俗的原因，具有考古、史前史、历史、文学、艺术或者科学方面重要性……物品”。

[5] 《关于禁止和防止非法进出口文化财产和非法转让其所有权的方法的公约》中“文化财产”的定义为“因宗教或者世俗的原因，具有考古、史前史、历史、文学、艺术或者科学方面重要性……物品”。

"海洋发现的考古和历史文物（objects）"中"文物"的英文直译应为"物品"，但根据上下文及语境，其确指人类遗留的物品——文物，笔者认为翻译为"文物"更为妥帖。

以上的国际公约都被简单地译为"文物"类的公约，但据公约内容和上下文可知，其意义却不尽相同。"cultural objects"偏重于"文化财产"，"Objects"应直译为"物品"（但要根据不同语境），"monuments"译为"纪念地"更好。而这些公约的共同点是强调不同类型"文化"中"物"的属性。

③海洋法的片面保障。

1982 年《海洋法公约》在起草时有超过 160 个国家参与，涉及海洋保护的各个方面。其中也涉及水下文化遗产，但水遗的保护并不是起草者关注的重点问题。由于水下遗产和海床上的其他自然资源相伴生存，讨论海底资源保护势必涉及水遗保护。而水遗会牵涉不同水域对水下遗产管辖权的问题，因此，《海洋法公约》在起草讨论阶段并未达成一致，最后在《海洋法公约》第 136 条、第 149 条和第 303 条体现了关于水下文化遗产的规定。其中，第 136 条和第 149 条是关于"区域"[1] 内水下遗产的所有权问题。第 136 条规定"'区域'及其资源是人类的共同继承财产"，第 149 条指明："在'区域'内发现的一切考古和历史文物，应为全人类的利益予以保存或处置，但应特别顾及来源国，或文化上的发源国，或历史和考古上的来源国的优先权利。"第 303 条是关于处理在海洋发现的考古和历史文物的四点原则，即规定了各国保护水下文化遗产的义务和合作原则；保护沿海国领海内文化遗产管辖权；公约并不影响其他打捞法或海事法规；公约不妨害其他保护水下文化遗产的国际规则。然而对于专属经济区和大陆架内水遗的保护，《海洋法公约》未做出规定，出现了"法律真空"。而荷兰、马来西亚、葡萄牙、佛得角共和国、孟加拉国在加入 UNCLOS 时，都针对第 149 条和第 303 条的文化遗产发表了声明，[2] 表明对可辨认的物主的权利的尊重，以及在超过该国领海外水域内发现与该国有历史考古联系的水遗，应该在通知并征得该国同意后才能进行发掘和打捞。

由于《海洋法公约》是国际社会为和平利用海洋而建立的一种法律新秩

[1] 《海洋法公约》第 1 条第 1 款第（1）项定义"区域"是指国家管辖范围以外的海床和洋底及其底土。

[2] Roberta Garabello, Tullio Scovazzi. The Protection of the Underwater Cultural heritage: before and after the 2001 UNESCO Convention [M]. Leiden: Martinus Nijhoff Publishers, 2003: 210.

序，是180多个国家利益平衡的产物，公约关于海洋资源、海底资源的规定主要还是指自然资源，对水下文化遗产的法律保护远远不足。

④文化遗产法类的片面保障。

虽然将水下文化遗产归为文化遗产中的一类，但梳理文化遗产立法的发展历程后会发现，用现有的文化遗产法保护水遗并不合适。

1972年以前，国际公约及法律文件中就多次使用“文化遗产”一词，[1] 但“文化遗产”作为国际法术语，最早是在《保护世界文化和自然遗产公约》（以下简称《世界遗产公约》）中。该公约对“自然遗产”与“文化遗产”的法定分类，是由世界遗产中心（WHC）和国际遗址与遗产委员会（ICOMOS）、世界自然保护联盟（IUCN）等咨询机构反复修订，最终经世界遗产委员会年会审议并批准写入《〈保护世界文化和自然遗产公约〉的操作指南》（以下简称《世界遗产公约操作指南》）里实施的，经187个缔约国认可而具有法律约束性。

文化遗产和自然遗产同属于世界遗产，但文化遗产的保护理念区别于自然遗产。《世界遗产公约》第1条用列举的方式定义了“文化遗产”，即文物、建筑群和遗址，而第2条定义的自然遗产是“自然面貌、地质和自然地理结构及动物和植物名胜景区、天然名胜或自然区”。可见，文化遗产多是人文建筑、纪念物，需要用物理和化学方法保护其人文价值；而自然遗产多是山川、湖泊等自然风貌，需要用生态和环境的保护方法强调其生态价值。

最重要的是，作为第一部专门的文化遗产公约，1972年的《世界遗产公约》在文化遗产的名录中并没明确“水下文化遗产”这一类，但在《〈世界遗产名录〉中的湿地和海洋保护区的全球总观》中注意到了“自然遗产”和海洋等自然环境的密切关系。[2] 在《世界遗产目录》的认定标准中，肯定了自然遗产和其环境的相互关系。在《世界遗产公约操作指南》中，考察一项自然遗产是否具有“突出的普遍价值”的评估标准之一是“传统人类居住地、土地使用或海洋开发的杰出范例，代表一种（或几种）文化或者人类与环境的

---

[1] 1954年《关于发生武装冲突时保护文化财产的海牙公约》在序言中指出：“考虑到文化遗产的保存对世界各国人民都十分重要……”；第1条中规定文化财产是指“（甲）对各国人民的文化遗产具有重大意义的动产或不动产”；1968年《关于保护公共与私人工程危害的文化财产建议》序言、第9条和第31条中也使用了“文化遗产”一词。

[2] 联合国环境规划署世界保护与监测中心.《世界遗产名录》中的湿地和海洋保护区的全球总观［R］. 1997：12.

相互作用，特别是在不可逆变化的影响下变得易于损坏；或是否突出代表了陆地、淡水、海岸和海洋生物系统及动植物群落演变、发展的生态和生理过程”。

而“文化遗产”的概念却随着人们对它的理解而扩大，逐步明确其内涵，并分为“非物质文化遗产”和“物质文化遗产”两类。明确阐述文化遗产内涵的是 1999 年国际古迹遗址委员会的《国际文化旅游宪章（重要文化古迹遗址旅游管理原则和指南）》。它指出：“文化遗产是在一个社区内发展起来的对生活方式的一种表达，经过世代流传下来，它包括习俗、惯例、场所、物品、艺术表现和价值。”国际宪章通常被看作国际法渊源中的软法（soft law），不像国际公约或国际法原则那般有约束力，但这无疑扩大了《世界遗产公约》中关于文化遗产的范围。此后，文化遗产常分为“非物质文化遗产”和“物质文化遗产”。

与此同时，物质文化遗产内的文化遗产种类在《世界遗产公约》中也得以进一步细化，而自然遗产相对稳定。世界自然保护联盟（IUCN）认为：“自然遗产和自然文化双遗产的数量一直低于文化遗产……而现有世界遗产名录中的自然遗产和自然文化双遗产几乎覆盖了全球所有的生物地理区、生物群系和栖息地，分布相对平衡。”❶ 到 2005 年，《世界遗产公约操作指南》❷ 中确定增加了 4 种“特殊型遗产”，即文化景观（cultural landscape）、历史城镇和市镇中心（historic towns and town centers，又称城市建筑群）、遗产运河（heritage canals）、遗产路线（heritage routes），并指出这 4 种“特殊型遗产”都属于“文化遗产”范畴。此后，“文化遗产”成为国际组织相关遗产公约的主要术语。❸

由此可知，证明人类文明的多样性导致了文化遗产范畴的进一步细化。文化遗产的概念从最初的物质遗产中独立出来并逐步细化，进一步发展到非物质领域，这种分类的演变伴随着人类文明的多样性和互动性。但文化遗产的核心内容一直没变——强调文化物品的文化价值。因此，到 2003 年制定保护水下遗址的公约时，公约采用了“遗产”而非“财产”或者“文物”。

水下文化遗产是由文化遗产的发展而衍生出来的新的国际法文化遗产保护

---

❶ IUCN, The World Heritage List: Future priorities for a credible and complete list of natural and mixed sites. WHC-04/28. COM/INF. 13B: 1.

❷ Annex 3, Guidelines on the inscription of specific types of properties on the world heritage list, WHC. 08/01, 2008 Jan.

❸ 如 2001 年的《水遗公约》、2003 年的《保护非物质文化遗产公约》，2005 年的《保护和促进文化表现形式多样性公约》。

对象，特别符合文化遗产强调文化价值的特性，却区别于“海底自然资源”属性，又体现了其与特殊的自然环境的关系。水下文化遗产概念的出现，是物质遗产发展细化的结果，更是文化遗产保护对象和保护范围不断扩大的结果，从对地面单一的纪念地、建筑群、遗址的保护，发展到对文化景观、遗址线路这样跨地区、集体型的遗产的保护，乃至水下保护类型的保护。

（3）水下文化遗产的国际立法史

1991 年第二十九届教科文组织大会提出启动保护水下文化遗产的可行性研究，研究需要考虑水遗保护的技术问题，如如何保存出水文物；以及法律问题，如如何防止打捞和走私水遗。早在 1998 年，国际法协会就开始讨论如何起草一份关于水遗保护的公约，并在 1994 年诞生了《保护水下文化遗产布宜诺斯艾利斯公约（草案）》（以下简称《布宜诺斯艾利斯草案》）。国际法学会随即将该草案提交给教科文组织，认为它应该是最适合该公约的主管国际组织。随后，1995 年教科文组织展开了对保护水下文化遗产的国际文书的初步可行性研究，研究国际文书应采取哪种形式——公约、宣言还是建议，保护哪些内容，如何和其他国际公约适用等问题。该可行性研究收到了来自德国、希腊、意大利、荷兰、菲律宾、英国、澳大利亚、法国、美国的意见，最终该可行性研究作为教科文组织大会的一项决议（Doc. 28C/39）于 1995 年 11 月通过。1996 年，教科文组织开始筹划起草水遗公约，并先后召开了 4 次专家会议，除了教科文组织缔约国外，还有 IMO（International Martime Organization）、DOALS（United Nationas Division of Ocean Affairs and Law of the Sea）等国际组织参加。

公约起草的历史是没有官方文本记录的，但以下国际文件产生了《水遗公约》的主要文件：

《水下文化遗产报告》：欧洲理事会在 1978 年起草了一份《水下文化遗产报告》，第一次将“水下文化遗产”的概念带到国际社会。报告界定了“水下文化遗产”的定义和法律保护的基本标准：如，保护的水下遗产应在 100 年以上；沿海国应该建立 200 海里的“文化保护区”（cultural protection zone）保护水下文化遗产；强制性水遗报告义务。[1] 特别是“文化保护区”的设想，扩大了传统对水下自然资源的管辖权，为日后不同海域水遗保护的国际法规则奠定

---

[1] Janet Blake, The Protection of the Underwater Cultural Heritage [J]. International AND Comparative Law Quarterly, 1996, 45 (4): 821.

了基础。

"文化遗产的第 848 号建议"[1]：《水下文化遗产报告》之后，欧洲理事会很快又通过了有关水下"文化遗产的第 848 号建议"，该建议分别从欧洲层面和国家层面规定保护水下文化遗产，并且建议在国家层面优先采取保护措施。其中，在欧洲层面，要求起草一份公开签署的保护公约，肯定 200 海里"文化保护区"，鼓励培训水下考古技术专家，在环境保护领域应有利于自然和文化遗产的协调发展。在国家层面，促进沿海国修改本国相关法令，符合水下遗产保护的欧洲层面的标准。

《保护水下文化遗产欧洲公约（草案)》（以下简称《欧洲草案》)[2]：根据第 848 号建议起草的 1985 年《欧洲草案》是第一份区域专门保护水下文化遗产的国际条约，虽然最终未获欧洲理事会通过，但公约第 4 ~ 11 条规定的"原址保护"原则、"缔约国之间信息共享和国际协作"原则、"促进公众教育"原则，以及要求控制非法发掘贩卖水下遗产并在可能时返还非法发掘物等条款影响了《水遗公约》。

《布宜诺斯艾利斯草案》[3]：国际法协会在 1988 年成立了文化遗产法律委员会（Committee on Cultural Heritage Law）。鉴于国际法在水下遗产保护方面的不足，国际法协会成立了该委员会，成员包括埃尔及利亚、澳大利亚、加拿大、中国、丹麦、厄瓜多尔、法国、德国、希腊、匈牙利、新都、意大利、日本、荷兰、墨西哥、美国和英国，目的是为了准备一份有关保护水下文化遗产的国际公约。于是，其在 1994 年的第六十六次大会上提交并通过了《布宜诺斯艾利斯草案》，并且认为 UNESCO 是通过该公约最适当的国际组织，并由国际法协会秘书长将该公约草案提交 UNESCO 考虑。《布宜诺斯艾利斯草案》包括 23 条正文和 1 个附件。特别要注意的是，水下遗产保护不适用救助法，禁止国民和船舶影响水下文化遗产的活动，处理扣押遗产，以及加入、生效和退出公约等条款。草案的附件是 ICOMOS 的《保护和管理水下文化遗产宪章（草案)》。该公约的规定有了很大的进步，保护范围和措施更加明确，对水下

---

[1] Roberta Garabello, Tullio Scovazzi. The Protection of the Underwater Cultural heritage: before and after the 2001 UNESCO Convention [M]. Leiden: Martinus Nijhoff Publishers, 2003: 216.

[2] 管松. "无意中影响水下文化遗产的活动"法律问题研究 [D]. 厦门: 厦门大学, 2007: 6.

[3] Roberta Garabello, Tullio Scovazzi. The Protection of the Underwater Cultural heritage: before and after the 2001 UNESCO Convention [M]. Leiden: Martinus Nijhoff Publishers, 2003: 230.

文化遗产的界定也更为全面和具体。该定义还涵盖了“有考古价值的环境和自然环境”及“首选原址保护”原则（第1条）。

《保护和管理水下文化遗产宪章》（Charter on the Protection and Management of Underwater Cultural Heritage）：ICOMOS 于 1991 年成立了国际水下文化遗产委员会（International Committee for the Underwater Cultural Heritage，简称 ICUCH），目的是在水下文化遗产的确认、保存和保护的问题上促进国际合作和相关咨询。1994 年该宪章的草案作为《布宜诺斯艾利斯草案》的附件，1996 年 ICOMOS 通过了该宪章，指出该宪章为保存水下遗产的国际行动设立了一套标准，如水下文化遗产项目的设计、资金、科学目标、调查方法和技术、遗产管理和维护等事宜。

《关于准备一份保护水下文化遗产的国际文书的初步可行性研究》（Feasibility Study for the Drafting of a New Instrument for the Protection of the Underwater Cultural Heritage，Paris，23 March 1995，UNESCO DOC. 146/ex/27）：1996 年教科文组织第二十八次会议上通过了该可行性研究，并强调：水下文化遗产应该不仅仅保护历史沉船和相关船货，还应该保护沉没的“人类居住区”（Human Settlements）等。

终于，《水遗公约》于 2001 年 11 月 2 日在教科文组织缔约国大会上通过，其中 87 国同意，4 国反对（俄罗斯、挪威、土耳其和委内瑞拉），15 国弃权（巴西、哥伦比亚、捷克、法国、德国、瑞士、冰岛、以色列、荷兰、葡萄牙、瑞典、瑞士、英国、乌拉圭及几内亚比绍）。

4.1.2 国际法保护基本问题阐释

水下文化遗产作为国际法中新的保护对象，对其遗产的概念、类型及价值等都需要首先加以阐述。

（1）水下文化遗产的概念界定

“水下文化遗产”的概念是欧洲理事会在于 1978 年通过的《水下文化遗产报告》中首次明确提出的❶，并在 2001 年的《水遗公约》中做了准确而完整的定义，它指明了该公约保护对象——水下文化遗产的时间范围、空间范

❶ Roberta Garabello，Tullio Scovazzi. The Protection of the Underwater Cultural heritage：before and after the 2001 UNESCO Convention［M］. Leiden：Martinus Nijhoff Publishers，2003：267.

围、意义价值等属性特点。公约定义的水下文化遗产是“指那些周期性地或连续地、部分或全部位于水下至少 100 年以上的，具有文化、历史或考古价值的所有人类生存的遗迹”，但海底铺设的管道和电缆、海底铺设且仍在使用的其他装置都不应视为水下文化遗产。公约进一步给出了三类水遗类型：①遗址、建筑、房屋、人工制品和人类遗骸，及其具有考古价值的环境和自然环境；②船舶、飞行器、其他交通工具或其任何部分、所载货物或其他内容物，及其具有考古价值的人文环境和自然环境；③具有史前意义的物品。

该定义在文化遗产相关定义中最为完整和清晰。首先，“水下”一词解释科学。“水下”并不只是字面上必须一直位于水下，公约考虑了洋流、潮汐、枯水期和汛期等水域的特性，表明文化遗产“周期性地或连续地、部分或全部”位于水下就属于公约保护范畴。其次，“人类生存遗迹”一词来自 1969 年《欧洲保护考古遗址公约》，强调遗迹和人类生存历史活动有关，因为水下的自然环境相对于陆地来说更难勘测。考虑到历史性沉船，人类遗址都应该作为保护对象。再次，公约列举了三类常见的水下文化遗产。其中，第一类和第二类是常见的人类生活遗迹，但第三类所提及的“具有史前意义的物品”是考虑了作为“文化财产”❶ 之一的“古生物物质”（paleontological material）是否属于水下文化遗产的范围。然而古生物物质不一定都跟人类活动有关，因此，公约采取了和人类生活遗址有关的“具有史前意义的物品”，如史前的劳动工具、居所或者相关手工艺品等。

定义的外延界定清晰。公约将位于海底的管道和电缆以及其他正在使用的人工装置排除在适用范围外。原因有二：一是海底第一条电缆是 1850 年英国和法国之间铺设的，之后人类在海底铺设的电缆和管道以及其他军事设施越来越多，但是这些人类创造的拥有百年历史的物品并无太多的“文化、艺术价值”；二是该公约尊重《海洋法公约》第 79 条关于所有国家都有权在大陆架上铺设海底电缆和管道的规定，因此将海底电缆和管道排除在保护范畴之外，以保障各国自由铺设通信设施的权利。

定义考虑了水下文化遗产的特殊环境与文化遗产的关系。公约最终确定使

---

❶ 1970 年教科文组织《关于禁止和防止非法进出口文化财产和非法转让其所有权的方法公约》第 1 条：“文化财产”的定义：指每个国家，根据宗教的或世俗的理由，明确指定为具有重要考古、史前史、历史、文学、艺术或科学价值的财产并属于下列各类者：（1）……以及具有古生物学意义的物品的稀有收集品和标本。”

用 ILA 草案提及的“相关考古价值的环境和自然环境”，强调了水遗的特殊性，又区别了《世界遗产公约》中作为自然遗产的自然景观（landscape❶）。

定义对于保护范围采用“特征性”来取代“重要性”。对于水下哪些属于保护范围，不少专家在公约起草初期是以文化遗产的“重要性”（significance criterion）来评判水遗保护的范围，认为只有具有“重要意义”的水下文化遗产才需要保护，但这一主张在 1996 年的专家会议上遭到反对，大多数考古专家希望对水下文化遗产采取“地毯式保护”（blanket protection）。公约最终采取了“特征性”作为保护的标准，即“具有文化历史或考古特征”的水下文化遗产都需要保护。

定义表明了水下遗产保护的基本原则——尊重水遗的考古价值而非商业价值。定义明确了水下遗产应当是具有“文化、历史或考古价值……的遗迹”，可见，水遗具有重要的考古价值，因此水下遗产活动遵守考古准则，而非商业性打捞。该定义体现的基本原则与考古发掘和考古遗址国际原则一致。1856 年教科文组织的《关于适用于考古发掘的国际原则建议》第 1 条“考古发掘”规定了适用于在成员国内陆或领海的水底底层上或底层下进行的考古发掘活动。而 1990 年《考古遗产保护与管理宪章》第 1 条对考古遗产做出了范围界定，包括与人类生存的各种表现有关的地点、被遗弃的结构、各种各样的遗迹（地下和水下遗址）以及与上述有关的各种可移动的文化资料。❷

然而该定义存在一个时间界定上的“硬伤”。虽然沉没的时间越久，其考古意义就越大，公约最终以 100 年为保护的界限，也和众多国内法对文化遗产保护采取的时间限制一致，但是公约第 1 条（i）中提及了“飞行器”。历史上，第一架公认的飞机是 1903 年莱特兄弟驾驶上天的，这样，如果严格按照定义，就没有适用于此公约的 100 年以上的飞行器。然而巴哈马群岛（Bahamas）海域沉没的飞机残骸具有历史价值。人类遗存的重要性和沉没水中的时间无必然联系，如一战中的英国巡航舰“玛丽皇后号”，二战中的法国战列舰“斯特拉斯堡号”、日本战列舰“日向号”❸，以及家喻户晓的泰坦尼克号，都是具有重大历史意义的人类遗存。因此，公约不应限制国内立法对水下遗产的

❶《世界遗产公约》第 2 条规定了“自然遗产”中的一类为“从科学、保护或自然美角度看具有突出的普遍价值的自然景观或明确划分的自然区域”。

❷ 张松．城市文化遗产保护国际宪章与国内法规选编［M］．上海：同济大学出版社，2007：89.

❸ 赵兴德．当代战列巡洋舰大观［M］．北京：世界知识出版社，1991：81.

保护时限。如英国 1986 年的《保护军事遗存法案》❶。

（2）水下文化遗产的分类

千姿百态的水下文化遗产，并不能由《水遗公约》第 1 条列举穷尽。公约用“例如”（such as）列举了部分水下文化遗产：“遗址、建筑、房屋、人工制品和人类遗骸”，“船舶、飞行器、其他交通工具或其任何部分、所载货物或其他内容物”，以及“具有史前意义的物品”。这种列举可被看作水遗的分类，但不尽然。

对于水遗的分类，Muckelroy 一开始是将之分为“可移动”和“不可移动”两大类❷：“可移动水遗”指沉船，而“不可移动水遗”包括沉没的港口、城镇、史前遗址等。该观点虽然后来被认为过于简单，但却指出了水遗的法律特征——“可移动”与“不可移动”。Borhegyi 将水下文化遗产分为以下四种类型：沉船、淹没的居住区、神秘的宗教场地（shrines or sacred localities）和垃圾场（refuse sites）。❸ 其中，垃圾场是指零散的人类生活品。随后，Henderson 对这种四分法进行了改进，分为沉船、淹没的居住区、港口工程（harbour works）、垃圾场。❹ 而最终讨论《水遗公约》草案时，实际上是认可分为“可移动”与“不可移动”两大类，形成了公约第 1 条中列举的两大类❺，这在公约附件《规章》第八部分“文物保护与遗址管理”中也有所体现，分为“文物”（可移动水遗）和“遗址”（不可移动水遗）。

最后，水下遗产公约秘书处综合了 Borhegyi 和 Henderson 等学者对水遗的分类，将世界水遗分成以下五类：其中可移动的有两类——船舶及飞行器的残骸和零散沉没的人类物品；不可移动的有三类——淹没的港口、被吞噬的城市

---

❶ Dromgoole. Military Remain on and Around the Coast of the United Kingdom：Statuory Mechanisms of Protection ［J］. 11 International Journal of Marine and Coastal Law，1996：23.

❷ Muckelroy，K.（ed）. Archaeology under water：An atlas of the world's submerged sites ［M］. Mc Graw-Hill，New York，1980：34.

❸ Borhegyi S. F. The Challenge，Nature and Limitations of Underwater Archaeology，Diving into the past：theories，Techniques and applications of underwater archaeology ［J］. Minesota historical society and the council of underwater Archaeology，1964：1-9.

❹ Henderson，G.，Martime Archaeology in Australia ［M］. University of Western：University of Western Australia Press，1986：10-15.

❺ Anastasia strati. The protection of the underwater cultural hertige：an emerging objective of the contemporary law of the sea ［M］. Leiden：MartinusNijhoff publishers，1995：12-13.

及建筑物、被淹没的宗教场所及洞穴。[1]

①可移动的水下文化遗产。

船舶及飞行器残骸分为遇难船及其沉没物、阻塞船及水下障碍物、飞机残骸。

一处遇难船如同一粒时空胶囊凝结了当时的人文历史，也是不同民族之间贸易和文化交流最好的佐证。最有名的有“泰坦尼克号”、西班牙“菲利普二世无敌舰队”、中国的“忽必烈汗船队”。而沉船内的沉物保存了珍贵的历史，具有考古及艺术价值。在希腊安提凯希拉（Antikyther）岛沉船里发现了世界上最古老的模拟计算机和知名的安提凯希拉青年铜像。英国朴次茅斯“玛丽玫瑰号”（MaryRose）残骸上有罗宾汉传说中的英国大弓。阻塞船和水下障碍是指蓄意沉没以阻碍其他船只通过河流、港湾或运河的船只，为阻止敌军部队入侵而被沉入河道的船只，或被敌方击沉用于切断抵御一方海军的退路的船只。如英国军舰“西蒂斯号”、“依菲琴尼亚号”和“无敌号”，此外，各大洋中还沉没了其他交通工具的残骸，如极具历史意义的战争失事飞机、民航坠机残骸。

此外，还有些散落在海底的沉没的具有考古、艺术价值的人类物品，也是水遗保护的范畴。如在克罗地亚的 Vele Orjule 岛水下的古希腊运动员雕像阿波基希欧梅诺，以及美国密歇根州大特拉弗斯湾冰下的 18 世纪晚期的马车。

②不可移动的水下文化遗产。

淹没的港口里的防波堤、防护设施及相关建筑物是研究人类海防文化的最好佐证，此外，失事船只的残骸也大都位于这些港口或其周边地区。世界各地都能找到这些沉没的港口。在非洲牙买加发现的沉没了的皇家港[2]，使科学家获得了研究 17 世纪生活的前所未有的机会。而在欧洲，这种遗失的港口更多地在各地被发掘出来。在德国海泽比发现了一处在 1050 年被毁坏的北欧海盗贸易港口残骸；在意大利罗马附近发现了古代奥斯蒂亚港口和那不勒斯港的 Portus Iulius 遗迹；在克罗地亚布里俄尼群岛的一个港湾中发现了一处保存完好的小型古罗马港口遗迹；在亚洲，公元前 22 年以色列建立的凯撒利亚港遗迹现作为一处水下公园；在突尼斯市发现了公元前 814 年迦太基腓尼基海军基地遗迹；此外还有黎巴嫩蒂尔的腓尼基港口遗迹以及伊斯坦布尔公元前 4 世纪的拜占庭港遗迹等。

---

[1] UNESCO. Wrecks of Underwater cultural heritage［R］. France：UNESCO Press，2012：4.

[2] Marion Clayton，详见牙买加皇家港官网，www. portroyal-yamaica. com.

大海还吞噬了人类的城市及建筑物。如黑海中发现了众多新石器时代的村落；埃及阿布基尔海湾沉没的坎诺普斯古城和 Herakleion 古城，以及被称为世界第七大奇观的埃及亚历山大灯塔；我国千岛湖下的贺城和狮城，我国四川省叠溪海子下的叠溪城，我国重庆 1400 年前的白鹤梁。

最后，淹没的宗教场所及洞穴也是一类不可移动的水遗。如隐藏于墨西哥 Cenote 的神秘的玛雅祭祀场所以及史前营地、英国海岸 4000 年前的巨石阵、墨西哥尤卡坦半岛的水下洞穴等。

（3）水下文化遗产的价值

首先，水下文化遗产具有文化遗产共有的艺术文化价值。一处失事船舶的残骸本身就是不同民族之间发展贸易和开展文化交流的明证；而沉没的港口、淹没海底的雕塑和货物、建筑物及其遇难的飞行器本身体现了当时社会的艺术审美水平和文化价值。例如西班牙“菲利普二世无敌舰队”、中国的“忽必烈汗船队”、克里斯托弗哥伦布的船舶、连通美洲与西班牙的西班牙大帆船以及希腊安提凯希拉遇难船。这些遇难船舶上的货物可能具有特殊的艺术价值。在古代希腊和罗马的船舶残骸内就发现了很多珍贵的雕像，现在它们已在博物馆展出。安提凯希拉遇难船舶的残骸内就装有珍贵的大理石雕像和铜雕像。尽管大理石雕像受海水损毁严重，但是经努力保护，包括知名的安提凯希拉青年在内的铜像都得以恢复。此外，还有若干更为现代的船舶，如“玛丽夫人号”和“卢西塔尼亚号”在沉没时都载有无价的艺术珍品。

其次，水下文化遗产具有不可再生的考古历史价值。因此，水遗的开发适用国际考古原则。如 1956 年 UNESCO《关于适用于考古发掘的国际原则建议》第 1 条指出，“考古发掘”可以应用于“成员国内陆或领海的水底底层上或底层下”的水下遗址。可见，该建议对内水和领海内的水下考古发掘的水下遗产保护提供了指导，但该建议并没有区分陆上发掘和水下发掘，没有考虑到水下发掘的特殊要求，如海洋环境和发掘安全等。另外，1990 年 ICOMOS《考古遗产保护与管理宪章》第 1 条将“考古遗产”界定为“与人类生存的各种表现有关的地点、被遗弃的结构、各种各样的遗迹（地下和水下遗址）以及与上述有关的各种可移动的文化资料所组成”。此外还有 1992 年修订的《保护考古遗址欧洲公约》。由于 1985 年的欧洲理事会没能通过《保护水下文化遗产欧洲公约》，而水下文化遗产亟待法律保护，于是，欧洲理事会于 1992 年修订了 1969 年的《保护考古遗址欧洲公约》（European Convention on the Protection of the Archaeological Heritage , Revised)，其第 1 条指出：无论遗产位于陆地或水下，都属于考古遗址。

再次，水下文化遗产因其具有的文化艺术和历史考古价值而具有巨大的经济价值。水下文化遗产蕴藏着巨大的商业价值，美国、英国的打捞公司从 20 世纪 90 年代开始就在世界各地大肆打捞水下财物，而这种商业性开发也是早期对待水下文化遗产的态度。然而这种商业打捞行为也是对水下文化遗产的极大破坏。这里仅举中国水下文化遗产略表两例。1999 年南海西沙出水的“泰兴号”商船❶是中国最后几艘平底帆船之一，该船全长 50 米，宽逾 10 米，是由澳大利亚一家打捞公司在南中国海打捞出水的，共获 30 多万件瓷器。为了获得更大的商业利益，他们将打捞上来的品相一般的古瓷器敲碎，留下品相较好的在德国的斯图加特拍卖。此举使得这艘沉船遭到严重毁坏，打捞者只考虑到商业价值，使得这艘最大海难之一的沉船遗骸荡然无存（当时沉船载有大约 1500 人，全部随船沉入深海，比泰坦尼克号邮轮沉没时的罹难人数还多）。“海尔德马尔森号船”❷ 是 1986 年在印度尼西亚 A. S. 礁旁出水的一艘荷兰帆船。该船于 1751 年沉没，船上装载了大量中国的茶叶、丝绸、金子和瓷器等。英国的一家打捞公司在船上发现了迄今最大的一批中国出口瓷器（约 160000 件）。然而打捞队并不关心该船的考古价值，为了更快更方便地得到金条和相对值钱的瓷器，他们的打捞工作使得“海尔德马尔森号”沉船遭到毁坏，并将所载瓷器以“南京货”为名在阿姆斯特丹进行了拍卖。

可见，水下文化遗产具有文化历史价值、考古历史价值、经济价值。

4.2 解读《水遗公约》，确立国际保护框架

UNESCO 大会于 2001 年 11 月通过了《水遗公约》，它填补了国际文化遗产法方面的空白，公约共 35 条，覆盖水下文化遗产保护的方方面面，包括与《海洋法公约》、打捞法、打捞物法的关系；并规定了在领海、毗连区、专属经济区、大陆架、公海（“区域”）不同水域的报告和保护义务；公约还规定

---

❶ 张一鸣．水下文化遗产勉励的威胁与保护［J］．世界文化，2007（17）：48.

❷ 同上。

了主权豁免、执行主管、制裁、争端解决、加入、退出、保留和生效等问题。《水遗公约》[1] 是一部旨在对水下文化遗产实施保护的国际条约，公约尊重沉船残骸和海底遗址的文化价值及实施措施。

在此并不逐条解释公约，只聚焦于公约确立的有益于中国水下文化遗产保护的法律保护措施。

4.2.1 创建国家合作保护机制

缔约国对其内水、群岛水域、领海所拥有的属地管辖权（territorial jurisdiction），使得临海国对该水域水遗拥有排他的绝对管辖权。但在限制管辖的专属经济区、大陆架、公海（“区域”）内进行水遗保护，情况就复杂得多，无法有效地依赖临海国实施保护措施。如：A 国船舶在 B 国管辖外海域对水遗进行掠夺，B 国鉴于对遗址没有管辖权，不能阻止对水遗的掠夺行为；而 A 国却由于距离本国的打捞船太远而鞭长莫及，通常都会无视其船舶和公民的活动。因此，鉴于临海国对专属经济区和大陆架拥有有限管辖权，而船旗国在公海上仅对本国的船舶和公民拥有管辖权，《水遗公约》第 9 ~ 12 条设立了一套在专属经济区（包括毗连区）、大陆架和“区域”范围内有效保护水遗的措施——国家合作体系。该体系在不改变国家主权权利的前提下，建立国家联合有效的水遗保护行动，以打击在临海国管辖领土范围外发生的打捞和掠夺水遗的行径。其具体包括“水遗报告制度”“数据库制度”“协调国制度”三个方面。

（1）报告制度

公约采用的“报告制度”吸取了各国法律制度中的水遗报告制度的优点。公约第 9 条[2]、第 11 条[3]分别对大陆架、“区域”内水遗发现的报告和通知进

---

[1] 《水遗公约》全文请见附录 1。

[2] 第 9 条专属经济区和大陆架范围内的报告和通知：“1. 所有缔约国都有责任按本公约保护其专属经济区内和大陆架上的水下文化遗产。因此：（a）当一缔约国的国民，或悬挂其国旗的船只发现或者有意开发该国专属经济区内或大陆架上的水下文化遗产时，该缔约国应要求该国国民或船主报告其发现或活动；（b）在另一缔约国的专属经济区内或大陆架上：（i）缔约国应要求该国国民或船主向其报告，并向另一缔约国报告这些发现或活动；或（ii）一缔约国应要求该国国民或船主向其报告这些发现或活动，并迅速有效地转告所有其他缔约国。”

[3] 第 11 条“区域”内的报告和通知：“1. 当一缔约国的国民或悬挂其国旗的船只在‘区域’内发现水下文化遗产，或有意开发‘区域’内的水下文化遗产时，该缔约国应要求其国民或船长向该缔约国报告他们的发现或活动。2. 缔约国应向教科文组织总干事和国际海底管理局秘书长通知向他们报告的这些发现和活动。3. 教科文组织总干事应及时将缔约国提供的这些信息通报给所有的缔约国。”

行了规定：要求缔约国的国民在从事海洋活动时，报告专属经济区、大陆架和"区域"内有关遗产的发现和活动情况；还要求缔约国随后通知其他相关缔约国、全体缔约国或者UNESCO《水遗公约》秘书处。缔约国共同做出努力，在其各自权限内防止不适当的干预行动，并对有必要采取的干预行动加以管理。

（2）协调国制度

"协调国"选定的根据《水遗公约》第10条第3（b）款及第9条第5款规定。协调国应是与沉船及残骸遗址联系最紧密的国家，尤其是文化、历史或考古方面的联系。但若是偶遇，则可能与所涉国家距离遥远，因此，由距遗址最近的缔约国作为"协调国"最为实际。对于专属经济区和大陆架来说，应优先考虑选择距离遗址最近的国家作为协调国，除非其拒绝承担这一责任。对于"区域"，公约秘书处咨询缔约国指定一个协调国。"协调国"协调缔约国之间的合作并执行其决定时，应代表所有缔约国的利益，而不是只代表本国利益。《水遗公约》第10条第5款和第12条第4款、第5款、第6款和第7款规定了协调国的权利和义务。作为其他相关缔约国代表的"协调国"，负责授权批准与水遗保护相关的一切活动，并对水遗进行控制和管理。然而《水遗公约》赋予了"协调国"额外的主权权利或管辖权，即《水遗公约》第10条第6款规定，协调国应代表缔约国整体而非其自身利益行事。任何此类行动本身都不得构成有违国际法（包括UNCLOS）的任何优先权利或司法权利的基础。各国在对各自利益的磋商中达成一致，由协调国负责对水下文化遗产实施具体的保护措施。

（3）数据库制度

《水遗公约》第19条是有关合作与信息共享的规定。第19条第2~3款规定，各缔约国允许与其他缔约国共享有关水下遗产的"发现、所处位置……有关的科学方法和技术"。第19条第4款指出，缔约国应采取可行的措施，包括通过适当的国际数据库，公布有关违反本公约或国际法发掘或打捞的水遗信息。因此，公约秘书处向教科文组织的成员国发放了有关各国水遗情况的问卷调查，问卷设计问题恰好涵盖并体现了公约第19条第2款和第3款的要求。秘书处建议各国设立自己的水下遗产数据库，并且在最新的《操作指南（草案）》第20条第2款中讨论了在何种保密的方式下发送给秘书处。

（4）防止遗址紧急危险制度

《水遗公约》第10条第4款和第12条第3款规定了沉船残骸或遗址位于

专属经济区或“区域”内面临近在眼前的危险而亟须尽快采取行动的情况。第10条第4款规定，对于专属经济区水遗遇紧急危险，缔约国可以采取一切可行措施，和/或根据本公约发出一切必要的授权，如果必要的话，也无须事先进行协商，以防止水下文化遗产面临任何紧迫危险，不论是人为活动抑或其他原因导致的，包括掠夺。在采取这种措施时，可能需要要求其他缔约国给予援助。第12条第3款是对于“区域”水遗紧急危险的措施，规定“如果必要的话，所有缔约国都有权在协商前采取措施，防止被淹没的考古遗址面临紧迫危险。在这些情况下，一国即使通常必须在采取行动前与其他有利益关系的国家进行磋商，也可以立即采取措施阻止掠夺或毁坏遗址的行为。

4.2.2 尊重主权豁免原则

主权豁免（又称国家豁免），是指国家的行为及其财产免受他国管辖。主权豁免包括他国的司法、行政、立法管辖的豁免。其中，司法豁免包括管辖豁免权、司法程序豁免权和执行豁免权。[1] 它的基础是国家主权原则理论——“平等者之间无管辖权”（Par in Parem Non Habet Jurisdictionem）。公约中的“主权豁免”体现在国家行为和国家财产两个方面。

首先是指水遗报告制度中的国家报告行为的主权豁免。为更好地保护水下文化遗产，公约创制了报告制度，但仍然尊重国家船舶或飞行器享有的主权豁免。公约规定，在群岛水域及领海，为了保护国家沉没船只、飞行器，沿海国应当履行通报义务，即公约第7条第3款规定，缔约国在其群岛水域及领海行使主权时，根据国与国之间的通行做法，为了在保护国家船只和飞行器的最佳办法方面进行合作，要向是本公约缔约国的船旗国通知发现可认出国家的船只飞行器情况。此外，公约还在第13条给定了报告责任中的“但书条款”，及一国的军舰和国家飞行器可以不履行报告义务，即享有主权豁免的军舰和其他政府船只或军用飞行器，在执行非商业性的和非针对水下文化遗产的正常任务时，没有根据本公约第9～12条的规定报告发现水下文化遗产的义务。

其次是对国家军舰和飞行器的主权豁免，即公约第2条第8款宣称的“不改变任何国家对本国的船只和飞行器拥有的权利”。沿海国即使是在其内水、群岛水域及领海发现了其他国家的军舰、飞行器，仍须尊重军舰、飞行器的船

[1] 朱文奇．国际法学原理与案例教程［M］．北京：人民大学出版社，2006：345．

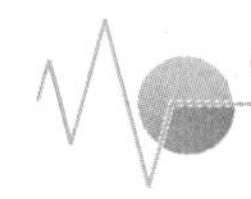

旗国，这类水下文化遗产享有国家豁免的权利。任何保护该水遗的措施都应该征得船旗国的意见或与其达成协议。沿海国的属地管辖权不得影响船旗国的利益。在“La Belle 号”沉船案中，这艘法国 La Belle 沉船沉没于美国 7 海里的领海水域，但由于其是一艘 17 世纪的法国军舰，2003 年美国在与法国政府签署的双边协定——《美国与法国政府关于 La Belle 号沉船的协定》中首先尊重了“法国享有军舰所有权”（详见本书第三章第 3. 3. 1 节）。

4. 2. 3　创制水下文化遗产特有保护制度

《水遗公约》的附件《规章》作为 2001 年《水遗公约》最重要的组成部分之一，是水下考古学最重要的指导原则，也是确立水下文化遗产特别保护制度的依据。该规章的目的是对整个水下考古学进行控制和管理，并不是对“无意影响水下遗产活动”等商业开发的管理与控制。《规章》的 36 条细则提供了一个供实际水下干预活动参考的操作规则，包括一般原则、项目设计、项目筹资计划、水下考古发掘文档管理以及保存和遗址管理方法等 14 个部分。

在“一般原则”部分，首先肯定了“非商业性打捞”原则，其次指出水遗开发需要遵循“最低限度损害”原则（第 3 ~ 5 条）及“最大限度做好水遗档案”（第 6 条）。在“项目设计”部分，以时间为序设计了一个有机整体，需考虑到遗产安全、人员安全、环境破坏、开发人员利益等（第 9 ~ 13 条）。此外，“项目的期限”部分要求设计应急计划，以及在中断和终止执行水遗保护的情况下依然可以编写有关文献资料。而“文物保护与遗址管理”部分是对不同类型水遗的不同保护手段的规定。“宣传”部分提出应该注意水遗的特性，对于敏感的水下遗址，在公众展览时应注意保密等。可见，该规章作为公约的附件已逐渐发展成各国水遗发掘和实施管理的国际法考古规则。

《水遗公约》遵循《海洋法公约》对海洋管辖的基本原则，以及国际法中“主权豁免原则”、水遗应“惠及来源国”的文化遗产保护原则，为全面有效地保护世界各地的水下文化遗产，开创了全新的水遗保护法律模式——按照水下所在地所处的水域，即在领海、毗连区、专属经济区、大陆架、公海（“区域”）内，赋予临海国不同程度的水遗管辖权，履行不同的水遗保护义务。此外，该公约的附件《规章》就水遗发掘和实施管理确立了国际考古规则。总之，公约针对不同海域设立的全面保护措施让全球水域内的水下遗产获得和陆地遗产一样一致的保护。

4.2.4　建立“共同但有区别责任”的水遗管辖权

“共同但有区别责任”原则（Principle of Common and Separate Responsibilities）是国际经济法、国际环境法中，在坚持国家利益的前提下，维护各国应尽的公约义务，体现全球市场履约的原则。水下文化遗产的管辖权，也因考虑到水遗所在不同水域而采取不同的管辖权规定。首先是区别了领海、毗连区和其他水域，肯定了临海国对内水、群岛水域、领海内水遗的绝对管辖权，赋予沿海国对毗连区的水遗保护权。其次是对于水遗争议，建立了解决机制的一般原则。

（1）肯定临海国对内水、群岛水域、领海内水遗的绝对管辖权

沿海国对内水、群岛水域及领海具有绝对管辖权，按照国际法的属地原则，《水遗公约》肯定在此区域的水遗的开发、保护和管理权属于沿海国。根据《水遗公约》第 7 条第 2 款，在不违背其他有关水遗保护的国际协定和国际法准则的情况下，缔约国应要求开发内水、群岛水域及领海中的水遗的活动遵守《规章》中的各项规定。缔约国需要履行义务，用以防止缔约国国民从事非法打捞、贩运水遗的若干行为。首先，缔约国须采取一切可行措施，确保其国民及船舶不参与毁坏或抢夺水遗的活动（第 16 条）。其次，一旦出现上述情况，缔约国应采取措施防止非法出口和/或打捞的水下文化遗产进入其国土、进行交易或被占有（第 16 条）。最后，各缔约国对违反《水遗公约》的情形实施制裁，如扣押非法打捞的水下文化遗产。为确保措施得以落实，在制裁方面还应开展国际合作（第 17 条）。

（2）赋予沿海国对毗连区水遗的保护权

毗连区不是国家主权管辖的范围，是为保护临海国家公共利益而设置的特殊区域（《海洋法公约》第 33 条），即沿海国为“防止在此区域内违反其海关、财政移民或卫生的法律和规范”以及“惩治在该海域内违反上诉法律和规章的行为而行使的必要管制”。《海洋法公约》第 303 条第 2 款规定了在此区域内的水遗保护措施，“为了控制文物的贩运，沿海国可在适用第 33 条时推定，未经沿海国许可将这些文物移出该条所指海域的海床，将造成在其领土或领海内对该条所指法律和规章的违反”。《海洋法公约》对毗连区水遗的保护重在防治违反法律的进出口水遗贸易，赋予了沿海国在毗连区的排他性管辖权。而《水遗公约》第 8 条规定，缔约国可管理和批准在毗连区内的水遗开

发活动。可见，《水遗公约》比《海洋法公约》在毗连区的水遗保护方面有所进步，除了消极的保护，还多了关于开发管理的规定。

（3）建立争议解决机制

《水遗公约》只是对全球水域的水遗保护规定了保护框架，但避开了水遗所有权。实际上，缔约国很可能对公约的适用或解释产生分歧，因此，公约设立了争议解决程序。

《水遗公约》第25条是有关争议解决的司法程序。首先，要求缔约国双方自行协商解决（《水遗公约》第25条第1款）；其次，只有在协商解决产生分歧时，才可提交教科文组织进行调解（《水遗公约》第25条第2款）；而教科文组织调解无效时，就需要按照《海洋法公约》第十五部分争端解决规定来解决（《水遗公约》第25条第3款），除非缔约国在批准、接受、加入本公约时就明示排除适用《海洋法公约》的争端解决机制。

可见，《水遗公约》中的争议解决机制秉承诚意协商的原则解决争议，只有协商未果时才采取仲裁或诉讼途径。水遗争议适用《海洋法公约》中的争议解决机制，是基于《海洋法公约》中的争端解决机制关于管辖权的设定。[1]《水遗公约》旨在贯彻并细化《海洋法公约》提出的保护海洋考古和历史文物的义务，显然是与《海洋法公约》目的有关的国际协定。因此，有关《水遗公约》解释和适用的争议，适用《海洋法公约》。

4.3 水下文化遗产保护的国际习惯法、一般法律原则逐渐形成中

国际习惯法（也称国际习惯）指“作为通例的依据而经接受为法律”（《国际法院规约》第38条第1款第（2）项）。要成为国际习惯法，必须具备两个条件：一是“通例”；二是“通例”经各国“接受为法律”。“通例”是各国国家一致的、重复性的实践，以及国家实践（state practices）。“经接受为法律”又称为“法律确念”（opinio juris），是指国家承认通例形成的规则具有

[1] 《海洋法公约》第十四部分“争端解决”中的第288条“管辖权”的规定：“对于有关本公约的解释或适用的任何争端”，或是“与本公约的目的有关的国际协定向其提出的有关该协定的解释或适用的任何争端”，具有管辖权。

法律约束力而受其约束。可见，要成为国际习惯，需要经历漫长的实践和立法时间。但国际法中的国际习惯也可与时间无关，即“及时国际习惯”（Instant Customary International Law）❶ 的概念正在逐步被接受。

一般法律原则是“为文明国家所承认者”（《国际法院规约》第 38 条第 1 款第（3）项）。对于国际法中的一般法律原则，王铁崖总结了国际上的两种理解❷：一种是放置于国际法各个领域皆通用的国际法基本原则，如主权原则、人权原则等；另一种是指“一般法律意识”。这种“法律意识”即主权国家的承认，明示地承认表现为条约，默示地承认形成了习惯。这里所谓的水下文化遗产保护的一般法律原则，是采取有关一般法律原则的第二种理解，即指各国之间形成的对水遗保护的共同意识。

《水遗公约》是世界上第一个关于水下文化遗产保护的专门公约，在 2009 年才生效，目前只有 48 个缔约国。各国在水遗保护实践活动中不同程度地实践着公约附件《规章》的规定，不少国家（非缔约国）也开始在司法审判中采纳《水遗公约》保护原则，并根据《水遗公约》的内容完善国内有关水遗的法规、法案，这些都体现了国家司法、立法对公约的同意，虽然这种同意还不是国际法中所称的国内法对国际法的“普遍同意（general consent）”，但笔者认为“原址保护”原则和“非商业性打捞”原则正在逐渐“形成（crystallizing）”国际法中的“法律确念（opinio juris）”，从而最终有成为国际法一般原则的可能性。以下详述之。

4.3.1 “首选原址保护”国际法原则

“首选原址保护”原则是《水遗公约》在第 2 条第 5 款确立的水遗保护的国际法原则：“在允许或进行任何开发水下文化遗产的活动之前，原址保护应作为首选。”

（1）“首选原址保护”的国际法原则符合立法的科学原则

保护文化遗产“真实性”是文化遗产法的一般国际原则。1987 年，国际古迹遗址理事会通过的《保护历史城镇与城区宪章》指出了环境体现真实性，要注重和强调在历史名城和古迹周边建立缓冲地带，保护依古迹生活的居民的

---

❶ Bin Cheng，United Nations Resolutions on Outer Space：Instant International Customary Law？［J］. Indian J Int. Law 1965，（5）：23.

❷ 王铁崖. 国际法渊源［C］//邓正来. 王铁崖文选. 北京：中国政法大学出版社，2003：141.

生产生活，从而加强对古迹的保护。这一概念得到世界文化遗产保护的三大国际组织——UNESCO、国际文化财产保存与修复中心（ICCROM）、国际古迹遗址理事会（ICOMOS）的肯定。1994 年，三大组织在日本奈良发表了《奈良宣言》，强调文化遗产价值的基本特征——“真实性”，肯定了文化遗产环境对文化遗产真实性的重要性。此后，保护文化遗产“真实性”成为国家、地区和国际组织文化遗产保护的基本国际原则。

“原址保护”原则是保护生物多样性的一般国际原则，体现在 1992 年的《联合国生物多样性公约》中。该公约截至 2009 年已有 190 个缔约国。“原址保护”（in situ conversation）是“在生物的原产地对濒危生物及其栖息地开展保护的方式”，作为生物多样性保护的重要方法之一，已得到世界的认可。

而将生态学、保护生态学中的保护策略用于水下遗产保护，符合水遗的特性，符合立法的科学原则。立法的科学原则指“立法是一项科学活动，立法者不是在发明法律，而是在表述法律，是把精神的内在关系表现在有意识的现行法律中”[1]。“原址保护”而非“异地保护”（ex situ）或发掘保护，成为《水遗公约》水遗保护的基本原则（《水遗公约》第 2 条和附件《规章》第 1 条），这是从水下文化遗产的实际保护出发而制定的理性的、合理的规则。

采取“原址保护”，先为水遗建立水下档案，可以对水下文化遗产采取保护措施，减缓水下文物的消亡速度，并建立水下文物的档案，以确保日后能够尽可能地管理保护。可见，选择“原址保护”的方式能够将水下遗址的侵蚀程度降到最低，确保遗址仍被留作未来考古研究之用。要强调的是，“原址保护”原则是首选却不是唯一的水遗保护原则。该原则并不意味着禁止水遗的发掘和岸上保护活动。选择“原址保护”与否是需要考虑遗址的特性、环境以及沉物的特性来判断的。

采取“原址保护”原则的水遗，应基于成本、保护措施的效果和遗址的重要性三者间的平衡考量，如遗址数量增长与研究能力不足的考量。相比于陆上遗址，水下遗址的考古和保护工作更加复杂，需要大量水下考古学家和技术的支持。此外，还应考虑成本和现有的水下考古知识不足。例如，当年打捞出水的英国著名的玛丽玫瑰号（Mary Rose）沉船上的一颗 32 磅铁质炮弹，在与

---

[1] 马克思，恩科斯．马克思恩科斯全集［M］．第 1 卷．北京：人民出版社，1956：183.

空气接触一定时间之后仅剩下 19 磅。[1] 随后人们发现，温度上升使得浸泡在盐水中的盐分子干燥而破坏物质，使其迅速氧化变质，沉没的金属、瓷器、木材都是如此。由于没有适当的保护措施，水遗的发掘很容易就变成了对水遗的破坏。而将“首选原址保护”原则作为法律原则，是因为水下保存不会导致遗产变质，从而可以避免肆意打捞、污染的破坏行为和不恰当的打捞行为，而“异地保护”（ex situ）或发掘保护都需要进一步的保护措施。

（2）“首选原址保护”原则的国家实践及司法依据

第一种方式是“水下文化遗产保护区”。欧洲理事会在 1978 年起草的《水下文化遗产报告》中首次提出沿海国应该建立 200 海里的“文化保护区”（cultural protection zone）来保护水下文化遗产的概念。之后，欧洲理事会在很快通过的有关水下文化遗产的第 848 号建议中肯定了 200 海里“文化保护区”。虽然 200 海里实际上超出了国家的领海范围，很多临海国表示 200 海里超出了国家管辖水遗的行政能力，但还是有很多国家在国家层面促进了沿海国修改本国相关法令。如美国的《国家海洋保护区法案》规定，在距海岸 200 海里的地方划定一些对国家具有历史、文化、考古和古生物学重要意义的“水遗保护区”[2]，并为 U. S. S. Montior 沉船在领海外的毗连区建立了“保护区”，以及在西海岸建立了 5 个国家海洋保护区（美国国家峡岛、蒙特利湾、柯德尔滩（Cordell）、法拉罗尼斯海湾（Farallones）、奥林匹克海滩），并为保护区内的沉船建立了相应的数据库，以保存沉船的重要信息。而法国在处于 7 海里的法国领海区为 CSS Alabama 号沉船设立了“水下保护区”，由法国和美国双方的科学委员会协商保护区内的沉船发掘和保护事宜。中国福建在进行了“沿海水下文物普查”、东山县冬古湾明末清初沉船等沉船遗址的抢救性水下考古发掘和调查后，发现了一批年代序列完整、历史内涵丰富的省内水下文化遗产，于是计划建立水下文化遗产保护区（计划），而在南海已经建立了国家文物保护单位“甘泉岛”、北礁沉船遗址。马来西亚设立了水遗保护原则，规定在文化部并无其他规定的前提下，对发现的水遗可以采取“原址保护”。印尼也设立了保护区制度。关于设立水遗保护区制度，对于历史不到百年，但很“重要”的水下沉船或遗址，文化遗产注册局可以在报纸上公布该遗址和沉船信

[1] UNESCO. Museums and Tourism of Underwater Cultural Heritage [R]. First Section of Meeting of States Parties to the Convention on the Protection of the Underwater Cultural Heritage, Paris, 2010: 24.

[2] 43 USC 2101-2106.

息，并在遗址地建立“水下保护区”，任何个人及团体不可随意进入该保护区，违者会受到处罚。

第二种方式是新兴的水下考古径（也叫潜水径）。水下考古径的提出和实施是对《水遗公约》第2条“原址保护”原则的最好诠释。而《水遗公约》缔约国第三次大会通过的《潜水者道德准则》❶也主要是针对在考古径进行潜水的水肺潜水者。考古径（潜水径）是指散落在某个区域内的数个水下文化遗产，按照时间或者事件等顺序编辑和保护水下考古遗迹区，参观者需要潜水，按水下标识找到沉船、遗址位置，按提示参观并欣赏海底世界。目前，世界各地都有不同形式的潜水径。如：“以色列凯撒利亚潜水径”，潜水者可以沿标记游泳欣赏著名的沉没的凯撒利亚古港及一艘罗马时代的沉船；“美国佛罗里达考古径”，是由佛罗里达群岛国家海洋保护区内的9艘历史性沉船残骸组成；位于赫尔辛基旁的古斯塔夫阿道夫的“芬兰水下历史公园考古径”，可寻径潜水欣赏一艘于1788年失事于赫尔辛基的瑞典船只；“克罗地亚保护沉船遗址考古径”，是将水下沉船和业余潜水者享受参观水下遗址相结合；而意大利“尤斯提卡（Ustica）岛考古径”，潜水者按指引可欣赏沉船和风景如画的沉没古城的石化黑色熔岩、黑珊瑚和海龟等。此外，新西兰海洋水下考古协会正在筹划建立“惠灵顿沉船考古径”，这艘2005年11月13日失事沉没于惠灵顿南海岸岛湾深的战船恰位于诸多海洋鱼类栖息处，吸引了无数潜水爱好者以及曾在该船上服役的海军。

第三种方式是“新兴水遗博物馆”。作为民族文化价值凝聚的水下文化遗产，公众有权利接触并欣赏，《水遗公约》中的“首选原址保护”原则与“提高公众意识”❷、“促进公众就地拜访水遗❸”的观念吻合，对于原址保护的水遗，各国考虑实际情况，考虑最大限度的公众接触，“水下博物馆”及新型的博物馆应运而生，例如埃及亚历山大水下博物馆、中国广东海上丝绸之路博物馆、中国白鹤梁博物馆等。

埃及于2006年就开始计划建立的亚历山大水下博物馆，包括一个海平面上的展览大厅和相对应的一个水下考古区，博物馆被设计成“水族馆”的形

❶ UNESCO，Code of Ethics for Diver［R］. France：UNESCO Press，2011：14.

❷ 第20条是提高公众意识条款，即“提高公众对水下文化遗产的价值与意义的认识”。

❸《规章》第5条和第6条规定，“开展开发水下文化遗产的活动应当严格按规定做好文化、历史和考古方面的资料工作”；并且“应当促进公众就地拜访水下文化遗产”。

式，通过潜艇管通往亚历山大湾，将展示亚历山大古城流域内沉没的雕塑及其他珍贵文物。2007 年建成的中国广东海上丝绸之路博物馆是将“南海 I 号”沉船整体打捞、整体搬迁，成功打捞出水并安全移至广东海上丝绸之路博物馆，考古学家在馆中开展沉船的考古发掘工作，来馆参观的公众在博物馆内就可以观察水下考古工作。“南海 I 号”博物馆也被誉为“开放式考古”的典范。2009 年开馆的中国重庆白鹤梁博物馆是世界上第一座全淹没式的水遗博物馆，也是世界范围内首次达到如此深度的无须潜水就能参观的“原址保护”的遗址博物馆。白鹤梁博物馆遵守了《水遗公约》中的“首先原址保护”原则，建在白鹤梁考古遗址上。

因此，《水遗公约》第 2 条第 5 款的“原址保护应作为首选”的保护方式并不是消极地将水遗留在原地，而是对发现的水下遗址及其环境采取必要的测量和调查。在了解遗址及其环境的基础上，采取各种措施以防止周围环境不利于遗址保护。如，以声呐浮标、金属笼或沙袋覆盖物对遗址实施充分保护，通过“水遗保护区”、水下博物馆、考古径等方式保护水遗，是水遗保护领域的前沿发展，是针对水下文化遗产的特点而提出的全新概念，是由水下文化遗产的特性决定的，是符合立法的科学原则。而将“原址保护”作为“首选”的国际法原则，正在被各国实践并确定在法律中，逐渐会成为水遗保护的一般国际法原则。2004 年《关于“RMS Titanic”号沉船的协议》第 4 条第 2 款也肯定了“首选原址保护”原则。

4.3.2 “非商业性打捞”国际法原则

“非商业性打捞”原则是《水遗公约》在第 2 条第 7 款确定的重要的国际法原则，即“不得对水下文化遗产进行商业开发”；并在附件《规章》第 2 条中再次确认了“以交易或投机为目的对水下文化遗产进行的商业性开发或造成的无法挽救的失散与保护和妥善管理的精神格格不入”。

（1）“非商业性打捞”原则的现实必要性

对水下文化遗产适用“非商业性打捞”原则的起始是引起了水下考古界震动和国际法关注的“阿托卡夫人号”沉船打捞事件[1]。“阿托卡夫人号”沉船是 17 世纪往返于瓦那和西班牙之间的一艘西班牙商船，于 1622 年沉没。

---

[1] 吴溪. 一半是宝藏，一半是梦想［J］. 海洋世界，2007（8）：32-35.

1970 年，美国梅尔费希尔额打捞公司在美国佛罗里达州马克萨斯群岛附近发现沉船，在获得州打捞许可后，打捞了金银、旧式步枪及小型武器等，但由于打捞者只注重沉船内物品的商业价值，打捞技术粗糙，严重破坏了这艘具有历史考古价值的“阿托卡夫人号”沉船。在打捞“阿托卡夫人号”之后，打捞者成立了“海事遗产委员会”这一非营利性机构，从事水下考古及水遗保护。

首先，商业打捞以水遗的商业价值来考量，常常为了制造高价而刻意毁坏并遗弃打捞物并无视沉船本身具有的考古价值等，造成这些不可再生资源的永久灭失。其次，打捞出水的水遗，以买卖、拍卖等手段最终流转到私人收藏者手里，而私人缺少恰当的保护技术和方法，这会使打捞物品遭受氧化腐蚀，进而失去它们的美学价值。最后也是最重要的一点，流转到私人手里的水遗蕴含的文化历史价值被限制在这些人手中，不能有效地为公众所用，这违背了文化遗产的公共利益原则。即使最后不是个人收藏，那些鼓励水遗商业打捞的国家政府也会为了经济利益而间接破坏水遗的公共利益原则。因此，考虑到公众利益，只有由经过保护技术专门培训的考古学家来实施打捞，才能保持水遗的文化、历史价值。

（2）非商业性打捞原则的立法理念

“非商业性打捞”原则是因为以商业价值为基础的“打捞法和打捞物法的法律理念不适用”于水遗保护（《水遗公约》第 4 条）。

《国际救助公约》不适用于水遗，这已体现在《国际救助公约》第 30 条的保留条款中。联合国国际海事组织 1989 年的《国际救助公约》（International Convention on Salvage，1989）的目的是通过“及时有效的救助作业，对处于危险中的船舶和其他财产的安全以及对环境保护能起重大的作用”，该公约通过法律形式赋予海难救助人报酬请求权，从而鼓励在海上面临丧失危险的货物或船舶得到救助，阻止掠夺行为，进而保全货物或船舶所有人的利益。该公约在草拟时考虑过救助所遇到的水下文化遗产问题。法国代表是最早提出水遗不属于普通意义上的“被救助财产”的，称水遗的特质是其具有“文化、历史以及考古等价值”，和《国际救助法》的救助对象——“面临丧失危险的船舶和物品”不同。这种不同具体体现在四个方面：首先，《国际救助法》的目的是最大限度地保全救助物的商业价值，因此，为了最大可能地避免损失，《国际救助法》鼓励救助者以商业目的将沉于水底的船舶、物品尽快移出。其次，救助法的“无效果，无报酬”的合同原则严重影响了对水下遗产的保护。关于救助考量因素，《国际救助公约》在第 13 条规定了需要考量“救助人所花的时间、费用及遭受的损失”。虽然相比于 1910 年《救助公约》，1989 年《国际救助公约》增设了用以保护环境的特别补偿条款❶，但这种补偿条款以保护海洋环境为目的，是对“无效果，无报酬”原则的一种必要补充，仍不考虑沉船和货物的“考古、艺术、历史等价值”，此外，特别补偿的承担者为船舶所有人，对于历史年代久远的沉船，其所有人的界定本身就是问题，因此，《国际救助法》中的“自我完善”条款仍然和水下遗产保护的初衷相违背。再次，《国际救助法》中的救助标的应当处于真实的危险之中，即船舶、海上物品的危险已发生或尚在继续，或者正在或即将发生。但是，对于处于海底的沉船或其他形式的水下文化遗产，经过海水的长期浸泡，多数已经和周围的环境达到一种衡平状态，并不符合《国际救助法》中的救助条件——“真实的危难之中”。最后，纯粹救助并不适用于水下文化遗产。海上救助现在多为合同救助，而根据自愿原则，救助方提供救助服务和被救助方接受救助服务都是双方自愿的，在最大限度地避免损失的某些紧急情况下，救助方可以未经请求而自行救助，这是符合《国际救助公约》原则的。但是，对于沉于海底的水下遗产，未经相关部门授权，非考古队员的救助实质上就是一种非法的商业打捞。

可见，有关《国际救助法》和水下遗产保护的种种不和谐，在《国际救助公约》起草时就已经受到法国、西班牙、加拿大、英国等国的关注。该公约最终采取保留条款解决了水下文化遗产的问题，即第 30 条第 1 款为水遗规定了保留条款：“任何国家在签字、批准、接受、核准或加入时，就……有关财产为位于海床上的具有史前的、考古的或历史价值的海上文化财产……情况可保留不适用本公约规定的权利。”

《打捞物法》不适用于水遗保护。《打捞物法》（Law of Finds）经由英美案例法发展而来，和《捞救法》并称为普通法系两大海事法律之一。首先，《打捞物法》的前提条件是原所有人对货物或沉船的“放弃”（abandon），即

---

❶ 第 14 条：（1）救助人如果救助了危及环境的船舶或货物，根据公约第 13 条规定获得的救助报酬低于救助人所花费用时，救助人有权获得由船舶所有人支付的相当于其他费用的特别补偿，即使救助不成功，或效果不明显，且未能防止或减少环境污染；（2）救助人的救助作业如果防止或减少了环境污染，船舶所有人向救助人支付的特别补偿可增加至救助费用的 130%；（3）法院或仲裁机构如果认为公平合理，并考虑第 13 条第 1 款中所列的有关因素，还可将特别补偿增加至 200%。

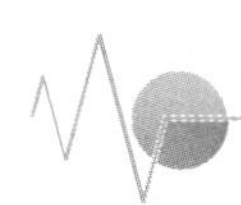

使英国、美国的《打捞物法》适用条件各有差异。《打捞物法》一般适用于超出各国管辖权范围的海域中沉没年代久远的水下财产，被认为是“放弃”发现的沉没物，即海底“无主物”。打捞者采取“先占原则”，即“谁发现，谁取得”的原则。打捞者获得的是物的所有权（而不是《捞救法》中的打捞者所取得的向所有权人或其保险人主张打捞报酬），即就打捞沉船与货物享有“船舶优先权”（Maritime Lien）（也称“海事优先权”“海上留置权”）。然而对于水下文化遗产来说，其原所有权人或其保险人是否已放弃了其所有权，无法考证。其次，即使欧美国家，国内法一般也都规定国家是无主财产的继承人，特别是文物的所有权，至少不主张水下文化遗产已被“放弃”。所以，《打捞物法》也不适用于水下文化遗产。

因此，《水遗公约》尊重《海洋法公约》赋予各国的权利、管辖权和义务。而《海洋法公约》第303条第3款明确规定了缔约国水遗活动应“不影响……捞救法或其他海事法规则”。因此，公约“禁止商业性打捞”原则与打捞法和打捞物法之间的关系就成为关键。公约最终达成一种折中的共识，即在规定“打捞法和打捞物法不适用于开发本公约所指的水下文化遗产的活动”的同时，提供了“除外条款”——打捞活动须满足以下三个条件：“（a）得到主管当局的批准；（b）完全符合本公约的规定；（c）确保任何打捞出来的水下文化遗产都能得到最大程度的保护。”（《水遗公约》第4条）

（3）非商业性打捞国际法原则的国家立法实践

48个《水遗公约》缔约国已经接受“非商业性打捞”水遗的国际法原则，此外，以水遗商业打捞为传统的国家也开始修改国内水遗保护法律，从单纯的商业水遗的立法理念转变为重视水遗的历史文化价值的水遗保护理念。

本书第三章第3.1.1节中介绍的以“商业性打捞”为立法模式的印度尼西亚，其文化和旅游部在2005年成立了“水遗理事会”，负责对水遗开发进行事先可行性评估，对发掘过程进行监管，并挑选部分水下文物作为国宝收藏于地方博物馆或文物保护修复中心。

而马来西亚在2005年的《国家遗产法案》中，开始评估水遗的文化历史价值而非商业价值，采取“许可证”的方式减少“商业性打捞”对水遗造成的破坏。虽然马来西亚还没加入公约，但其进行水遗保护的趋势符合“非商业性打捞”的国际法原则。

美国为判例法国家，在近20年的案例里体现着这样的趋势：水遗不再适用于《海上救助法》(The Salvage Act)。在1981年的Platoro案和1982年的Cobb Coin案[1]中，美国法院认为海洋危险包括“船舶在沉没后受环境影响丧失或遭到搜查掠夺的危险”，因此，在这两起案件中的沉船沉物适用救助法。然而1983年在Archaeology Ltd案[2]中，法院却以“沉船已沉没数百年并无侵扰”为由，认为沉船并未处于危险状态，不适用救助法。到1989年的“中美洲号”(Central America)案[3]中，美国法院开始注意商业打捞和沉船的历史、科学价值的平衡。“中美洲号”案是数个保险公司和打捞公司之间展开的关于一艘1857年沉没的“中美洲号”汽船的诉讼，该船载有大量黄金及其他货物。1995年美国法院最终将沉船上“投保过的黄金的90%”的所有权判给了其中一家打捞公司——哥伦布斯美国公司(Columbus-America Discovery Group)。法院判决的重要依据是哥伦布斯美国公司对沉船及货物历史、科学、考古价值的保存，以及按照科学流程来开展记录和监测工作，并提供有关沉船和历史的资料，如新物种的发现。到2004年，美国、加拿大、法国、英国在《关于“RMS Titanic”号沉船的协议》中提出“首选原址保护”原则，并规定只有尊重沉船统一性，按照对沉船科学、文化、历史价值的目的进行保存，才能对该沉船进行适当的打捞(第4条第2款)。

从印尼、马来西亚、美国的立法和司法实践来看，对水下遗产保护的态度开始从取决于其是否处于“危险状态”及沉船的“商业价值”，到渐渐关注打捞兼顾水遗的科学、文化、历史价值。水遗争议渐渐转变为打捞人和原所有人有关打捞费用、时效问题、善意取得等细节问题的争议，也就是说，原所有权国是否放弃对水遗的所有权，打捞人依据海商法打捞规则避免破坏水遗。

4.4 《水遗公约》生效后的国际实践

2009年《水遗公约》通过后，教科文组织就致力于完善《水遗公约》配

[1] Platoro Ltd, Lnc. v. The Unidentified Remains of a Vessel , 614 f. 2d 1051, 1055-56, 1981AMC 1087; Cobb Coin Co. v. Unidentified, Wrecked and Abandoned Sailing Vessel, 549 F. Supp. 540 (S. D. Fla. 1982).

[2] ArchaeologyLtd. v. The Unidentified, Wrecked and Abandoned vessel, 577F. Supp. 597, 611, 1983 AMC 913, 932 (D . Md. 1983).

[3] Columbus-America Discovery Group v. Atlantic Mut. Ins. Co. 56 F. 3d 556; 1995 U. S.

套的立法措施，履行公约规定的国际义务，如确立“科技咨询机构”、与实施水遗保护的世界各国广泛合作研究、推动和实施世界各国的水遗保护活动等。特别是在“提高公众意识”和“国家合作与信息共享”等方面，《水遗公约》的通过为各国水遗保护指明了国际发展的方向，“首选原址保护”原则、国际合作、地区联合保护原则被越来越多的国家所接受。

4.4.1 发展《水遗公约》的立法措施

（1）《潜水者道德准则》（Code of Ethics for Divers）

2011 年，针对 1500 万水肺潜水者无意或无经验破坏水下文化遗产的情况，《水遗公约》缔约国第三次大会通过了《潜水者道德准则》。该准则包括 15 条，如“不触碰遗址”“遵守当地保护考古遗址的法律”“不带走遗址文物”“遵守遗址保护措施”“发现并报告水下文物”“不买卖水下文化遗产”等准则，最后鼓励潜水者支持《水遗公约》。

（2）《操作指南》（Operational Guidelines）

根据 2009 年 3 月第一届缔约国会议第 7/MSP 1 号决议要求，公约秘书处与缔约国协商编制一份《操作指南》。它不是《水遗公约》的后续协定，也不改写、修正或解释公约。本指南仅旨在通过提供切实的指导来促进《水遗公约》的实施。根据 1969 年《维也纳条约法公约》中所规定的解释通则，《水遗公约》的效力优先于《操作指南》，如有争议，优先采用《水遗公约》的内容予以解释。

2009 年，秘书处向缔约国及科技咨询委员会发放调查问卷，就纳入《操作指南》的内容提供意见。第二次缔约国会议上，成立了专门审议《操作指南》的工作组[1]，工作组于 2011 年 2 月 9 ~ 10 日在巴黎审议了《操作指南（草案）》，有 33 个缔约国及非缔约国以观察员的身份参加，中国也派人参加了该会议。该《操作指南》分为六章，是对公约及其附件的解读，更是各国适用公约的实际指导。第一章序言是对公约内容的说明，如公约加入的程序问题（声明及保留意见）、公约执行等。第二章阐释了国家合作机制，如报告、通知和意愿声明；协调国的遴选、水遗业务保护等。第三章是筹资，如公约建

[1] 工作小组由保加利亚、柬埔寨、克罗地亚、厄瓜多尔、格林纳达、伊朗、黎巴嫩、墨西哥、葡萄牙、尼日利亚、罗马尼亚、圣卢西亚、西班牙和乌克兰 14 国组成。

立水遗基金，对特殊情况提供财务援助，以及为执行国家合作机制筹措资金等。第四章是建立国际级的水遗合作伙伴，或者和国际水遗非政府组织合作。第五章是缔约国会议对非政府组织参与科技咨询委员会工作的认证。第六章是公共宣传、培训。《操作指南》附件是各国有关水遗情况的“通知、报告和意愿声明表格”。

2011 年，国际上已经通过对《操作指南》第三章、第五章的修订，对缔约国及主管机构、缔约国会议及附属机构以及执行保护的具体步骤，如原址保护与发掘、无意中影响水遗活动、国家能力建设等提供指导意见。

4.4.2　履行《水遗公约》的保护

（1）建立科学技术支持

依照《水遗公约》第 23 条第 4 款的规定，第一届缔约国会议的第 5/MSP 1 号决议设立了缔约国会议科学和技术咨询机构（以下简称科技咨询机构）。该机构章程的第 1 条（e）规定：“科技咨询机构应与在《水遗公约》范围内开展活动的非政府组织，如 ICUCH，以及缔约国会议授权的其他符合条件的非政府组织开展协商与合作。”

由 11 名专家组成的科技咨询机构分别在 2010 年、2011 年召开了两次科技咨询会议，并在 2012 年 4 月召开了第三次科技咨询大会。科技咨询机构在协助缔约国解决《水遗公约》及附件《规章》所涉及的科学和技术问题、推广水遗保护的最佳做法、加强非政府合作方面做了很大贡献。

科技咨询机构通过认可非政府组织合作，向缔约国提供技术培训。非政府组织的认可需要遵守《操作指南》第五章的认证标准、认证方式与审查、认证程序，在 2011 年 4 月举行的第三届缔约国会议上，暂时性地认可了 10 个与科技咨询机构合作的非政府组织❶：水下考古咨询理事会（ACUA）、澳大利亚海洋考古研究所（AIMA）、德国水下考古促进会（DEGUWA）、航海考古研究所（INA）、联合航海考古政策委员会（JNAPC）、航海考古学会（NAS）、历史考古学会（SHA）、国际遗产活动中心（CIE）、ARKAEOS、海洋考古研究发展协会（ADRAMAR）。此外，ICUCH——国际古迹遗址理事会保护水下文

❶ UESCO. Third Section of Meeting of States Parties to the Convention on the Protection of the Underwater Cultural Heritage, UCH/11/3. MSP/220/INF5 [C]. Paris: UNESCO, 2010.

化遗产国际委员会已经列入科技咨询机构章程第 1 条（e），因此无须申请认证。

推广水下考古领域的最佳做法也是科技咨询委员会的重要任务。科技咨询委员会正在推广一个水下文化遗产管理项目（Managing Cultural Heritage Underwater，简称 MACHU Project），该项目免费为专业人士提供世界水遗地理信息系统，该系统还为公众提供介绍水遗历史背景资料的科普网站界面。在第三次科技咨询大会上，委员会进一步讨论了水下考古与教育工作、潜水科考许可的协调以及如何建立全球水遗数据库。

此外，科技咨询委员会对各国水遗提供必要的咨询。例如，在第一次大会上，委员会讨论了小岛屿国家修订国家立法的重要性；讨论了支持缔约国对偶然影响水遗的活动，如拖网捕鱼、港口工程、采矿和疏浚河道等进行行政干预。在第二次大会上，委员会分析了最影响水遗保存的因素及其补救措施，以及世界水下考古的现状。此外，委员会对第二次世界大战中遇难船只的养护也十分关注。

（2）建立水遗数据库制度❶

委员会鼓励积极建立区域性水遗数据库，还协助建立了世界水遗数据库，争取做好全球范围的水遗普查，为推广区域的水遗保护、交流和合作打下基础。

例如，“世界水下文化遗产管理数据库”（MACHU 数据库）❷ 最初是欧盟的一个水下遗产管理计划，其因为所有欧盟注册的国家水下考古遗址进行监测并建立信息数据库而为研究、管理人员和民众所知。这是一个管理世界水下文化遗产的项目，通过地理信息系统（GIS）储存了各类水下文化遗产资料。该项目从最初的 7 个欧洲国家发展到世界各地，并不断更新信息。此数据库包含的资料主要是对各个水下遗产及其环境的考古和历史信息（如地球物理、地球化学、沉积学和海洋数据），并确定由人类活动引起的威胁的可能性。❸ 该数据库对专业文物管理人员提供完全的访问平台，但对大众也提供了一个受限的访问平台，此外还包括一个关于科学数据交换和决策支持系统（DSS）的网上平台。欧洲范围也建立了数据库，如“欧盟古代海军考古数据库的 NAVIS

---

❶ 世界各地水遗数据库详见附录 3。

❷ MACHU Database. http：//www. machuproject. eu/.

❸ Dutch Archaological Institute. MACHU Research Progam ［R］. Deutsches Arch? Ologisches Institut Rom，2010：23.

一期工程与NAVIS二期工程数据库”[1]，是由欧洲委员会主持收集古代水下海军的数据库，其中有关于水下沉船的信息。此外，“亚洲境内的沉船数据库”[2]包括泰国、马来西亚、菲律宾、中国等亚洲地区的水遗信息数据。

（3）区域保护项目

欧洲六国MOSS项目（监管、保护和可视化北欧沉船项目[3]）：自2001年开始，芬兰、德国、瑞典、丹麦、荷兰和英国六国开展了一项为期4年的“MOSS”项目，该项目通过联合考察4处沉船遗址，及时总结考察水遗的经验，给政府制定海洋考古活动提供实践依据，以便制定切实可行的法律，规范水遗保护。MOSS项目严格遵守《水遗公约》及其附件原则，在欧盟内部寻找开发水遗的合适方式，在维持博物馆方面也起到了良好作用。例如，芬兰海洋博物馆在MOSS项目的支持下摆脱了资金和人员问题。另外，该项目有效地提高了公众对水遗重要性的认识，对其他欧洲国家的海洋考古和博物馆机构起到了借鉴作用。

（4）发展水下考古学及新型博物馆[4]

《水遗公约》重视各类水遗考古培训，特别是考古学教育。保护水遗的最大障碍之一是很多国家没有足够数量的训练有素的水下考古学家。公约主张大力发展水下考古学，加强与大学合作并开展联合培训活动，以促进水下考古学科的发展和提高水下考古水平。2010年，公约秘书处开始编辑整理《世界水下考古专业大学及研究所介绍手册》（计划作为《水遗公约》附件3）。在这个手册中，英国、法国、意大利、泰国、澳大利亚、美国的大学里开设的水下考古及相关专业较多。截至2014年，公约秘书处已开展了世界范围内的水下考古“大学结对计划”（University Twinning Programme，UNITWIN）。该计划旨在为创建世界范围的水下考古培训、科研及合作网络，增强成员间的技术交流和合作，促进世界范围水下考古技术的进步和保护水遗而努力。其现已有大学成员为：土耳其塞尔库克大学（Selcuk University）、丹麦的南丹麦大学（South Demark University）、埃及亚历山大大学（University of Alexandria）、英国南安

---

[1] The NAVIS Project Database. http：//www2. rgzm. de/navis/home/frames. htm.

[2] Shipwreck Asia Database. www. shipwreckasia. org.

[3] Monitoring，Safeguardingand Visualizing North-European Shipwreck Sites（MOSS）. 四处沉船遗址指芬兰的the Vrouw Maria、瑞典的the Eric Nordevall、德国的the Darss Cog、荷兰的the Burgzand Noord。资料来源：http：//www. nba. fi/internat/moss/.

[4] 世界范围的水遗博物馆见附录4。

普顿大学（University of Southampton）、澳大利亚大学弗林德斯大学（Flinders University）、波兰华沙大学（University of Warsaw）。此外，亚洲的大学也积极参加，如日本东京大学和塞浦路斯大学就是该计划的准会员。

此外，2011年2月第一次缔约国工作组会议在讨论《操作指南（草案）》中有关“和非政府组织加强合作”时提及了与大学的合作，并表示应不限制与任何缔约国的大学合作。目前，澳大利亚弗林德斯大学、土耳其塞尔楚克大学、美国德克萨斯大学、英国南安普顿大学、南丹麦大学、埃及亚历山大水下考古中心正在考虑联合提交一个成立教科文组织姊妹大学网络项目的申请。此外，印度尼西亚也在加强水遗保护、水下考古等领域的发展。印尼陆上考古学家和文物修复专家接受了东南亚联盟教育组织（SEAMEO）的水遗考古培训，并且现在供职于文化与旅游部和海洋及渔业部。澳大利亚的水遗保护也体现为高校科研机构、博物馆多参与到政府、非政府的水遗保护活动中。特别是一些非政府组织，如澳大利亚海洋考古研究所（AIMA）、ICOMOS，对水遗保护起到了极大的推进作用。澳大利亚的高校，如南澳的 Flinders University 大学、昆士兰的 James Cook University 大学，都开始了水遗保护的课程。澳大利亚海洋考古研究所（AIMA）也开设了水下考古课程，该课程授权于英国水下考古协会（NSA），并由 NSA 资深水下考古人员教授。此外，澳大利亚也注意与其他国家的水下考古合作，如中国、泰国、马来西亚、斯里兰卡等。此外，澳大利亚的水下考古学家就职于 ICOMOS 的国际水下遗产委员会（ICUCH）。

公约生效后，UNESCO 大力支持世界各地的水遗博物馆建设。建立博物馆被认为是提高公众对水遗认识的最广泛、最有效的方式之一。据教科文组织水遗公约处统计，世界上现有大小关于水下文化遗产的博物馆约300个。在2003年以前，地中海地区、加勒比海地区这些水遗丰富的地区对于海底水遗的保护多采取出水保护的方式——建立岸上博物馆。如英国玛丽玫瑰博物馆、瑞典瓦萨博物馆、澳大利亚昆士兰博物馆和西澳大利亚博物馆、土耳其博德鲁姆水下考古博物馆、丹麦维京船博物馆等。《水遗公约》生效后，出现了原址保护的“新型博物馆”❶，如埃及水下博物馆、中国白鹤梁博物馆、南海 I 号博物馆等。目前，采取水下原址保护的国家还是少数，因为这需要技术、资金的大量

---

❶ UNESCO. Museums and Tourism of Underwater Cultural Heritage [R]. First Section of Meeting of States Parties to the Convention on the Protection of the Underwater Cultural Heritage, Paris: 2010: 24.

投入，而为水遗建立适当的博物馆已经成为各国普遍认可的公约原则。而且，根据水遗的地理位置和遗产本身的特性，博物馆的展示应当具有创新性和新颖性。

（5）成立区域水遗保护中心

2010 年成立的“克罗地亚扎达尔水下考古国际中心”，是教科文组织针对水下遗产保护的一项重要举措，是国际上第一个被教科文组织赞助的水遗二类资助中心。“二类资助中心”（Category II）是教科文组织在“文化、科学、教育”等领域，在地区设立的为实现教科文组织区域战略目标的地方合作组织，由地区成员国资助。全世界有 40 多个二类机构，如北京的 UNESCO 国际农村教育研究与培训中心。“克罗地亚扎达尔水下考古国际中心”以促进地区的能力建设，为地区提供技术支持、培训、研究、合作等为目的，组织地区信息交流，发展了地区的知识共享。

克罗地亚作为第一批批准 2001 年《水遗公约》的国家，其水下考古在过去几年取得了长足的进步。该中心遵守《水遗公约》及其附件的原则，建立了一个高质量的勘察、研究和保护水下考古遗址的体系，进行该区域内的有关水遗的重大培训活动、水遗保护、修复和研究。该中心的成立有利于欧洲和地中海地区的国家建立有效的水遗合作，特别是意大利、斯洛文尼亚、法国、德国这些与亚得里亚海接壤的国家。

（6）组织区域会议

《水遗公约》第 19 条是关于缔约国合作、信息共享的条款，要求缔约国在水遗的保护和管理方面相互合作和协助。《水遗公约》第 21 条规定，缔约国应开展合作，提供水下考古、水下文化遗产保存技术方面的培训，并按议定条件转让与水下文化遗产有关的技术。因此，缔约国及实施水下文化遗产保护的大国都积极举办水下考古的培训和提高区域内水下遗产保护能力的会议，让各国水下考古、水遗保护的专业人员进行交流。公约生效后，教科文组织与地区代表共同组织了大量水下考古与水遗保护方面的培训。

为了推动水遗保护在各方面的发展以及公约的批准和实施，教科文组织积极联系各地区召开地区性政策会议，如 2009 年 12 月在所罗门群岛、2010 年 10 月在伊斯坦布尔、2010 年 11 月在中国重庆、2011 年 3 月在墨西哥、2014 年 5 月在美国夏威夷。从 2011 年开始，会议多讨论水遗保护中新的科技挑战和法律问题。

2010年3月，在南非罗本岛的培训会议上提出了《海洋与水遗地区小组合作声明》，声明侧重于地区需求与动态，强调建立水遗研究、培训与保护分地区中心。2010年，在泰国Hantaburic举办了两次水遗培训，即3月1日至4月9日的“水遗第二期基础培训班”、9月20日至29日的“地理信息系统在水遗管理中的应用高级培训班”。培训提高了水下考古能力，宣传了公约的原则和宗旨。2010年8月23日至9月8日，在波兰海洋博物馆举办会议，培训内容是水下考古项目研究方法与记录。2010年9月27日至10月8日，由墨西哥国家遗产研究所（INAH）与《水遗公约》秘书处合作的培训主题是“水下考古和《水遗公约》”，会上成立了拉丁美洲及加勒比地区水下考古工作地区小组。

亚太水下文化遗产会议❶——亚洲遗产管理：2011年11月在菲律宾马尼拉，由菲律宾国家博物馆和菲律宾大学联合承办了此次会议。这次会议分组讨论了11个议题，包括水下文化遗产管理、水下遗产考古、水遗科技、出水文物保护、西班牙和亚太地区等。我国内地和香港地区的学者参加了此次会议。值得注意的是，这次会议提出了“水下非物质文化遗产”的概念。澳大利亚国际遗产活动所Bill Jeffery先生在分析非洲坦桑尼亚的基卢瓦基西瓦尼（Kilwa Kisiwani）❷港口的水下文化遗产时，区分了“水下物质文化遗产”和“水下非物质文化遗产”。

水下遗产公约10周年纪念活动——水遗学术讨论会和欧洲地区水遗保护会议，于2011年12月13日至16日在比利时布鲁塞尔自由大学举行。在这次聚集水遗保护专业人士的科学研讨会上，讨论了水遗保护的前沿问题。关于“国际合作干预防止商业打捞问题”，美国与会者做了有关“泰坦尼克”四国协议的发言。在“拖网捕鱼对水遗保护的影响”专题中，荷兰、美国和英国代表分别阐述了在水下遗址区进行渔业应该注意的水遗保护措施。在“海底资源可持续开发与区域内水遗保护协调问题”上，美国、瑞典、英国阐述了在大陆架、专属经济区进行石油天然气开采需要先考虑水下遗址，以及水下管

---

❶ The Inaugural Asia-Pacific Regional Conference on Underwater Cultural Heritage［C］. Philippines, 2011-08-12.

❷ 该港在1981年被评为世界遗产“基卢瓦基西瓦尼遗址”，该遗址在2004年由于气候原因被列为“濒危世界遗产”，港口是13—16世纪东非重要的贸易港，印度洋到非洲的商船多在此靠岸。此处海域相传有不少阿拉伯帆船沉没，至今都有不少阿拉伯瓷器、波斯陶瓷和金银器。

道与水遗管理的问题。在“环境与水遗的关系”这一主题中，气候变暖、冰雪融化导致海平面上升，引起了水下遗产上细菌和蛀船虫的迅速繁衍，加拿大代表 Henrietta Mann 指出了著名的“泰坦尼克号”沉船就出现了新的侵蚀沉船的细菌。在“旅游业和水遗科研考古与旅游相一致”的专题中，瑞典 VASA 博物馆以及芬兰的 Sallamaria Tikkanen 分享了北欧在发展水下旅游和水遗保护方面的经验。

4.5　小结

对水遗采取国际法保护，是由于水遗并不仅仅分布在国家绝对管辖的水域，而现有的文化财产国际法保护、文物国际法保护、文化遗产国际法保护、国际海洋法等都无法有效保护水下文化遗产。《水遗公约》于 2009 年生效，本章所分析的就是《水遗公约》在 2009 年生效后国际法保护的内容。根据《国际法院规约》第 38 条关于“国际法渊源”的规定，本章对《水遗公约》、国际习惯法、一般法律原则及国际实践四部分分别加以评析，并指出水遗的国际法一般原则正在逐渐确立中，而公约成立后，通过一系列保护措施在有效实践着对世界各地水遗的保护。

第5章　中国水下文化遗产国内法保护建议

5.1　完善中国水下文化遗产法律制度

我国现有水下文化遗产法律中，只有《水下文物保护条例》这一部专门的有关水遗保护的行政法规，远远无法满足事业发展的需要。因此，必须从水下文化遗产的本质特点出发，本着整体性保护的原则，构建水下文化遗产专门的法律保护制度。本章通过辨析水下文化遗产法的基本概念，建立合理的水遗立法模式和立法原则，完善水下文化遗产特有的法律制度，建议对《水下文物保护条例》进行修订或完善。

5.1.1　水下文化遗产法基本问题解析

（1）建立水下文化遗产的概念

虽然各国应采用符合自身遗产特质及法律传统的术语[❶]，但由前文可知，我国采取的“水下文物”的相关法律概念并不太符合遗产属性，因此建议采用国际通用的“水下文化遗产”的法律概念。

首先，《水遗公约》中的“水下文化遗产”特别突出水遗特殊环境与文化

---

❶ 如，法国1961年第61/1547号《关于确立海难残骸机制的法案》开始采用“具有历史、艺术和考古价值的残骸”作为法律术语。第61/1547号法案将“海难残骸”按时间划分为“现代残骸”和“具有历史、艺术和考古价值的残骸”。现代残骸可以打捞，但必须征得残骸所有人、获得打捞特许权的打捞发现者的同意。而“对具有历史、艺术和考古价值的残骸”，法国法律的关注重点不是打捞财产，而是保护这些残余物本身免受海上危险的损害。

遗产的关系，在概念中肯定了水下文化遗产应该包括“相关考古价值的环境和自然环境”。而我国使用的“水下文物”忽视了水下遗产由于长期与海底的动植物、洋流等相互作用而形成了特殊的环境属性。其次，“文物”在我国是指物质文化遗产，包括艺术品、工艺美术品、手稿、图书资料、代表性实物，或者古文化遗址（城堡、宫殿、村落、居室、寺庙遗址）、石刻、壁画等。而国际法中使用的“水下文化遗产”概念是个开放的定义，从定义最初强调物质文化遗产的实物性至今，国际社会已经注意到水下文化遗产中的“非物质文化遗产”的内涵，在 2011 年年底的“亚太水下文化遗产会议”上，“水下非物质文化遗产”的概念已经引起讨论。这体现了水下文化遗产不但具有物质文化遗产的不可替代性，而且还凝聚着特定民族不可再生的文化价值和历史价值。

其次，我国也普遍使用“文化遗产”作为法律术语。我国在 1940 年代华北人民政府颁布的文物法规中已经应用了“文化遗产”一词，但我国长期沿用“文物”一词作为法律术语。随着国际社会对“文化遗产”概念的推广，到 2011 年实施的《中华人民共和国非物质文化遗产法》，“文化遗产”已成为明确的法律术语。

因此，修改 1989 年《水下文物保护条例》时，要明确法律保护对象的概念，以及水下文化遗产的概念。

（2）建立水遗分类、分级保护制度

由本书第二章可知，我国出现了不少特有的水遗类型，但我国水遗缺少分类保护机制。现有的法律只粗略提到了对不可移动水遗的级别保护，而缺少对可移动水遗的级别保护。

《水下文物保护条例》第 5 条建立的“全国或者省级水下文物保护单位、水下文物保护区”也只提出了概念，既没有具体的定评机制，也无保护措施的规定。

对此，建议完善我国水遗分类分级保护制度应从以下三方面着手。首先，建立我国水遗分类保护机制。对于第三次文物普查中发现的各种类型水遗——淹没的塔、古战场、村落，或沉船沉物、瓷器、金银器——采取不同的保护机制。对于“可移动水遗”，特别是出水保护的遗产，应该根据水遗本身具有的历史、艺术价值大小的不同，采用一级、二级、三级文物或普通文物的标准。对于“不可移动水遗”，则应落实“水下文物保护区”的做法。其次，我国水遗还应该采取纵向专门管理模式。对此，可考虑在某些水遗大省、市或区文物局设立专门的保护机构，如在沿海文物局设立水遗保护办公室，由国家水下中心垂直管理，确保水遗保护政策及时到位。最后，落实“水下文物保护区”的管理措施。对此，应借鉴其他国家对“水遗保护区”的管理经验和立法形式。美国在西海岸水遗丰富的海域设立了5个国家海洋保护区，即美国国家峡岛、蒙特利湾、柯德尔滩（Cordell）、法拉罗尼斯海湾（Farallones）、奥林匹克海滩，并为5个保护区建立了信息数据平台——海峡群岛国家海洋保护区沉船数据库。而法国为了某艘沉船建立了专门的水遗保护区，即the CSS Alabama号沉船保护区，法国为此在距离岸边7海里的领海区设立了“水下保护区”，区域内的一切活动都需要通过法国与美国双方建立的科学委员会协商决定。因此，我国“水遗保护区”可以设立在水遗丰富的水域，也可以因某艘沉船而专立。总之，我国“水下文物保护区”是符合是国际水遗保护中的“水下文物保护区”及“原址保护”原则的，应该得到国家法律的认可和实践。

当然，以上讨论的水遗分级、分类保护属于物质文化遗产范畴，日后由于水下文化遗产类型的多样性，水遗涉及非物质文化遗产的，可以借鉴《非物质文化遗产法》第7条规定的国务院文化主管部门对非物质文化遗产的纵向保护模式，即按照地域级别进行分级保护，如“国家级非物质文化遗产”“各省市的非物质文化遗产”。

5.1.2 确立合理的水下文化遗产立法保护模式

我国水遗法律制度的内容必须反映出它所调整的社会关系的一般要求，法律制度通过立法途径始得构建，而立法模式的选择成为必须化解的先决问题。我国水遗法律保护的基本特点是多层次、多部门、分散型法律保护模式——即在《宪法》的统率之下，由不同法律位阶的规范组成了对水下文化遗产法律保护的基本框架。现有的法律制度模式是基于水遗所有权的立法保护模式，忽视了水遗地域性造成的法律管辖上的差异，最终未能有效地管理我国不同水域的水遗。

因此，完善我国水遗法律制度的基础，还应当结合水遗的特殊性，以及国际法中的主权原则、属地原则，重塑我国水遗法律保护模式——基于海域差异的“区别保护”的水遗法律保护新模式。

首先，中国内水、领海内的起源于中国的水遗归中国所有的立法理念符合属地原则和主权原则——中国对本国内水和领海内的水遗享有所有权，但也应尊重沉于我国领海内的他国军舰或飞行器的“主权豁免原则”，以及赋予“起源不明水遗”属于“全人类共同所有”这一一般原则。

其次，关于在我国毗连区、专属经济区起源不明的水下文物的所有权如何处理的问题。对此，需要分析起源不明的情况：一种情况是由于海底的物理情况（如淤泥、植物覆盖）使得文物埋藏其中，无法通过勘探和发掘的方式辨明水下文物，这种情况下的水遗应当暂由中国相关部门采取“就地”原则保护起来，其所有权应该辨明后再作决定。另一种是已经探明并打捞后，根据现有科技和考古知识都无法辨明文物起源的，可以根据水下文化遗产所在地（埋藏地）推定起源，因此判定起源不明的水下遗产所有权应由中国获得。根据对等原则，关于在他国内水、群岛水域和领海内起源的中国水遗的所有权问题，如果按照现行的《水下文物保护条例》的规定，我国也尊重外国在其内水、领海内发现的起源于中国的文物，那么应当尊重该区域内水下遗产的既得权。然而国际社会对内水或领海内起源于他国的水遗的做法并非如此。如 1989 年的 The CSS Alabama 案[1]和 1972 年的 V. O. C Shipwreck Batavia 案[2]。

再次，关于“起源不明的水下文物”或“起源于外国的水下文物”所有权的规定不尽合理。根据物的产生是获得物的所有权最基本的原则，判断不同水域水遗所有权应区分如下情况：关于在我国内水、领海辨明的起源于国外某国的水下文化遗产如何处理的问题，《水遗公约》和 1982 年《海洋法公约》第 149 条、第 136 条表明，应该尊重起源国的权利。我国虽然不是《水遗公约》的成员国，却是《海洋法公约》的成员国。在我国内水和领海内发现的外国军用船舶和航空器，应当享有主权豁免。而关于在我国毗连区和经济专属区的起源于他国的文物，根据《海洋法公约》第 303 条第 2 款规定，不得擅自将沿海国毗连区海床内的水下文物移出。沿海国对此具有有效的管辖权，处于地理上的便利，因此，在我国毗连区和经济专属区，应当由中国获得管辖权。

另外，我国水遗保护的立法模式并没有区分不同海域水遗的管辖权限。国

---

[1] Agreement concerning the wreck of the CSS Alabama, U. S. - Fr.., Oct. 30, 1989, T. I. A. S. No. 11687.

[2] Historic Shipwrecks Act 1976, 1976 Austl. Acts No. 190, SCHEDULE 1 (Agreement Between the Netherlands and Australia Concerning Old Dutch Shipwrecks.

际海洋法中，临海国对不同水域的管辖不同。例如，临海国对内水、领海拥有绝对管辖权，对毗连区、经济专属区拥有限制管辖权，对200海里外的大陆架有主张其管辖权的权利等。我国有关专属经济区和大陆架的法律——1998年实施的《专属经济区和大陆架法》——仅对自然资源的权属和管辖权问题有明确规定："我国拥有授权和管理为一切目的在大陆架上进行钻探的专属权利"，但该法并未包括水下文化遗产活动。而水遗的勘探和发掘仍然需要进行考古钻探，由此可以推测该钻探专属权也由我国有关主管机关授权和管理。

总之，不同的国际水域赋予了临海国不同的权利限制。我国《水下文物保护条例》缺少相应的规定，会造成水遗在不同领域发现、发掘、保护、管理的不便。因此，应该采取国际水遗的立法理念，对水遗采取"区别保护"，对不同水域、不同来源国的水遗采取不同的保护措施。

5.1.3 坚持"非商业性打捞"立法原则

商业性打捞是我国破坏水遗最为严重的因素。"泰兴号"（Tek Sing）沉船❶就是商业性打捞毁坏水遗历史文化价值的典型。这艘日后被誉为"东方泰坦尼克号"的中国清代平底帆船，装载了大量清代德化青白瓷和牙白瓷、水银、六分仪、袖珍手表、火炮、硬币等。直到打捞了3个月后，印尼海军才发现迈克·哈彻打捞沉船的手续是假的，欲通缉他时，他已经仓皇逃跑。但在打捞过程中，为了追求更大的经济利益，他们将其余被打捞上来的65万件品相一般的古瓷敲碎推入海里，只将30多万件瓷器在德国的斯图加特拍卖，后又在澳大利亚、亚洲、欧洲和北美的11个城市巡回拍卖。哈彻根本不在乎这艘沉船的遗存是最大海难之一的见证这一事实（当时沉船载有大约1500人全部随船沉入深海，比泰坦尼克号邮轮沉没时的罹难人数还多），也不在乎保护沉船的历史价值，对沉船毁坏殆尽。而我国德化县政府，作为瓷器制造者的后人，只通过中国驻德机构在拍卖会上买回了其中的72件普通瓷器。而通过各方努力，2011年1月"泰兴号"古瓷才首次归国展出。

由我国《水下文物保护条例》第7条可知，我国是肯定"非商业性打捞"原则的。该条例在第7条关于水遗的发掘的开发特许和登记注册制度中规定，水下文物的考古勘探和发掘活动应当"以文物保护和科学研究为目的"。但从

---

❶ 林文荣."泰兴号"沉船打捞揭秘［N］.福建日报，2008-08-28（11）.

完善水下文化遗产法律制度的角度来讲，应明确“非商业性打捞”原则为水遗法律保护的基本原则，避免出现在尊重“文物保护和科学研究”的基础上的商业打捞行为，就如早期对“泰坦尼克号”沉船的打捞（详见本书第三章第 3.3.2 节），这是外国打捞者境外打捞惯用的伎俩。

另外，我国的《海商法》在原则和目的上与 1989 年《国际救助公约》相似，其原则是最大限度地保护海上沉没船只和货物的商业价值，而非“考古、艺术价值”。这不符合水下文化遗产的保护原则，也不符合国际水下文化遗产保护法的原则，我国应参考《水遗公约》第 4 条的表述，排除不适合国际水遗打捞的其他国际法。因此，应在《水下文物保护条例》中明确规定：“《海商法》不适用于开发本公约所指的水下文化遗产的活动，除非确保任何打捞出来的水下文化遗产都能得到最大限度的保护。”

5.1.4　完善水下文化遗产特有法律制度

只有完善的法律制度才能为水下文化遗产的管理体制提供有效依据。因此，应针对我国水下文化遗产特有法律制度存在的问题，借鉴其他国家在水遗法律制度上的优势，提出完善建议。

我国水遗特有制度的第一个问题是水遗报告制度和发掘制度。我国没有针对水遗不报的藏匿处罚制度，也没有针对水遗报告的奖励制度。而我国的发掘制度虽然可以使国家完全掌握水遗发掘权，但水遗发掘相比于陆上发掘耗资更大，除了国家需要投入大量人力、物力外，更需要先进的发掘和保护技术的支持。如何在借鉴私人打捞公司、国外先进打捞经验的同时，保护水遗的历史、文化价值，对之进行“科学”的发掘和保护呢？本书第三章第 3.2 节中法国的报告奖励制度和印尼的不报惩罚制度给我们提供了借鉴。由于水遗的发现及破坏都远离陆地并不易被他人察觉，应当在水遗发现环节设立行为规范导向，对于个人、组织无意发现的水遗，应采取报告奖励制度和藏匿处罚制度，奖惩措施还须具有多样性。在确保国家对水遗的所有权的前提下，可以采取奖金奖励、提供相关水下遗址发掘和保护的工作等方式。奖励机制可以鼓励公众积极参与并维护水遗保护的行动，此外，需要明确水遗报告的时间，以确保水遗尽可能少处于危险境地。最后，将奖惩措施引入水遗的发掘和打捞过程中，可以吸引国外先进的打捞经验。而对发掘不报的藏匿行为，需要增设处罚制度。

现有行政经济处罚过轻，《水下文物保护条例》第 10 条规定，对实施水下文物考古勘探或者发掘活动违反行政规定的，可以处以1000元至10000元的罚款。从国内外水遗发掘的情况来看，未按照考古科学性进行水遗发掘而造成的水遗破坏的经济损失，远远高于《水下文物保护条例》规定的10000元。其次，确立对于水遗藏匿的处罚。水遗发掘是水遗保护的第一步，只有及时通报有关部门，才能建立起保护措施。因此，建议针对发现水遗不报的行为，应给予行政经济处罚或采取其他合理的行政处罚措施。

第二个问题是水遗主管机关的竞合。由第二章第2.2.3节分析可知，首先是发掘的主管机关的竞合问题。《水下文物保护条例》规定的打捞发掘我国境内水下文化遗产的主管机关是国家文物局，而《海上交通安全法》中规定的主管机关是“港务监督机构”。对此，应修订《水下文物保护条例》，规定港务监督机构对我国港口、内水、领海、毗连区、专属经济区、大陆架内航道里的沉船沉物拥有管辖权，但涉及100年以上（或具有重大历史文化价值）的沉船沉物应报请相应的文物管理机关，共同协商打捞事宜。其次是水遗保护主管机关竞合问题。我国法律尚未解决水遗主管机关竞合的问题，即文物行政主管机关和海上交通安全主管机关的竞合问题。从我国地方立法的趋势和司法实践来看，都表明了应确立文物部门对水遗保护施行主要职责；但在海上，当水下文物遭到破坏时，应赋予中国海监等部门保护水遗不受毁坏的职责。福建漳州水遗安全监控试点❶的成功表明了水遗监管的大部分执法工作都要依赖边防、公安的协助。《福建省文物保护管理条例》已赋予军区、海防、渔业、公安各部门配合水遗保护的义务及权力。此外，2012年国家文物局与国家海洋局签订了水遗保护的合作计划：计划开展联合执法工作，文物局依托“中国海监”各级机构参与水遗保护的执法检查行动。因此，应赋予有能力对非法打捞、破坏和走私水遗采取措施的国家机关监管水遗的权力。总之，应修改《水下文物保护条例》中关于水遗监管主体的规定，赋予海监、军区、海防、渔业、公安各部门通力合作、联合执法的权力。这样做就可以利用渔业部门对渔船实施及时定位的监控权（渔船AIS系统），在有水下遗址的海域，利用海洋渔业局短信呼叫平台对渔民进行宣传和警告；利用公安部门的监控权，采取报警、防控、管理为一体的治安监控系统，在港口和距离水遗最近的岸边安装24小时监控设备，对有水遗海域进行监控；需要时，也可以使用军队的雷达

---

❶ 蔡岩红. 我国水下文物盗捞呈集团化公司化趋势［N］. 法制日报，2011-12-15（12）.

系统，对水遗分布区进行实时雷达扫描监控，并上报军区司令部。可见，文物部门只有与当地渔业、边防、公安通力合作，才能保证对水遗的司法救济。

第三个问题是考虑逐步构建我国的“水下考古准则”。对此，可以参考《水遗公约》附件《规章》这一国际公用水遗考古准则，对水下考古的一般原则、项目设计、项目筹资计划、水下考古发掘文档管理以及保存和遗址管理方法等问题做出具体规定。特别是对水遗保护的资质资格审核、项目审批流程、水遗登录、日常监控、巡查、经费管理等方面加以规范，在确保国家在水遗保护工作中的主导作用下，促进水遗保护的科学化、规范化。

第四个问题是水遗监管力度及执法能力。对此，应在加入《水遗公约》后，利用公约规定的临海国有权在毗连区进行水遗保护和管理的权利，与海警、解放军观察站、文物管理、工商、海洋渔业等部门通力协调执法，依法监管水下文化遗产，尽早对从辽宁至海南岛的广大海域实行全面监控。

5.2 创设水下文化遗产权

由前文可知，我国现有的《水下文物保护条例》中的所有权保护模式无法消解与水下文化遗产之间的根本矛盾，现有其他法律制度未能有效保护我国水下文化遗产，各有缺陷。因此，必须从水下文化遗产的本质特点出发，本着整体性保护的原则，构建水下文化遗产专门的法律保护制度，而该法律制度产生效能的关键在于将水下文化遗产作为一种新型权利客体，创设一种新型权利——“水下文化遗产权”。通过法律明晰主体间的权利义务关系，约束某些行为并激励某些行为，这样才能调整社会水遗秩序，维护水遗管理和保护的公平正义。因此，界定水下文化遗产权的性质，确立水下文化遗产立法的基本价值取向，以便更好地协调水下文化遗产，保护各方权益，以及国家采取相应的保护手段，都需要确立“水下文化遗产权”并加以解析。

5.2.1 水下文化遗产权利属性

水下文化遗产权利属性是国内法甚至国际法中的新问题，界定水遗权是公权、私权或其他权利，首先要明确“公权”“私权”的概念。最早提出公法、私法划分的是古罗马法学家乌尔比安。而后，查士丁尼编写的《法学阶梯》

沿袭了此观点，指出“公法涉及罗马帝国政体，私法涉及个人利益”。此后，世界各地法学家关于公私权的划分标准众说纷纭。

界定公权与私权的划分不在于主体是公还是私，国家可以在私法关系中享有私权，而私人同样可以在公法关系中享有公权。对此，应当依照权利所维护的基本利益作为区分依据。❶ 公权是为保护公共利益而设定的由公法来保证的权利，而私权则是为保护私人利益而设定的由私法来保障的权利。

因此，公共利益成为明确水遗权利属性的关键。公共利益是政治学、法学、经济学、社会学和公共管理学都关注和使用的一个重要词汇。《公共政策词典》对公共利益做了如下定义：“它是指社会或国家占绝对地位的集体利益，而不是某个狭隘或专门行业的利益。公共利益基于这样一种思想，即公共政策应该最终提高大家的福利而不只是几个人的福利。”❷ 公共利益是不确定多数人的利益，“不确定性”既表现为利益内容的不确定性，也表现为受益对象的不确定性，随着人们思想观念的转变以及客观社会的发展而呈现不同的内容。

那么水遗是否成为客观社会发展呈现的新内容？从庞德对法律所保护的公共利益的内容的分析可知，水遗属于公共利益范畴。庞德认为公共利益包括：社会的总体安全（社会秩序、社会稳定、经济秩序等）、社会体制（防卫社会生活的基本体制，包括家庭体制、宗教体制、政治体制、经济体制的安全等）、基本道德（如诚实、不贪污受贿等）、保护社会资源（自然资源、人力资源）、发展（经济发展、政治发展、文化发展）和按照社会标准所过的个人生活（个人自我主张，公平或合理的政治、文化、社会、经济的机会，个人的生活条件）。❸ 由庞德所分析的“公共利益”的内容可见，水遗属于不可再生的文化资源，具有社会共享性，应为社会上不特定的多数人所共享；水遗体现个人的文化权利，具有区域性，体现特定群体的文化、历史属性。从权利指向的利益来看，水遗权属于公共利益范畴，是社会客观发展的新内容。在全球化背景下，水遗权应是公权力范畴中的一种具体权利，水遗权的行使应当基于公共利益的需要。

5.2.2 水下文化遗产权与相关权利辨析

界定了水遗权的公权属性后，还应该明确水遗权和其他权利的联系与区

---

❶ 上官丕亮．论公法与公权力［J］．上海大学学报（社科版），2007（3）：67-69.

❷ E. R. 克鲁斯克，BM. 杰克逊（美）．公共政策词典［Z］．上海：上海远东出版社，1992：30.

❸ 张乃根．西方法哲学史纲［M］．北京：中国政法大学出版社，1993：304.

别，确定水遗权在法权体系中的地位，以更为有效地理解水遗权。

(1)“水下文化遗产权”与“文化遗产权”的区别与融合

国内有学者认为，不论什么形态的文化遗产，都应该采用统一的“文化遗产权”[1]。文化遗产权是“新的民事权利类型，指个人、团体及国家等权利主体对文化遗产的享用、继承及发展的权利”。其中，享用包括对文化遗产的接触、欣赏、占有、适用等处分权利；发展包括主体对文化遗产的演绎、创新和改造。同时，其认为文化遗产权不应该按照遗产类型区分为不同的文化遗产权，不存在“物质文化遗产权”“非物质文化遗产权”的说法。因此，文化遗产权本身是一种法律资格，这种资格无所谓“有形”“无形”“水下”之分。

国内另有些学者认为，文化遗产权应分为不同类型，如“物质文化遗产权”“非物质文化遗产权”。[2] 其中，非物质文化遗产权近几年被广泛讨论，有的学者认为非物质文化遗产权是一种有别于知识产权的新的民事权利类型[3]；也有的学者认为非物质文化遗产权是有别于公权、私权之外的一种“社会权”[4]。

水遗权的确具有文化遗产权的一般属性。水遗具有文化遗产不可再生的稀缺资源属性。水遗是国家和民族世代传承的、珍贵的、不可再生的、易灭失的遗产。其只有在国家的精心保护下，经过几代人的传承才得以流传。特别是在海上打捞的全球化背景下，水遗已经非常脆弱，极易遭到人为破坏。由于很多水遗具有相当高的经济价值，如果不以公共利益为目的来制定并行使水下文化遗产权，就可能使水遗由于打捞者个人或团体的商业行为而遭到破坏。

水下文化遗产权是新的权利义务种类，不属于文化遗产权。因为法律上的“权利”是法律关系主体能够做出或者不做出一定行为，以及要求他人相应做出或不做出一定行为的许可与保障。[5] 按照权利客体即遗产类型区分不同的文化遗产权，存在“物质文化遗产权”“非物质文化遗产权”的说法。因此，对于“文化遗产权本身是一种法律资格，这种资格无所谓有形、无形之分”的观点，笔者也就不敢苟同。

---

[1] 王云霞. 论文化遗产权［J］. 中国人民大学学报，2011（2）：20.

[2] 刑鸿飞，杨婧. 文化遗产权利的公益透视［J］. 河北法学，2005（4）：71.

[3] 韩小兵. 非物质文化遗产权——一种超越知识产权的新型民事权利［J］. 法学杂志，2011（1）：35.

[4] 周方. 传统知识权的法律界定［J］. 西安交通大学学报（社科版），2011（31）：91.

[5] 法学卷编委会. 中国大百科全书（法学卷）［G］. 北京：中国大百科全书出版社，1984：485.

（2）水下文化遗产权具有人权的文化权利属性

二战后，随着人权观念的发展，文化权利被分离出来而单独作为人权的一个重要方面，渐渐具体化在各类人权公约中。1946 年《世界人权宣言》最早把人权细化到文化权利，第 27 条规定：“（A）人人有权自由参加社会的文化生活，享受艺术，并分享科学进步及其产生的福利。（B）人人以由于他所创作的任何科学、文学或美术作品而产生的精神的和物质的利益，有享受保护的权利。”1966 年《经济、社会和文化权利国际公约》进一步把《世界人权宣言》中的文化权利由宣言形式变为条约形式，第 1 条规定：“所有人民都有自决权。他们凭这种权利自由决定他们的政治地位，并自由谋求他们的经济、社会和文化的发展。”从此以后，源于美国《独立宣言》（1776 年）和法国《人权宣言》（1789 年）的人权概念，就正式以文化权利（和经济权利、政治权利三方面）的内容为世界各国所认可。随后，文化权利进一步具体化到各类区域性人权公约和特定人群的人权公约中，如 1951 年《消除一切形式种族歧视国际公约》第 6 条规定，“禁止并消除一切形式种族歧视，保证人人有不分种族、肤色或民族或人种在法律上一律平等的权利，尤其得享有……文化权利”。1981 年《非洲人权和民族权宪章》第 22 条规定，“一切民族均享有经济、社会和文化的发展权”。1989 年《联合国儿童权利公约》中也有相关规定。到 21 世纪，文化权利进一步体现在保护文化遗产和文化多样性的国际公约中，如 2001 年《欧洲视听觉遗产保护公约》前言中考虑到“欧洲遗产反映其民族的文化同一性和多样性”[1]；2003 年 UNESCO《保护非物质文化遗产公约》[2]、2005 年《保护和促进文化表达多样性公约》第 2 条的指导原则中规定了尊重人权和基本自由原则，确保个人可以选择文化表现形式，这样才能保护和促进文化多样性。

可见，水下文化遗产权具有人权中的文化权利属性。每个民族、每个公民都有权利参与到本民族的水下文化遗产生活中，欣赏它、保护它、拥有它、享受它带来的审美愉悦和精神盛宴，这是国际法保护的最基本的人权内容——文

[1] European Convention for the Protection of the Audiovisual Heritage 2001, Council of Europe Treaty Series (COETS) 6 [Z], Strasbourg.

[2] UNESCO《保护非物质文化遗产公约》里通过定义“非物质文化遗产”揭示了文化遗产保护是为了各民族自身的文化认同感提供持久保护。公约第 2 条：“这种非物质文化遗产世代相传，在各社区和群体适应周围环境以及与自然和历史的互动中，被不断地再创造，为这些社区和群体提供认同感和持续感，从而增强对文化多样性和人类创造力的尊重。”

化权利，因而水下文化遗产权利有文化权利的属性。

（3）水下文化遗产权具有国家主权的文化主权属性

相比于传统的政治主权概念，文化主权是全球化时代国际关系中出现的新概念、新主张，是以文化为主体的权力，是表现在文化上的国家主权，属于国家最高权力的一部分。文化主权的概念被国际社会认可和接受。加拿大、伊斯兰国家以及印度等制定了相应的保护文化主权的文化政策[1]，抵御他国文化冲击，防止外来文化垄断本国文化市场，以维护自身文化的自主性和独立性。各国积极投身于国际社会文化遗产的国际合作及多边交流，这都是履行其文化主权的表现。中国文联书记处书记白庚胜先生对文化主权的定义更具体，他认为文化主权包括四个部分的基本内容：创造发明权、所有权、优先享受权、阐释权。[2]

水下文化遗产承载着一个民族或一个国家特定的文化价值和习惯，特别是那些被民族、国家认为是文化灵魂的水下遗产，如英国海岸 4000 年前巨石阵、以色列恺撒利亚港遗迹、世界第七大奇观、埃及的亚历山大灯塔、中国重庆 1400 年前的白鹤梁水下遗址等。所以，当现代民族国家将水下文化遗产中所蕴含的本民族文化的习惯、信仰和价值上升为国家意志时，国家就对这些本民族水下文化遗产拥有最高和独立的权力，因而水下文化遗产权具有文化主权的属性。

文化主权体现在对内和对外两个方面。对内的文化主权是指一国在保护和弘扬本民族文化教育方面的权力，是维护传统文化和民族精神的现实力量。对外的文化主权关系到一个民族的政治主权的独立地位，可以看作与政治权力和权威联系在一起的那部分价值和信仰观念。因此，一方面，国家只有保护和弘扬本国水下文化遗产，发挥其教育功能，才能维护好本国传统文化和民族精神，充分发挥对内文化主权；另一方面，国家只有保护好属于本国领海的水下文化遗产，行使水下文化遗产的对外文化主权，才能更好地体现本国民族文化特性方面最高的排他权力，体现政治主权的权威性。

可见，水下文化遗产将文化主权对内、对外的性质特点体现得淋漓尽致。一个国家只有培养民族对水下文化遗产的自尊心、自豪感，才能加强其对自身

---

[1] Anne F Bayefsky. Cultural sovereignty, relativism, and international human rights: new excuses for old strategies ［J］. Ratio Juris, 1996 (8): 42-59.

[2] 白庚胜，牛锐. 文化主权与国家安全 ［N］. 中国民族报，2009-08-28 (5).

价值的认同，才能维护自己国家独立的政治主权，而只有保证一个国家对外的水下文化遗产主权，才能促进和发展一个国家对内的水下文化遗产教育能力。

（4）水下文化遗产权具有环境权属性

国际法中的环境权起源于20世纪70年代，瑞典斯德哥尔摩召开的联合国人类环境会议上所发表的《人类环境宣言》正式确立了环境权，即“人类有在一种能够过尊严和福利的生活环境中享有自由、平等和充足的生活条件的基本权利，并负有保证和改善这一代和世世代代的环境的庄严责任”❶。

我国蔡守秋教授认为，“环境权是环境法律关系主体就其赖以生存、发展的环境所享有的基本权利和承担的基本义务”❷。环境权的客体是环境，我国《中华人民共和国环境保护法》第2条对环境做出了界定：“本法所称环境，是指影响人类生存和发展的各种天然的和经过人工改造的自然因素的总体，包括大气、水、海洋、土地、矿藏、森林、草原、野生生物、自然遗迹、人文遗迹、自然保护区、风景名胜区、城市和乡村等。”可见，环境包括自然环境和人文环境（社会环境）两方面。吕忠梅教授细化了环境权的内容，认为包括“日照权、眺望权、景观权、宁静权、嫌烟权、亲水权、清洁水权、清洁空气权、公园利用权、历史性环境权等”❸。

而水下文化遗产作为独立新型文化遗产的类型，属于“人文遗迹”类的“环境”，此外，水下文化遗产特别是不可移动水下文化遗产与环境密不可分的特性，使得水下文化遗产保护需要顾及环境保护，即“充分确保不过度扰乱海底和海洋生物现状”（《规章》第29条）。因此，水下文化遗产权是一种历史性环境权，属于环境权。

水下文化遗产权既有文化权利的人权属性，又体现了国家的文化主权，还具有环境权的特点，因此，应作为一种新型的独立的文化遗产权。

5.2.3 水下文化遗产权产生的客观要求

水下文化遗产属于文化遗产细化后的新类型，它的产生是社会发展的需要，是国际法文化遗产保护的新领域。

---

❶ 董云虎，刘武萍. 世界人权约法总览［M］. 成都：四川人民出版社，1991：1404.

❷ 蔡守秋. 环境政策法律问题研究［M］. 武汉：武汉大学出版社，1999：82.

❸ 吕忠梅. 环境法新视野［M］. 北京：中国政法大学出版社，2000：125.

法哲学家按照权利的运行将权利分为三个阶段。❶ 第一阶段是权利的潜在阶段，即权利尚未展现的状态，与此相对应的权利可称之为“应有权利”。马克思认为：“各种最自由的立法在处理私权方面，只限于把已有的权利固定起来并把它们提升为某种具有普遍意义的东西，而在没有这些权利的地方，它们也不会制定这些权利。”❷ 第二阶段是权利的表露阶段，即权利处于一种表现的、外露的、展开的状态，它是通过立法对应有权利的规定和确认，称之为“法定权利”。第三阶段是权利的现实阶段，也就是权利在社会生活中的具体实现、落实阶段，称之为“现实权利”。

可见，社会冲突产生权利意识，进而产生权利的确认和分配。任何新权利的产生都是“应有权利”变为“法定权利”，从而实现“现实权利”的过程。社会发生冲突时产生权利，没有冲突就没有权利。就像至今没有一项民事权利是保护公民呼吸空气的——“空气吸入权”，因为至今人类没有在呼吸空气上发生冲突，没人因他人吸入空气而受到侵害或侵犯。

然而人类日益破坏水下文化遗产，特别是世界各地的商业性打捞破坏了水遗，当人类不能再按照本能和技术条件获取和利用水遗时，“水下文化遗产权”就发展成了法定权利，对此，人类就应当设立规则来解决冲突，确认权利并分配权利的使用。

5.2.4　水下文化遗产权的法律关系

在上述分析的基础上，研究水遗法律关系成为必要和可能，以明确水遗权内部的逻辑结构。从法理学出发，法律关系应当包括主体、客体和内容三要素。水遗权是基于水下文化遗产而建立，以下分别阐述其主体、客体、内容。

（1）主体

水下文化遗产权的主体应当是产生、传承水下遗产的个体、组织和国家，但水遗主体对水遗的保护责任不同。

个体、其他组织是水遗的主体。每个人都有依法保护水遗的义务，特别是从事海上活动的个体、海商船舶等。各国在其国内保护文化遗产的法律中都有

---

❶ 杨春福．权利法哲学研究导论［M］．南京：南京大学出版社，2000：104-108.

❷ 马克思，恩格斯．马克思恩格斯全集［M］．第 1 卷．北京：人民出版社，1995：250.

相似规定[1]，我国体现在《文物保护法》第 7 条，及“一切机关、组织和个人都有依法保护文物的义务”。此外，《水遗公约》发展了个体作为水遗保护的主体的内容。公约第 16 条规定：“缔约国应采取一切可行的措施，以确保其国民和悬挂其国旗的船只不进行任何不符合本公约的水下文化遗产的开发活动。”《水遗公约》特别规定了国家管辖权外海域内个人的水遗保护义务——水遗报告义务（第 9 条、第 11 条）。可见，个人除了依照法律规定的方式和要求保护好自己国家的水遗外，还要尊重和保护好他国的水遗，不得侵犯和破坏他国的水遗。

需要注意的是，这里说的个体是普遍意义上的公民、抽象个体的文化权利及义务，并不指遗产的创造者。虽然要尊重遗产的创造者，特别是沉船内发现的遗物。遗产的创造者似乎应该是水遗的主体，但对于沉没 100 年以上的水下文化遗产来说，即使百年前在某商船上的某铜器属于某国某人的私人财产，但沉没海底百年后，它所体现的特定历史文明的意义更多的是属于制造它的某个群体的民族性和区域性。

所以，水遗的主体应依法能够享有权利并承担义务。而国家具有水遗所有人的法律资格，是水遗权的另一个重要主体。国家可以更好地管理和维护祖先留给我们及未来子嗣共享的文化资源，因此应本着整体利益，制定并完善水遗保护的政策和法律，也应建立相关专业机构妥善保护和管理水遗，使水遗的内涵得以弘扬和传承。

国家不但承担了水遗保护对内责任，也被公认为是水遗保护的国际法主体。作为国际海洋法一般原则的《海洋法公约》，认可了国家作为水下文化遗产主体的义务。其第 303 条第 1 款规定了“各国有义务保护在海洋发现的考古和历史性文物，并应为此目的进行合作”，这点也反映在《水遗公约》第 7 条所规定的缔约国有管理和批准开发其内水、群岛水域和领海内的水遗活动的专属权利。各国在国内法中都认可国家对其领土内文化遗产所享有的发掘、保护、管理等权利，也承认国家对领土内特殊遗产的所有权。

（2）客体

法律关系的客体，就是法律关系主体间权利和义务所指向的对象，是连接

---

[1] 例如中国台湾地区所谓的“文化遗产保护法”（1982）；英国《沉船法案》（1973）、美国《抛弃沉船法案》（1979）、澳大利亚《历史沉船法》（1976）、法国《关于海洋文化财产的法律》（1989）、西班牙《文化遗产法》（1985）、瑞典《文物法案》（1988）等。

法律关系主体的权利和义务的中介，包括物、非物质财富、行为三类。法律关系的客体在不同部门法律关系中具体也不同。如在经济法中，法律关系的客体包括“经济规制和调控行为、与规制和调控因素有直接关系的物、智力成果、经济信息”[1]。王利明教授则概括为：“物是物权法律关系的客体，债权法律关系的客体是行为，人身法律关系的客体是人身利益，知识产权法律关系的客体是智力成果。”[2] 因此，水遗保护法律关系的客体，是指水遗保护法律关系主体享有权利、承担义务所指向的对象，主要包括水遗本身（物）、水遗保护行为。

水遗保护行为要素，主要是主体在依法规范保护水遗过程中进行的外部活动，包括规划、申报、修缮、管理、监督等一系列活动。由于水遗保护法律关系的主体是多元的，其产生的保护行为必然是多样化的，包括行政行为、民事行为、刑事行为等。

水遗本身（物）是水下文化遗产权的客体最主要的要素，本书第四章第 4.1.2 节已对水下文化遗产的概念、分类和价值进行了阐述，此处不再赘述。

（3）内容

权利的内在价值是法律赋予一个权利效力的基础，符合“应有权利”。水遗权的内容既应该体现文化遗产权的一般性，也应区别于其他类型的文化遗产权。从水下文化遗产保存、传承、利用、发展各阶段的实际保护需要来看，水下文化遗产权应当包括以实物为基础的权利，还应当包括水遗的保护权和发展权。

①水遗的所有权：虽然由上文可知，水遗的所有权归属判定很困难，但在法理上，水遗所有权应包括水遗的占有权、使用权及经营权。需要注意的是，不应对水遗进行商业性打捞，因此，水遗权不包括以营利为目的的商业经营权，水遗的所有者不应以水遗的占有、使用、谋取利益为目的。此外，水遗的地理位置及特性使水遗所有者不一定享有完整的所有权。通常情况下，协调国拥有水遗的使用权；临海国拥有水遗的占有权；而水遗的保护、开发管理则须协商决定。此外，多数国家对可移动水遗采取严格的出口限制措施，而对于不可移动水遗，如水下遗址，则设定具体的修缮、维护责任。我国也是如此，如

---

[1] 冯宪芬，马治国．经济法［M］．西安：西安交通大学出版社，2003：55.

[2] 王利明．民法［M］．北京：中国人大出版社，2000：43.

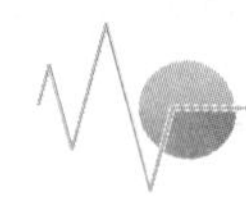

《中华人民共和国文物保护法实施细则》第15条第1款规定：“全国重点文物保护单位和国家文物局认为有必要由其审查批准的省、自治区、直辖市级文物保护单位的修缮计划和设计施工方案，由国家文物局审查批准。”

②水遗的保护权：在水下文化遗产的保护问题上，应并非简单地使用文物保护模式，国家应当在赋予水遗主体专门权利的前提下，允许水遗主体对符合水下遗产权制度要求的水遗进行发掘、保护和管理。这种保护权也体现了水遗保护的合理性、合法性及有效性。

③水遗的发展权：发展权在第三十四届联合国大会上确立为一项基本人权，是指国家、个人有平等发展并公平享有发展所带来的利益的权利。因此，水遗的发展权，是指所有国既有保护自己水遗的权利，也有传承自己水遗的权利。不同类型和处于不同情况下的各国水遗，应该根据各自的文化特点和实际情况规划保护和发展措施。任何人或组织不能阻碍、破坏水遗国发展水遗，特别要注意水遗国以合理保护水遗为目的的国际合作及交流。

④水遗的法律救济权：当水遗权利遭受不法侵害时，权利人应当有权寻求法律救济，此项权利是实现前述权利的程序保障。《海洋法公约》《水遗公约》都规定了可通过仲裁、诉讼等途径实现权利救济。

此外，国际上已经开始关注“水下非物质文化遗产”，可见水遗权也应是一个不断发展的法律权利。

由此可见，水遗权是水遗拥有者（权利的主体），基于水遗本身的意义和价值及保护人类生存和文化多样性的需要（权利的正当性），通过发表声明、提出要求、享有强制性实施的权力等手段（权利的实施），向其他国家或个人（相关义务的承担者）要求水下文化遗产（权利的客体）的一种新型权利。

5.3 构建南海水下文化遗产“合作保护”机制

南海[1]，又称南中国海（South China Sea），是东亚大陆最南的一个跨越赤道的边缘海，因位于中国东南方而得名，位于北纬23°27′至南纬3°、东经9°10′

[1] 海洋发展战略研究所. 中国海洋发展报告［R］. 北京：海洋出版社，2011：19.

至 122°10′之间的海域。南海周边有中国、越南、柬埔寨、泰国、马来西亚、新加坡、印尼、文莱和菲律宾九国。南海由于岛礁众多、分布广阔而成为古代航线的危险之地，也成为水遗集中的海域。特别是南沙群岛❶（北起雄南滩，南至曾母暗沙，东自海马滩，西到万安滩）南北长 500 多海里，东西宽 400 多海里，水域面积约 80 万平方公里，约占我国南海传统海疆线内海域面积的2/5。

本书设想在坚持我国对南海主权的前提下，在该区域建立“合作保护”机制，由我国发起并签署《南海水下文化遗产合作协议书》，并作为该区域水遗保护的“协调国”，通过数据库机制和上报机制，在维护国家主权和海洋权益的前提下，妥善处理南海水域的水遗保护问题。

5.3.1 坚持南海主权原则

中国对南海诸岛的管辖是延续不断且持续加强的。我国最早开始对南海诸岛进行行政管理的记载可追溯到唐代；到宋代时，对南海诸岛的行政划分已经明确；到明清时，南海诸岛不但是中国版图，还明确了其隶属于琼州府的管辖范围。大量中国官方文件、地方志都记载了中国历代政府对南沙群岛的管辖。❷ 20 世纪以来，一方面，我国南海诸岛遭受到不同程度的侵占，如，法国曾在 20 世纪 30 年代侵占南沙群岛 9 个岛屿，日本又在二战期间侵占了中国的南沙群岛；另一方面，中国政府一直及时采取积极措施维护主权，如，给南沙群岛及附近海域作业的渔民渔船发放中国国旗，组织对南沙群岛的历史和地理调查，由政府审定南海诸岛的群体和个体名称等。二战结束后，《开罗宣言》明确指出“日本所窃取于中国之领土，例如满洲、台湾、澎湖群岛等归还中国”。而后的《波茨坦公告》再次确认了中国从日本手中收复主权的立场。1947 年，当时的中国国民政府内政部召开会议，讨论西沙、南沙群岛范围及主权确定，随后和海军司令部尽可能地进驻南海诸岛；而方域司印制了《南海诸岛位置图》，在图上完整表明了南海海域东沙群岛、西沙群岛、中沙群岛和南沙群岛的位置和岛屿名称，并用 11 条断续线（U 型线）圈定了中国南海海域范围，这成为日后南海主权的依据。1948 年，内政部公开发行了《中华

---

❶ 海洋发展战略研究所．中国海洋发展报告［R］．北京：海洋出版社，2011：20.

❷ 关于我国对南海诸岛管辖的历史依据，详见《南海开发与安全战略》第四章第一节“历史视野下的南海诸岛主权依据”。刘锋．南海开发与安全战略［M］．学习出版社、海南出版社，2013：97-103.

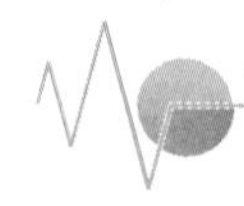

民国行政区域图》，附《南海诸岛位置图》，向国际社会宣布我国对南海诸岛及其海域的主权及管辖范围。新中国成立后，中国政府一直采取实际行动维护南海主权，对于他国破坏中国南海主权或侵占中国领土的行为，我国一直予以最及时的反抗。❶ 中国政府出版的《南海诸岛图》和《中华人民共和国全图》都同样标绘了这段断续界限（只是在1953年将“11段线”去掉北部湾两端，成为今天的“9段线”）。1958年9月4日的《中华人民共和国政府关于领海的声明》再次重申了我国对南海诸岛的领土主权范围。随后，世界各国出版的地图和文献中都承认了我国对南海水域的管辖。❷ 我国在1992年公布的《中华人民共和国临海及毗连区法》（以下简称《临海及毗连区法》）、1994年《专属经济区和大陆架法》中继续重申了我国在南海的主权权利。❸

这条9断线（U型线）是我国的传统海疆线。它不但界定了海域，也界定了岛屿归属，在该疆界线以内的所有岛礁及其附近海域都是中国领土的组成部分，这是我国一贯坚持的一条海上边界线。这条海疆线已构成历史性水域（historical water），在该疆界线以内我国拥有历史性权利（historical title）。❹ 更重要的是，《海洋法公约》承认岛礁的历史权利，即《海洋法公约》第15条的“历史性所有权”❺。此外，《海洋法公约》1994年生效，生效的公约不能

---

❶ 如1951年美英在公然排除中国的情况下，为达到美国扩张占领和侵占的要求，公布了《对日本和平条约草案》。周恩来总理在在第一时间发表了《关于美、英对日和约草案及旧金山会议的声明》，指出：“西沙群岛和南威岛正如整个南沙群岛及中沙群岛、东沙群岛一样，向为中国领土……中华人民共和国在南威岛和西沙群岛之不可侵犯的主权，不论美英对日和约草案有无规定及如何规定，均不受任何影响。”

❷ 如1963年美国出版的《维尔德麦克各国百科全书》中称：“中华人民共和国各岛屿，还包括延伸到北纬4度的南海岛屿和珊瑚礁。”1965年出版的法国《拉鲁斯国际地图》不但用法文拼音表明了西沙、南沙和东沙群岛的中国名称，而且在各岛名称后注明了属于“中国”。日本1972年出版的《世界年鉴》中写道：“中国……除大陆部分的领土外，还有海南岛、台湾、澎湖列岛及中国南海上的东沙、西沙、中沙、南沙各群岛等。”刘锋．南海开发与安全战略［M］．学习出版社、海南出版社，2013：105-106.

❸ 《临海及毗连区法》第2条：“中华人民共和国的陆地领土包括中华人民共和国大陆及其沿海岛屿、台湾及其包括钓鱼岛在内的附属各岛、澎湖列岛、东沙群岛、西沙群岛、中沙群岛、南沙群岛以及其他一切属于中华人民共和国的岛屿。”《专属经济区和大陆架法》第14条：“本法的规定不影响中华人民共和国享有的历史性权利。”

❹ 傅琨成．南（中国）海法律地位之研究［M］．台北：123资讯有限公司，1995：205-209.

❺ 《海洋法公约》第15条：“如果两国海岸彼此相向或相邻，两国中任何一国在彼此没有相反协议的情形下，均无权将其领海伸延至一条其每一点都同测算两国中每一国领海宽度的基线上最近各点距离相等的中间线以外。但如因历史性所有权或其他特殊情况而有必要按照与上述规定不同的方法划定两国领海的界限，则不适用上述规定。”

追溯既往，也不能划定历史上形成的各国主权、主权权利和海域管辖权，或对任何国家领土进行变更，因此也就无法变更现有岛屿和岛礁的主权。南海诸岛的主权均归属于我国，在任何情况下，我国对于主权问题都不会让步。我国于2009 年最后期限前，向联合国大陆架界限委员会提交了 200 海里外大陆架划界方案。❶ 而任何国家基于南海岛礁主权提出的大陆架划界主张，都是对我国南海主权的挑衅，我国对此均及时表明国家立场，积极捍卫国家主权。

可见，在南海问题上，我国在历史上和管辖上拥有无可辩驳的主权。而在新中国成立正式公布南海主权后，周边国家长期未质疑我国在南海的主权、管辖权利。直到 20 世纪 70 年代，这一切因南海水域发现丰富的石油气资源而改变。

首先，南海局势开始日渐紧张，出现了南沙群岛岛礁归属的争端。周边国家谋划将这种对岛礁的非法侵占“固化”，从而达到对南海油气能源的占有。1975 年和 1977 年，越南先后提出了对南沙和西沙群岛的主权要求❷，非法占领了我国 20 多个岛礁。而菲律宾在从 1978 年开始的 10 年间，先后采取军事行动非法占领了中业岛、马欢岛、北子岛等 9 个岛礁，将南沙群岛大部分宣布为“卡拉延群岛”，对群岛周围 6 万多平方海里的海域提出主权和管辖权主张，并宣布 200 海里专属经济区。❸ 1979 年，马来西亚将南乐暗沙等 12 岛礁划入版图。❹ 1980 年，印度尼西亚单方面宣布建立 200 海里专属经济区，侵犯到我国南海主权。❺ 1984 年，文莱对我国南通礁附近 3000 平方海里海域提出主权和管辖要求。❻

---

❶ 《中华人民共和国关于确定 200 海里以外大陆架外部界限的初步信息》：共 17 页，包括 12 条、4 个附图与 8 个附表。其中称，利用全球水深数据（GEBCO）和中国实测水深资料，编制了东海大陆架及其周边海域的海底地形图，以中国政府公布的领海基点“两兄弟屿”“渔山列岛”和“台州列岛”为量算起点选取海底地形剖面。中国在东海的大陆架自然延伸超过 200 海里，而且依据从大陆坡脚量起 60 海里确定的外部界线点没有超过从测算领海宽度的基线量起 350 海里。

❷ 1975 年西贡政府发表了《关于越南对西沙和南沙群岛主权的白皮书》，1977 年河内发表了《越南社会主义共和国关于领海、毗连区、专属经济区和俄大陆架的声明》，对南海海域提出广泛要求，并将西沙和南沙群岛宣布为越南领土。Republic of Vietnam，Vietman's Sovereignty over the Hoang Sa（Paracel）and Truong Sa（Spratly）Archipelagoes. Saigon，1975；Vietnam Courier，1977（61）：4-5.

❸ 吴士存. 南沙争端的由来与发展［M］. 北京：海洋出版社，1999：101.

❹ Day Alan J.，Border and Territorial Disputes，London：Longman，1982：126.

❺ 海洋法国际问题研究会. 中国海洋邻国海洋法规和协定选编［M］. 北京：海洋出版社，1984：101-114.

❻ 吴士存. 南沙争端的由来与发展［M］. 北京：海洋出版社，1999：132.

此外，有些国家控制的礁盘与我国控制的礁盘距离很近。例如，越南控制的鬼喊礁距离赤瓜礁仅 4 海里。而周边国家在南沙岛礁上也设有驻军：越南 2000 人，指挥部在南威岛；菲律宾 100 人左右，指挥部在中业岛；马来西亚 120 人，指挥部在弹丸礁。而越南和菲律宾在所占岛礁还建有机场。

其次，海洋划界争端也是南海局势紧张的核心。自 20 世纪 70 年代开始升温的南海大陆架划界问题，在《海洋法公约》在南海海域适用后变得更为复杂。这是因为 UNCLOS 规定："如果从测算领海宽度的基线量起到大陆边的外缘距离不到 200 海里，则扩展到 200 海里的距离。"这对大陆架较窄的国家非常有利。南海周边国家也正是基于此，对南沙群岛提出主权诉求。按照这个要求，南沙群岛大部分都分别在其 200 海里专属经济区之内，有些部分还彼此重叠。2009 年，南海周边一些国家单方面宣布 200 海里的专属经济区或大陆架的主张均不同程度地侵入了我国的传统海疆线。

最后，南沙群岛岛礁归属的争议和海洋划界争端，核心是对南海能源的考量。石油资源、天然气资源是南海周边诸国争议的实质。自 1968 年以来，马来西亚作为最早掠夺中国南海石油的国家，年产石油 3000 万吨以上，石油出口总值超过其国民生产总值的 20%。[1] 而以 2001 年菲律宾在巴拉望岛东部南海海湾投产的"马兰帕亚天然气田"[2] 为例，这是菲律宾迄今最大的工业项目，由此开采的天然气可满足菲律宾吕宋岛 40% 的电力需求。仅 2011 年，菲律宾政府就从该天然气田得到 11 亿美元收益。

21 世纪以来，中国南海冲突越演越烈，形式也更多样化，但说到底还是以争夺石油气资源为本的主权争议。例如，2014 年 6 月 5 日，菲律宾将中国告到荷兰国际仲裁法庭。菲律宾此次的核心诉求有两个：一个诉求是关于 9 段线的合法性问题；另一个是关于南海某些岛礁的界定。这 4000 多页的诉状看似和岛礁归属、海洋划界无关；但其实恰是企图指控中国在南海的 U 型线无效，以及中国在南海占领的岛礁不存在海事权利或仅部分存在海事权利，从而合法化菲律宾在南海占领的岛礁主权权利，以达到管辖其所占岛礁拥有的 200 海里的大陆架上或专属经济区的油气资源的目的。

---

[1] 吴士存．纵论南沙争端［M］．海南：海南出版社，2005：170.

[2] 张明．黄岩岛之后［N］．北京：中国新闻周刊，2012（19）：29.

我国的断续线早在 UNCLOS 诞生前就形成了，断续线之内是中国确立的固有领土，任何国家不能依据后来产生的国际公约侵入我国固有领土范围来主张权利。主张专属经济区，需要尊重别国领土主权，这是国际法最基本的一般法律原则。

5.3.2　构建“合作保护”机制的必要性

（1）现实必要性

随着南海争议的升温，一些周边国家也在蓄意破坏中国南海水下遗址，意图销毁中国有关南海主权的历史证据。2011 年，有媒体报道：“位于中沙群岛黄岩岛附近海底的一艘明代沉船就遭到外籍轮船的破坏。海南渔民曾见过两艘 2000 多吨的外籍轮船在明代沉船遗址处轮番作业，进行盗掘和破坏。”❶

在我国南海水域，特别是南沙群岛内发现的我国水遗，也是捍卫我国南海主权的有力佐证。一方面，我国在南海发现了不少我国的水下文化遗产。中央民族大学王恒杰在南沙调查，在 7 处海礁发现了一批自六朝至明清不同时期的我国的沉船、遗物❷：①郑和群礁。这里出水了秦汉六朝时期的陶片和五铢钱、唐代“开元通宝”、宋元福建民窑的仿龙泉窑青瓷碗和明清的瓷器、铁锚，特别是清代船家留下的墓碑、神庙、水井等。②道明礁。这里有六朝陶片、明代青花瓷。③永登暗沙。这里出水了唐代四系陶罐等。④福禄暗礁。这里出水了“大德元宝”钱币，还有清代青花瓷。⑤大现暗礁。这里出水了宋元明清的瓷器。⑥皇路礁。这里出水了钱币、瓷器。⑦南通暗礁。这里出水了宋元明清的瓷器。此外，1995 年，我国台湾地区“中研院历史语言研究所”陈忠玉教授在郑和群礁中最大的岛屿太平岛也勘察到了清代船家的墓碑。❸

另一方面，东南亚各国在南海水域也都发现了起源于中国的沉船。1985 年菲律宾在其巴拉望岛海域找到了明代万历年间的中国瓷器商船，取名为“皇家舰长暗沙二号”（Royal Captain II）沉船，打捞出景德镇、德化窑各色瓷

❶　蔡岩红．我国水下文物盗捞呈集团化公司化趋势［N］．法制日报，2011-12-15（12）．

❷　王恒杰．南沙群岛考古调查［J］．考古，1997（9）．

❸　陈仲玉．东沙岛与南沙太平岛的考古学初步调查［J］．中央研究院历史语言研究所集刊．1997，68（2）．

器3768件。❶ 在苏禄海民都乐（Mindanao）打捞出“格里芬号”（Griffin）沉船，该船为英国东印度公司商船，在离开中国港口返航途经菲律宾时沉没，船上都是从中国出口的货物。1986年荷兰职业寻宝者迈克·哈彻率领英国打捞船在中国南海海域发现了“海尔德马尔森号”（Geldermalsen）沉船遗址，将所得瓷器进行拍卖，所获颇丰。❷ 泰国从1976年开始在帕塔亚（Pattaya）和科兰岛（Ko Lan）、科拉德岛（Ko Kradat）、西昌岛（Ko Sichang）发现的沉船沉物中，有“大明嘉靖”“大明万历”年间的瓷器。此后，菲律宾和澳大利亚合作在吕宋岛西部发掘了一系列商船遗址，有些商船上有超过50%的物品是中国宋元时期的瓷器❸。菲律宾在潘达南岛（Pandanan Island.）和巴拉望岛之间发现了中国木帆船。❹ 而越南在20世纪90年代于昆仑岛海域打捞出一艘清代中国帆船，船货都是清代物品。❺ 可见，东南亚各国的海域内都曾发现过中国商船或中国船货，但菲律宾、越南和马来西亚都和欧美打捞公司签订了打捞合作协议，采取公私合作的方式打捞沉船。商业打捞者对沉船进行了破坏性的发掘，抢夺金银和精美瓷器。

（2）法律必要性

虽然我国对南海诸岛及附近海域拥有无可争辩的主权，并对相关海域及其海床和底土享有主权权利和管辖权，但水下文化遗产的非自然资源的特殊属性，以及南海水域作为国际航道的水域特性和不容忽视的现有争议，造成了构建南海水下文化遗产“合作保护”的法律必要性。

首先，我国《专属经济区和大陆架法》第4条规定，我国拥有授权和管理为一切目的在大陆架上进行钻探的专属权利。可见，我国仅对自然资源的权

---

❶ Franck Goddio. Discovery and archaeological excavation of a 16th century trading vessel in the Philippines［M］. Lausanne：World Wide First. 1988.

❷ 郭玉军. 国际法与比较法视野下的文化遗产保护问题研究［M］. 武汉：武汉大学出版社，2011：301.

❸ 详见 Jeremy Green and Rosemary Harper. The excavation of the Pattaya Wreck site and survey of three other sites，Thailand［J］. *Australian Institute for Maritime Archaeology Special Publication*. 1983（1）. Jeremy Green，Rosemary Harper and V. Intakosi，The Kosichang one shipwreck excavation 1983-1985，A progress report［J］. *The International Journal of Nautical Archaeology*，1986（15）2.

❹ Allison I. Diem. Relics of a lost Kingdom：ceramics from the Asian maritime trade［M］. In the pearl road：Tales of treasure ship in the Philippines. Gristophe Loviny（Ed）. Manila：Asiatype Inc，：1996.

❺ Michael Flecker，Excavation of an oriental vessel of c. 1690 off Con Dao，Vietnam［J］. *The International Journal of Nautical Archaeology*，1992，（21）3：221-244.

属和管辖权问题有明确规定，并不包括水下文化遗产活动。而《水下文物保护条例》并不是按照海域不同来区分水遗管辖权限，只是聚焦水遗来源是否属于中国。该条例第2条、第3条规定，我国拥有在中国领海以外的起源于中国和起源不明的文物的管辖权，而对外国领海外或公海内起源于中国的水遗也拥有管辖权。此外，我国对于水遗法律保护，只关注来源于中国的水下文物，但水遗发现多是由于偶然因素，如我国船舶在专属经济区内发现他国的水遗，如何处理？通过何种方式通知，又该采取何种措施免于日后的诉讼争议？这种聚焦水遗所有权的规定，其实是不利于水遗保护的，缺少实际操作性。例如，即使是我国的水遗，如何在“海上丝绸之路”途经的“马六甲海峡”、地中海内行使管辖权呢？即使在中国南海，特别是南沙群岛，由于我国与东南亚其他国家存在海域划界争议，涉及巨大经济利益和地区安全问题，南海问题越来越复杂化，水遗保护从何谈起？再加上南海问题涉及中国国家主权与部分东盟国家间的双边关系，我国政府单方面坚持“搁置争议，共同开发”的主张不能解决南海问题，更不能有效地保护南海水域的水下文化遗产。

其次，关于南海内我国水遗普查工作中的法律困境。南沙诸岛、西沙、南沙海域的水下考古工作涉及部门较多，涉及问题较为敏感，文物部门应与外交部、海洋局、海军等部门协调配合。东南亚各国实际占领的岛礁不下半数，而且南沙群岛离岸较远，调查起来不方便，再加上该水域属于国际航道，占世界海运总量的一半以上，每天过往船只平均270多艘。因此，为了保证航道安全通畅，不影响国外船舶根据《海洋法》所享有的“航行自由”，中国在该水域内的勘察工作将十分敏感并受到条件限制。

最后，关于南海内我国水遗保护、打击非法打捞行为的困境。虽然我国对南海拥有无可置疑的主权，但实际上，越南、菲律宾、马来西亚等国对南海岛礁的实际占领使得我国缺少实际控制，又何谈保护措施？特别是菲律宾、印尼和马来西亚对水遗打捞采取公司合作的方式，允许商业打捞，这会肆意破坏和掠夺我国的水遗。我国《水下文物保护条例》禁止私人打捞水遗，然而我国对水遗保护在南海水域却缺乏效力。

我国一直秉承的大陆架划界的一般原则——“公平原则”的内涵本身具有弹性，在这一弹性范围内，考虑到我国的全盘外交策略、军事战略、国家利益等因素，为了更好地保护我国南海水域水遗，可以考虑暂时在南海各国重叠的主张区建立合作保护机制，保护我国乃至南海内其他各国的水遗。

5.3.3 构建“合作保护”机制

暂时在南海各国重叠的主张区建立合作保护机制，应是我国考虑与南海周边国家保护我国乃至周边其他各国水遗的妥善方法，本着稳定南海形势的战略目的，取得各方均比较满意的争端解决结果。

（1）利用我国与东盟的合作平台，签署《南海水下文化遗产合作协议书》

除中国外，其余八国均为“东南亚联盟”（东盟）的成员国，因此，应利用中国和东盟的合作平台，合作保护南海水遗。我国和东盟已建立了合作机制。2002 年，中国与东盟签署了《南中国海各方行为宣言》，这是中国与东盟就南中国海问题签订的第一个多边政治文件，承诺尊重“南海航行”和“飞越自由”等《海洋法公约》确认的国际法原则。同年签订的《中国与东盟全面经济合作框架协议》主张建立中国—东盟的自由贸易区。2005 年，《在南中国海协议区三防联合海洋地震工作协议》约定，设立 14.3 万平方公里研究评估石油资源状况。此外，中国还与东盟签署了《非传统安全领域合作宣言》《非传统安全领域合作谅解备忘录》。

建立“合作保护”机制，需要由我国发起并签署。例如，在《南海水下文化遗产合作协议书》中，应坚持中国在南海的立场：我国对南海诸岛及附近海域拥有无可争辩的主权，并对相关海域及其海床和底土、文化遗产享有主权和管辖权。

（2）我国应作为南海水域水遗保护的“协调国”

建立南海水遗“合作保护”机制，需要确立协调国。协调国是指有意愿在某特定区域——此处指南海水域——统一协调管理各国水遗保护行动的国家。协调国应根据我国与东盟签订的《南海水下文化遗产合作协议书》，协调缔约国之间的水遗保护措施，并对水下文化遗产采取统一保护；对发现的水遗进行初步研究，并通过授权方式让其他缔约国参与该区域内的水遗保护；保护应代表地区内所有缔约国的整体利益，而不应只代表本国的利益。

对此，可以借鉴《水遗公约》，在大陆架及“区域”内通过“意愿声明表”确立协调国，并约定协调国的权利。例如，我国作为协调国：

①应实施包括协调国在内的协商国一致同意的保护措施；

②必要时，应为实施保护措施而进行必要的授权，即同意由另一个缔约国来做出这些南海水域内的水遗保护；

③对南海水域水下文化遗产进行必要的初步研究，并与其他缔约国协商保护措施，保护结果应及时向相关缔约国报告；

④在南海区域，协调国有权对水域内的国家船只和飞行器采取保护措施，未经协调国协作和船旗国的同意，其他国家不得对国家船只和飞行器采取任何行动；

⑤在紧急危险情况下，协调国可采取一切可行的措施，或授权其他缔约国采取这些措施，以防止人类活动或包括抢劫在内的其他原因对水下文化遗产构成的紧急危险。

作为协调国，对位于南海水域的水遗，我国有权组织其他相关国家实施协商保护措施并授权其他国家实施；然后再由缔约国组织相关国协商针对水遗采取的措施，要求每个缔约国禁止其国民和船只从事有害于水下文化遗产的活动，进而对他国境内的中国水遗建立合作保护。

（3）建立南海水下文化遗产数据库

建立南海水遗“合作保护”机制，还需要建立水遗数据库。参考《水遗公约》对缔约国有水遗信息共享的设置，应当要求南海水域内所有《南海水下文化遗产保护协定》的缔约国在加入协定之日起，“与其他缔约国分享有关水下文化遗产的信息，包括水下文化遗产的发现、所处位置等”。而其他缔约国在不违反《南海水下文化遗产合作协议书》的情况下都可以使用该数据库，了解所有其他缔约国水遗行动的统计数据。

该数据库根据各国提供的水遗保护及活动报告组成，报告包括水遗的类型、分布、遗址特点、发现状况、开发活动（如适用）、遗址起源地、特殊价值、面临危险和主管机构。当然，《南海水下文化遗产合作协议书》的缔约国在加入协定时，可对适用的地理范围进行限定，可以规定特定的南海水域不适用本公约。

我国应该建设南海统一的水遗数字化信息平台，将水遗分布、保存和相关考古信息进行数据处理，建立起统一的数字化信息平台；也可以通过网络平台等各种传播形式，互动式地把水下文化遗产保护的相关理念、政策、知识与成果惠及南海各国，使网站成为我国水下文化遗产保护领域与国际交流和接轨的窗口。

（4）我国应建立水遗上报制度

我国应设立“南海水域水下文化遗产上报表”[1]，以作为《南海水下文化

[1] “南海水域水下文化遗产上报表”详见附录4。

遗产合作协议书》的附件。上报表应首先声明我国是南海水域水下文化遗产的“协调国”。其次，协议各国应当上报南海水域的水遗情况。缔约国应当要求其国民在从事海洋活动时，报告南海水域内有关遗产的发现和活动情况，再由该缔约国随后选择通知协调国、其他缔约国或 UNESCO。缔约国应共同做出努力，在其各自权限内，防止不适当的干预行动，并对有必要采取的干预行动加以管理。

上报制度中，报告的途径必须安全，地理信息共享只在缔约国之间。上报方式由缔约国选择，可以是邮件、邮寄或者其他认为安全的方式。

在南海建立水遗保护的国际合作体系，有利于扩大我国对水遗的管辖权，保护位于我国领海之外的中国水遗以及起源于我国的水遗免于商业打捞和破坏。虽然我国和东盟成员国都非《水遗公约》缔约国，但我国可以和东盟合作，借鉴《水遗公约》中的合作保护原则，一起拟定南海区域性的水遗保护协议——《南海水下文化遗产合作协议书》，搁浅主权争议，共同采取水遗保护行动；充分运用我国即将建立的南海水下考古中心和西沙水下考古工作站，和 2012 年 6 月刚设立的“三沙市”，建立起南海水下文化遗产保护信息资料库，为南海水遗保护和合作提供重要平台。

5.4 小结

完善我国水下文化遗产法律保护是新时期国家海洋事业、文化遗产保护工作的具体要求。只有提出水下文化遗产权，通过法律明晰主体间的权利义务关系，才能调整社会秩序，维护公平正义。在南海建立水遗国家合作保护机制，是关系国家主权和海洋战略的重要举措，南海是影响世界海洋局势发展的一个敏感海域，南海水下文化遗产法律保护势必受到国家南海海洋战略实施的影响。国际海洋形势的变化也是我国水下文化遗产保护开展国际保护合作机制的重要外因。水下文化遗产是重要的海洋资源之一，越南、印尼、马来西亚、菲律宾、美国等国家在南海的介入，目前是以自然资源为目的，但最终会觊觎文化资源。另外，各国正常的海洋事业、航运事业、水利事业的发展，加剧了各国在南海的开发与竞争形势，而南海内沉船的商业打捞和工程建设破坏水下遗址的现象也日益增多，水下文化遗产保护形势严峻。

第6章 中国水下文化遗产国际法保护对策

6.1 中国加入《水遗公约》的利弊分析

《水遗公约》自生效至今，已有48个缔约国。水下文化遗产国际法的一般法原则也在逐渐形成中，为更好地保护水下文化遗产，各国都积极投入到水遗保护的立法建设中。从非缔约国对《水遗公约》的立法态度可以看出，绝大多数水下遗产大国都在考虑加入《水遗公约》并积极修订国内立法，而暂不加入公约的国家的理由也给我国水遗保护提供了一些启示。我国应尽快加入公约，利用公约的国际合作机制，扩大我国对领海外的水遗管辖权，并针对加入《水遗公约》应注意的“保留条款”“解释性声明”“主权声明”等问题提出解决对策。

表6-1 加入《水遗公约》的国家统计表

	国家	批准日期	加入类型
1	巴拿马	2003. 05	批准
2	保加利亚	2003. 10	批准
3	克罗地亚	2004. 12	批准
4	利比亚	2005. 06	批准
5	西班牙	2005. 06	批准
6	尼日利亚	2005. 10	批准
7	立陶宛	2006. 06	批准
8	墨西哥	2006. 07	批准

续表

	国家	批准日期	加入类型
9	巴拉圭	2006.09	批准
10	葡萄牙	2006.09	批准
11	厄瓜多尔	2006.12	批准
12	乌克兰	2006.12	批准
13	黎巴嫩	2007.01	接受
14	圣卢西亚	2007.02	批准
15	罗马尼亚	2007.07	接受
16	柬埔寨	2007.11	批准
17	古巴	2008.05	批准
18	黑山共和国	2008.07	批准
19	斯洛文尼亚	2008.09	批准
20	巴巴多斯	2008.10	接受
21	格林纳达	2009.01	接受
22	突尼斯	2009.01	批准
23	阿尔巴尼亚	2009.03	批准
24	斯洛伐克	2009.03	批准
25	波斯尼亚和黑塞哥维那	2009.04	批准
26	伊朗	2009.06	批准
27	海地	2009.11	批准
28	约旦	2009.12	批准
29	圣基茨与尼维斯	2009.12	批准
30	意大利	2010.01	批准
31	加蓬	2010.02	批准
32	阿根廷	2010.07	批准
33	洪都拉斯	2010.07	批准
34	特立尼达和多巴哥共和国	2010.07	批准
35	刚果	2010.09	批准
36	圣文森特和格林纳丁斯	2010.11	批准
37	纳米比亚	2011.03	批准
38	摩洛哥	2011.06	批准
39	贝宁	2011.08	批准

续表

	国家	批准日期	加入类型
40	牙买加	2011.08	批准
41	巴勒斯坦	2011.12	批准
42	法国	2013.02	批准
43	比利时	2013.08	批准
44	安提瓜和巴布达	2013.04	批准
45	多哥共和国	2013.06	批准
46	巴林	2014.03	批准
47	匈牙利	2014.03	批准
48	圭亚那	2014.04	批准

6.1.1 外国对《水遗公约》的态度及其启示

本节对于尚未加入的国家，挑选具有典型原因的代表国进行分析，并对已经表示即将加入公约的水遗大国的国内水遗政策和对国际公约的态度进行分析，从而为我国日后考虑加入公约的可行性分析提供横向比较模型。

（1）美国

虽然美国的水遗保护采取“保护区”模式❶，但美国不加入公约的原因具有代表性。

首先是没有水遗报告制度。美国1906年的《古迹保存法案》（Antiquities Act）、1966年的《历史保护法案》（National Historic Preservation Act）、1979年的《考古资源保护法案》（Archaeological Resources Protection Act）和2005年的《沉没的军用船舰与航空法案》（Sunken Military Craft Act）涉及水遗的保护，但都没有规定水遗通报报告、发现制度，这与《水遗公约》的要求并不相符。

其次美国对水遗商业打捞与否的态度模糊。美国法院对于水下文化遗产的态度模糊，即水遗是否适用于美国《海上救助法》（The Salvage Act）。

再次，美国是文物进口大国，更是国际文物交易市场。虽然美国已和中国在内的11个国家签署了限制文物进口的双边协议，但就中美2009年签订的

❶ 详见本书第三章第3.3节。

《中华人民共和国政府和美利坚合众国政府对旧石器时代到唐末的归类考古材料以及至少250年以上的古迹雕塑和壁上艺术实施进口限制的谅解备忘录》来看，其只是对特定时期的特定文物的进口限制。总体来说，美国鼓励国内收藏国外艺术品，并通过税法❶引导国内收藏者收藏艺术品。而《水遗公约》关于“控制水遗进入领域，非法买卖和占有”的规定❷与美国文物交易政策不符，这也是美国反对《水遗公约》的原因。当然，水下文化遗产也不是美国的海洋政策的重心所在，美国更关心海上安全问题、海洋经济问题。

最后，美国加入《水遗公约》还存在技术问题。美国尚未批准《海洋法公约》，在签订《国际救助公约》时并没有对“水下文化遗产不适用的条款”即第30条第1款（d）❸ 做出保留，对《水遗公约》第4条“打捞法和打捞物法不适用于开发本公约所指的水下文化遗产的活动”草案讨论时，也设有保留意见。因此，美国加入《水遗公约》会使美国就水遗是否适用打捞法造成后订条约与前订条约规定不合的情况，而这一矛盾又不能通过保留条款解决。然而这只是技术问题。❹

（2）澳大利亚

澳大利亚尚未加入公约，但其是最早表示愿意加入公约并积极实践国际公约关于水下文化遗产保护规章的国家。在2009年《水遗公约》生效之际，澳大利亚历史沉船委员（Australian Historic Shipwreck Delegates）负责澳大利亚境内所有沉船保护项目的管理，支持《水遗公约》中的国际原则，并向澳大利亚遗址部部长提交了推荐函，希望批准该公约。而国家遗产部的官方论坛——国家遗产论坛，一直积极从事澳大利亚水遗保护的非政府合作工作，也支持澳

---

❶ 1922年颁布的《美国海关条例》在第1704条中明确写道：“进入美国的艺术品一律免税。”在美国，古董、艺术品、山水画、油画、雕刻品入关时，填写《艺术品免税申请表CF3307》（Declaration For Free Entry of Works of Art，Artistic Antiquities，Original Paintings，Stataury，Ect.）均可以免税。

❷ 第14条：“缔约国应采取措施阻止非法出口……非法打捞水下文化遗产进入其领域，进行交易。”

❸ 第30条第1款为水下文化遗产规定了保留条款：“任何国家在签字、批准、接受、核准或加入时，就……有关财产为位于海床上的具有史前的、考古的或历史价值的海上文化财产……情况可保留不适用本公约规定的权利。”

❹ 如果美国希望加入或接受《水遗公约》，方法有二：第一个方法是，一方面证明水下文化遗产适用的《国际救助公约》，另一方面证明该适用符合《水遗公约》第4条的“除外条款”——最大限度地保护了水下文化遗产并符合本公约规定；第二个方法，根据《维也纳条约法公约》对“后订条约与前订条约之规定不合之程度使两者不可能同时适用”时，指出“条约因缔结后订条约而默示终止或停止施行”（第59条第1款）。最好的解决方法之一是美国需要先退出《国际救助公约》，而后再加入《水遗公约》，随后对《国际救助公约》的第30条第1款（d）做出保留。

大利亚批准该公约。然而澳大利亚是联邦国家，各州和领地都有关于文化遗产的法案。澳大利亚联邦政府、各州及北领地的文化遗产部部长最终在 2010 年一致同意澳大利亚加入《水遗公约》，并在法律层面积极筹备加入公约。最主要的准备工作是在联邦、各州和北领地缔结了《澳大利亚水下文化遗产政府间协议》，该协议要求联邦、各州和北领地以加入《水遗公约》为目的，对各自的文化遗产法案进行必要的修改；并且，该政府间协议明确规定了彼此有关保护水遗的权利义务，以及将《水遗公约》的附件《规章》作为澳大利亚水遗活动的标准规范。

而澳大利亚至今尚未加入《水遗公约》也是有原因的。首先是政府方面的支持力度。2013 年新上台的联邦政府并未发表任何关于是否加入公约或修订相应法案的声明。但起草国内法案的评估报告已在新政府 2013—2014 年的工作计划之中。❶ 其次，关于评估国内法案和加入公约可行性的工作尚未完结。联邦政府对相关法案的评估从 2009 年开始，当时的澳大利亚政府设立了专项的研究计划，对 1976 年的《历史沉船法案》和 1999 年《环境保护和生物多样性保育法案》进行了评估。其中，最重要的问题是澳大利亚对水遗保护的立法理念——“地毯式保护”与公约的“重要性”保护理念不同。而实施这种保护理念会带来繁重的行政负担，需要耗费大量人力物力。

（3）荷兰❷

荷兰水遗资源丰富。仅在荷兰领海内被确认的水遗就有 4 万处，其中包括二战时期的飞机残骸；此外，还有更多疑似的水遗，例如史前景观等不计其数，但几乎很少有水遗被保护起来。因为相比于陆上遗产，水遗需要耗费更多的财力、物力以及更专业的水下考古技术的支持，所以保护水遗更加不易，这都使得荷兰水遗保护的发展并不如陆上文物那样迅猛。荷兰境外的水遗资源也很丰富。对此，荷兰主张通过合作方式保护位于他国领海内的荷兰沉船。荷兰主张对在 17 世纪建立的荷兰西印度公司（West India Company，VIC）和荷兰东印度公司（East India Company，VOC）时期沉没船只的所有权。但如果在他国水域发现了 VIC 和 VOC 的沉船，荷兰希望能与该国进行合作，共同探讨保

---

❶ Andrew Viduka，Australi's consideration of the ratification process and current position，Towards Ratification：Papers from the 2013 AIMA，pp. 15-18.

❷ 更多关于荷兰的水遗介绍，参见 Martijn Manders，The Netherlands towards ratification：activities in the light of the Convention. Maritime Towards Ratification：Papers from the 2013 AIMA，pp. 22-24.

护沉船的措施，为此荷兰设有专项计划。以 1972 年荷兰与澳大利亚关于 VOC 沉船的协商为例，后来两国签署了《ANCODS 双边协议》（《VOC 沉船协议》）。[1] 虽然关于该 VOC 沉船的一切权利、所有权和利益转移给了澳大利亚，但荷兰有对水遗进行科学研究的权利。近期，澳大利亚就在出资对该沉船进行进一步的研究工作。此外，荷兰也和古巴签订了合作项目，用以保护在古巴发现的大量 VOC 和 VIC 沉船。

荷兰水下文化遗产的保护单位是文化遗产办事处（Cultural Heritage Agency，RCE）里的荷兰船只与水下考古国家机构（NISA）。它负责召集国内水遗保护的各种资源，进行水下考古和研究等工作。而荷兰的水遗保护法是《古迹法》(the Monuments Law)，该法在 2007 年被重新修订，对其中的水遗保护内容做了重大调整：先是规定了在毗邻区 24 海里内的水遗报告和发掘许可的条件；其次是放弃了以年限作为水遗保护的前提（不再以 50 年作为水遗保护的最低年限），而是采取了以水遗“重要性”（significance）为保护标准。这一改变无形中增加了荷兰水遗保护的难度，因为“重要性”作为保护标准并不清晰明了，而相关的司法解释尚未出台。

荷兰的教育文化科学部明确表示荷兰应该加入《水遗公约》。因为荷兰现有水遗法律并不能很好地保护荷兰的水遗。首先是非法打捞活动。在荷兰，从沉船上打捞沉船沉物的非法行为很难取证，并且对此的法律处罚也很轻，荷兰至今没人因非法打捞的违法行为而受处罚。其次是现有的荷兰国内法规定仅对 24 海里内的水遗实施保护，这远远不够。虽然可以通过修改国内法而非签订国际公约来保护更大范围内的荷兰水遗，但《水遗公约》是多国共同合作并实施的统一标准的水遗保护规范。签订《水遗公约》就意味着与其他国家合作的可能性，而合作无疑比一国独自行动更利于水下文化遗产的保护。总之，水遗保护需要水下考古等技术支持，因此国际公约是很好的信息、技术交换的平台。

而荷兰加入该公约还须首先修改国内法：扩大水遗保护的范围——不止 24 海里，还要立法明确禁止商业打捞行为——文化部已经开始负责领海外的历史沉船的保护，但商业打捞依旧很严重。

（4）日本

日本重视文化遗产，并在文化遗产保护和利用方面值得我国借鉴。其主要

---

[1] 详见本书第三章第 3.3.1 节。

的文化遗产法是《文化财产保护法》，这是有关文化遗产保护和促进文化遗产传承和利用的法律。日本负责文化遗产的行政机构是文化科学大臣下属的文化厅。在日本，文化遗产主要是指物质文化遗产中的建筑物、纪念碑、遗址、自然景观，以及非物质文化遗产。

纵观日本的《文化财产保护法》和日本文化遗产的现状可以发现，日本不加入的原因有四。首先是日本法律中没有水遗概念，虽然日本的《文化财产保护法》中关于文物的“发现报告制度”适用于领海内的水下文物，但没有区分水下文化遗产和陆地文化遗产。其次，日本的《文化财产保护法》更没有为不同水遗规定国家责任。再次，尚未进行水下文化遗产普查。日本有 4 万公里的海岸线和无数湖泊，但日本发现的水遗数量很有限。最后，日本对本国海域的水下文化遗产不重视。政府从未做水遗的普查工作；高校尚无水下考古课程，也没有专门的水遗研究机构，由于缺少水遗信息，非法打捞也没被发现。

（5）印度尼西亚

印尼暂不加入《水遗公约》的最主要原因是印尼的水遗政策依然注重水遗的商业价值，这和《水遗公约》中的“非商业性打捞”原则不符。此外，印尼海域广阔，监管其水域的非法走私和盗捞依然是印尼政府的一大问题。印尼政府很重视《水遗公约》，印尼联合 UNESCO 的 Jakarta 办公室已经召开了两次专家论证会，评估《水遗公约》及其附件的内容和国内政策的一致性及可行性。

（6）对中国水遗保护的启示

可见，非缔约国，如美国、日本、马来西亚，更倾向于关注所有者或打捞者的私人利益，以及沉物的商业价值，仅为某些具有突出价值的水遗提供保护。还有些国家可能很快加入该公约，如荷兰、澳大利亚等，对水遗采取重要性保护模式或地毯式保护模式，允许私人在获取政府许可的情况下进行水遗打捞，并从各国自身的利益出发，决定水遗的所有权属于公共还是私人。

总结各国国家报告中对国内水遗立法及水下文化遗产保护的情况可以得出，未加入《水遗公约》的原因集中在水遗保护的现实情况和国内水遗法两方面。

就水遗保护的实际情况来看，主要在三方面有所欠缺。第一是缺少必要的水遗保护信息，如巴基斯坦、日本。第二是国家缺少水遗保护的能力。如，巴基斯坦、坦桑尼亚认为其缺少水遗考古专家以及水遗保护、管理人员；比利时、阿根廷、匈牙利认为要批准《水遗公约》，首先要面对的就是大量的行政任务，如协调国家其他相关部委、组织讨论修改国内法等。第三是其他特殊原因。如，哥伦比亚在考虑公约批准问题时，需要考虑打捞水遗的经济财团对政治的影响力；新西兰未批准公约，是由于并没有来自国内考古学界或其他水遗保护组织的压力；瑞典、摩洛哥和日本则采取了观望态度。

从法律的角度来看，矛盾主要集中在两方面。第一是加入《水遗公约》与国家承担的其他国际义务相矛盾。巴西、新西兰、秘鲁、俄罗斯拒绝加入的原因多是由于他们解释的《水遗公约》和《海洋法公约》中的义务不符，或者国家在履行其他国际责任时和《水遗公约》矛盾等，如1989年《国际救助公约》。第二是加入《水遗公约》和国家的相关法律不一致，或需要公约缔结程序的法律援助。加拿大、坦桑尼亚和马尔代夫需要修改本国的遗产法后才能考虑加入《水遗公约》；而特立尼达岛和多巴哥却由于对《水遗公约》权利义务的知之甚少以及不清楚公约批准的程序需要法律援助而无法加入公约，直到2010年7月，特立尼达岛和多巴哥才加入《水遗公约》。

但从本书第二章和第五章我国水下文化遗产保护的现实和法律来看，我国基本不存在上述国家的问题。首先，我国重视水遗并积极从事水遗保护。通过20年水遗保护事业的发展，我国水下文化遗产保护事业已初具规模，在管理体系和机制构建、重大项目组织和实施、机构建设和人才培养等方面开展了大量工作，取得了显著成果。其次，我国坚持水遗的“非商业性打捞”原则。但若加入公约，还需要修订现有法律制度，主要集中在《水下文物保护条例》中有关所有权规定的修订（详见本书第五章第5.1.2节）。加入公约也不会造成我国承担与其他国际义务相矛盾的情况（详见本书第六章第6.2.1节）。

6.1.2 加入《水遗公约》后我国享有的权利及履行的义务

（1）加入《水遗公约》赋予我国的权利

①扩大我国的水遗管辖权。

首先，相比于《海洋法公约》，《水遗公约》赋予了我国对临海国毗连区内水遗的保护权。《水遗公约》第8条规定了缔约国可管理和批准在毗连区内的水遗开发活动。可见，若加入《水遗公约》，我国就享有在该区域开发、管理水遗的权利。

其次，公约可赋予我国对处于紧急危险的中国水遗的管辖权，而不限于《海洋法公约》规定的传统的管辖海域。例如，在我国南沙群岛，如果发现抢劫、走私、打捞我国水下遗产的情况，我国可以采取一切可行措施防止这些情况产生，也可以给予其他缔约国同样的帮助。《水遗公约》第 10 条第 4 款规定，"……以防止水下文化遗产受到包括抢劫在内的紧急危险的情况下，如有必要，协调国可在协商之前遵照本公约采取一切可行的措施，和/或授权采取这些措施，以防止人类活动或包括抢劫在内的其他原因对水下文化遗产构成的紧急危险"。此外，必要时有权请求国际刑警组织（Interpol）协助。《操作指南（草案）》第 20 条"合作与信息共享"中规定：加入公约后，缔约国可以利用公约的水遗上报机制——机制要求缔约国采取一切可行措施提供国内违反本公约或国际法发掘打捞水遗的信息——必要时恳请教科文组织和国际刑警组织，展开打击针对水遗非法活动的保护行动。

②利用《水遗公约》保护机制，发展国内水遗保护事业。

利用公约发展我国水遗保护，详见本书第四章第 4. 5. 2 节。如，公约提供了水遗保护技术支持，科技咨询机构向缔约国提供技术支持和技术培训。公约还大力支持世界各地的水遗博物馆，并提供地区会议，确保各国之间的合作和经验交流。公约还提供世界范围的水遗信息共享平台，通过 MACHU 等水遗数据库平台，为世界范围的水遗主管机构服务。此外，考虑到水下考古学属于新兴学科，教科文组织计划了大学水下考古学项目，大力发展水遗保护的基础学科。此外，公约建立了"财务援助"，为保护措施共同筹资，通过财务援助，可对处于领海之外的遭受掠夺的中国水下遗址进行必要的财务援助等。

（2）加入《水遗公约》须承担的义务及对策

①履行在其领海内的水遗保护措施。

《水遗公约》只是督促缔约国履行其在领海内的水遗保护措施。首先，公约肯定了在此区域的水遗的开发、保护和管理权属于沿海国。《水遗公约》第 7 条第 2 款规定："在不违背其他有关保护水下文化遗产国际协定和国际法准则的情况下，缔约国应要求开发内水、群岛水域及领海中的水下文化遗产的活动……"其次，要求缔约国需要履行义务，用以防止缔约国国民从事非法打捞、贩运水遗的行为。《水遗公约》第 16 条规定，缔约国还须采取一切可行措施，确保其国民及船舶不参与毁坏或抢夺水遗的活动。最后，如出现上述情况，缔约国应采取措施防止非法出口和/或打捞的水下文化遗产进入其国土、进行交易或被占有，并且各缔约国对违反《水遗公约》的情形实施制裁；为确保措施得以落实，制裁还应开展国际合作。由此可知，我国《水下文物保护条例》本身就规定了水遗保护措施，加入公约并不会新增我国水遗保护的责任。

②履行专属经济区、大陆架水遗的上报制度。

《水遗公约》第9条、第11条规定，对于领海外的限制管辖区（专属经济区、大陆架）内的一切水遗措施，都应通报秘书处（或其他相关缔约国、海底管理总局等），不论遗产来源国。加入公约后，我国对我国专属经济区、大陆架（或区域内）的水遗发掘、保护等措施，都需要履行报告义务——这是公约的强制性声明。

我国在加入公约时，应考虑如下问题：对我国保护水遗有无明显的益处？是否需要报告我国领土领海内的一切水遗？报告的途径是否安全？是否将地理信息共享给其他成员国或者公众？是否需要报告所有发现的水遗情况？此外，对于我国南海水域的特殊情况，如何有效报告水遗？在仔细研究后发现，《水遗公约》规定的上报机制考虑了上述情况。首先，我国在加入公约时，可以选择报告共享的对象，报告可以发送至“教科文组织”“另一缔约国”“公约秘书处”“国际海底管理局”等一处或多处。其次，根据公约附件第35条“宣传”的要求，缔约国可以决定是否希望在教科文组织网站向广大公众公布其所转告的信息，以及不泄露遗址的全球定位系统、遗址价值等。最后，该数据库凭密码使用，报告方式可由缔约国选择，可以是邮件、邮寄或者其他认为安全的方式。

此外，公约对发现水遗的国家规定了不同的上报方式，我国可采取相应的简便的上报方式（详见本书第五章第5.3.3节）。

③履行建立水下文化遗产数据库。

《水遗公约》对缔约国有水遗信息共享的要求。第19条第2款规定，“缔约国要与其他缔约国分享有关水下文化遗产的信息，包括水下文化遗产的发现、所处位置”等。该数据库根据各国提供的水遗保护及活动报告组成，报告包括水遗的类型、分布、遗址特点、发现状况、开发活动（如适用）、遗址起源地、特殊价值、面临危险、主管机构等。我国现在正在考虑建立统一的水遗数字化信息平台，将水遗分布、保存和相关考古信息进行数据处理，建立起统一的数字化信息平台。此外，也可以通过网络平台等各种传播形式，使网站成为我国水下文化遗产保护领域与国际交流和接轨的窗口。

总之，我国加入公约，对保护我国水下文化遗产是利大于弊：通过《水遗公约》的国际合作机制，开展水遗保护；通过教科文组织水遗秘书处与掠夺、走私我国水遗的船旗国或寻宝者所属国的缔约国开展打击合作；通过公约，我国能利用国际法机制，采取法律行动，实际扩大我国水遗保护的管辖范围，增强保护能力，从而确保实施恰当保护；通过公约，如我国是“具有文化、历史考古联系”的来源国，更能很好地利用公约，参与并“管辖”我国境外的水遗保护。

6.2　中国加入《水遗公约》的对策分析

加入公约，首先需要修订国内立法与之冲突的条款，本书在第五章第 5.1.2 节“确立合理的水下文化遗产立法保护模式”中已具体论述，以下具体剖析对加入公约国际层面的对策建议。

6.2.1　加入《水遗公约》不存在冲突条款的适用问题

国际社会不存在同一的立法机关和司法主体，国际法中突出的表现就是条约之间存在冲突现象，即冲突条款（conflicting clause）[1]。我国在考虑加入《水遗公约》前，须考量已加入的涉及水下文化遗产内容的其他国际公约中是否有与《水遗公约》原则或条款相左的规定。

纵观我国签署的主要的文化遗产、海洋救助、海商等国际条约，如 1972 年《世界遗产公约》、2003 年《保护非物质文化遗产公约》、1954 年《武装冲突情况下保护文化财产公约》、1970 年《关于禁止和防止非法进出口文化财产和非法转让其所有权的方法的公约》、1995 年 UNIDROIT 的《关于被盗或者非法出口文物的公约》等，这些公约涉及的内容并不直接与水下文化遗产相关，也并不违背《水遗公约》原则，因此与我国加入《水遗公约》无直接关系。

只有《国际救助公约》中有关于“水下文化遗产”的条款，对此，需要

---

[1] 1966 年国际法委员会就解释了冲突条款（conflicting clause），是指本条约中为了处理与其他条约规定或者其他同一事项条约之间关系的条款。Yearbook of the International Law Commission 1966（II）：214.

考察是否与《水遗公约》有无冲突。《水遗公约》第 4 条明确规定“打捞法和打捞物法不适用于开发本公约所指的水下文化遗产的活动”，而公约对该条款也未设保留。根据《维也纳条约法公约》第 19 条规定，“一国得于签署、批准、接受、赞同或加入条约时，提具保留”，一国如果未在批准或加入公约时提出保留条款，则以后无法提出。因此，我国需要考察在加入《国际救助公约》时是否有对水遗条款的保留。我国人大在 1993 年通过了加入 1989 年《国际救助公约》的决定并同时声明：中华人民共和国根据 1989 年《国际救助公约》第 30 条第 1 款的规定，保留该条第 1 款（a）项、（b）项、（d）项不适用该公约的权利，及我国对“有关财产为位于海床上的具有史前的、考古的或历史价值的海上文化财产”（d 项）不适用 1989 年《国际救助公约》。可见，1989 年《国际救助公约》并不会对我国加入《水遗公约》造成技术影响。

6.2.2 加入《水遗公约》应注意的“解释性声明”

该公约包含了三个关于解释性声明的规定：第 9 条第 2 款的强制性声明——关于在别的缔约国大陆架及专属经济区内发现水遗的报告方式的声明；第 25 条第 4 款选择性声明——有关争议解决机制选择的声明；第 28 条的选择性声明——关于内陆水域是否适用公约的声明。第一个声明和第二个声明已分别在本书相应章节分析过，在此不再赘述。

（1）“水遗专属经济区上报制度”强制性声明

《水遗公约》对于领海外的限制管辖区（专属经济区、大陆架）内的一切水遗措施，都应通报秘书处（或其他相关缔约国、海底管理总局等）（《水遗公约》第 9 条、第 11 条），不论遗产来源国。加入公约后，我国对我国专属经济区、大陆架（或“区域”内）的水遗发掘、保护等措施，都需要履行报告义务——这是公约的强制性声明。但发现水遗的国家可以选择：①该国国民或船主向该国和发现地的缔约国报告；②或者该国国民或船主将之报告给本国主管机构，由缔约国主管机构负责迅速有效地转告所有其他缔约国。从加入公约的缔约国来看，基本选择的都是由发现国主管机关来承担告知其他缔约国的义务，仅略有差别。

墨西哥发表声明：“对于《水遗公约》第 9 条第 2 款，以及特别是对于本国国民或其船旗国在另一缔约国专属经济区内或大陆架上的有关发现水下文化遗产的任何信息，将通过外交途径向教科文组织总干事和其他缔约国报告和通知。”❶ 乌克兰声明：“对于在另一缔约国专属经济区内或大陆架上的有关发现水下文化遗产的任何活动，或者企图开发的活动，乌克兰教科文组织的国家委员会将迅速有效地告知教科文组织总干事和所有其他缔约国。此外，主管机构是在文化遗产保护领域的中央行政机构。”❷ 可见，墨西哥、乌克兰“将通过外交途径向教科文组织总干事和其他缔约国报告和通知”。而意大利❸在交存批准书时声明：“意大利对于《水遗公约》第9条第1款涉及内容，特此声明：意大利将根据第9条第1款（b）（ii）对在另一缔约国专属经济区和大陆架范围内的水下文化遗产报告和通知。”葡萄牙“根据《水遗公约》第9条第2款特此声明，葡萄牙将根据第9条第1款（b）（ii）对在另一缔约国专属经济区和大陆架范围内的水下文化遗产活动报告和通知”。❹ 阿根廷也表示，其对另一缔约国专属经济区和大陆架范围内的水下文化遗产活动的报告和通知将适用《水遗公约》第9条第1款（b）（ii）。❺ 可见，阿根廷、葡萄牙、意大利都表示选择《水遗公约》第9条第1款（b）（ii）的方式。

我国也应采取《水遗公约》第9条第1款（b）（ii）规定的方式：由我国主管水遗的机关通过外交途径告诉教科文组织《水遗公约》秘书处和其他国家。但对于哪片专属经济区适用上报制度，以及公约适用于我国哪些水域，可以通过公约的保留条款规避（下文详解）。

---

❶ 英文原文为：“The United Mexican States declare that, in respect of Article 9, paragraph 2 of the Convention on the Protection of the Underwater Cultural Heritage, it will transmit to the Director-General of UNESCO by means of the diplomatic channel the information on any discovery of underwater cultural heritage or activity directed at it by its nationals or vessels flying its flag in the exclusive economic zone or on the continental shelf of another State Party for communication to the other States Parties.”

❷ 英文原文为：“to Articles 9 and 11:“Ukraine hereby declares that in case of discovery of the underwater cultural heritage in the exclusive economic zone or on the continental shelf of a State Party or in the Area, or if there is an intention to carry out, there, activities directed towards the underwater cultural heritage, it shall provide the rapid and effective transmission of information about the aforesaid to all the States Parties and to the Director General of UNESCO through the National Commission of Ukraine on Affairs of UNESCO.”

❸ 英文原文为：“In depositing its instrument of ratification Italy specifies that the reports under paragraph 1（b）of Article 9 of the Convention will be transmitted in the manner foreseen by paragraph 1（b）（ii）of the same Article 9.”

❹ 英文原文为：“pursuant to Article 9, paragraph 2, of the Convention on the Protection of the Underwater Cultural Heritage, Portugal declares that the information referred to in paragraph 1（b）of that same article will be transmitted in the manner stipulated in subparagraph（ii）.”

❺ 英文原文为：“the Argentine Republic opts for the procedure for information transmission stated in the indent ii), section b), paragraph 1 of the Article 9 of the Convention.”

（2）“《水遗公约》的水遗争议解决机制”选择性声明

此要求缔约国在加入公约或之后，根据第25条第4款声明有关争议解决机制的选择：“该缔约国在批准、接受、赞同或加入本公约之时或其后的任何时候，依据第287条选择了其他程序来解决因本公约引起的争端。”

《水遗公约》第25条所规定的争议解决程序十分复杂。首先，第25条要求缔约国双方自行协商解决（《水遗公约》第25条第1款）；其次，只有在协商解决产生分歧时，才可提交教科文组织进行调解（《水遗公约》第25条第2款）；而教科文组织调解无效时，就需要按照《海洋法公约》第十五部分的争端解决规定解决（《水遗公约》第25条第3款），除非缔约国在批准、接受、加入本公约时就明示排除适用《海洋法公约》的争端解决机制。

《水遗公约》争议解决机制秉承诚意协商的原则，只有协商未果时才采取仲裁或诉讼途径。水遗争议适用《海洋法公约》争议解决机制。我国是《海洋法公约》的缔约国，如果我国加入《水遗公约》，则应该在调解无果后按照《海洋法公约》第287条第1款中的争议解决方法（设立国际海洋法法庭、国际法院、依据附件7设立仲裁法庭、依据附件8设立特别仲裁法庭）解决问题。而问题在于，我国在加入《海洋法公约》时并没有明确提出解决争议的具体程序。

有一个困难在于，根据《海洋法公约》设立的海洋法法庭、仲裁法庭、特别仲裁法庭，对于仲裁员、调解员的要求是“均应在海洋事务方面拥有经验”，而非水遗专长，国际法院的法官更不具有水遗的经验，因此，通过这些措施解决水遗问题仍然存在局限。而如果选择《水遗公约》缔约国提名认可的仲裁员，却又不一定在海洋事务方面富有经验，这就会造成矛盾。

而从缔约国对此项的声明来看，绝大部分缔约国选择在“日后的任何时候”（《水遗公约》第25条第3款、第4款）再依据第287条选择争议解决机制，如意大利、墨西哥、巴拿马、葡萄牙、乌克兰、阿根廷，加入时没有对争端解决机制做出声明。只有古巴表示“适用《海洋法公约》第十五部分”❶ 重申根据《海洋法公约》第287条做出的声明，以及关于不接受国际法院的管辖，因此，古巴也不接受国际法院在第297条和第298条中的管辖权规定。

❶ The treaty departments of ministries of foreign affairs and international or ganizations of Cuba. Depositary letters［R］. LA/DEP/2008/032, UNSECO：2008：2.

（3）“关于内陆水域适用”的解释性声明

内陆水域和内水不同。根据《海洋法公约》第 8 条，内水是指沿海国领海基线向陆地一侧的水域，包括沿海国的河流、湖泊、运河和沿岸的河口，以及港口、海湾、海峡、泊船处、低潮高地等内水海域（即内海）。如鄱阳湖、洞庭湖。而内陆水域（Inland Waters，又称陆内海）是指与大洋完全分离，或与之没有直接联系的大型水域，又称地中海、封闭海，其海洋水文特征受大陆影响显著。如波罗的海、波斯湾、哈德逊湾等。很少有缔约国声明其内陆水域不适用公约。但乌克兰在缔结时表示“《水遗公约》的附件《规章》适用于不具有海洋性质的内陆水域”。据此推断，乌克兰的声明应是基于乌克兰和俄罗斯南部内陆海的争议，以及亚速海和刻赤海峡的划界问题。

渤海是我国的内陆海，也是我国唯一没有争议的海域。因此，中国在渤海不存在“领海争议”的前提下，不必基于此声明渤海不适用于内陆水域。

6.2.3　加入《水遗公约》应注意的“保留条款”

《水遗公约》仅对公约适用的范围做出了保留❶，即声明该公约不适用于其领土、国内水域、群岛水域或领海的个别部分。保留声明及其原因须在加入或批准公约时以书面文书形式做出并告知联合国教科文组织。

古巴、意大利、墨西哥、葡萄牙在加入时没有地理范围的限定。而巴拿马、阿根廷却基于某些领土主权问题提交了保留条款。

巴拿马在交存《水遗公约》批准书时对巴拿马湾及其地理位置进行了声明：“巴拿马共和国宣布，拥有自然和历史的巴拿马湾，其海岸完全属于巴拿马共和国，巴拿马是其唯一主权国……巴拿马共和国再次声明对巴拿马运河的主权和管辖权，并表明遵守《水遗公约》规定，而保留条款和其他相关声明，在有需要时会做出。”

鉴于我国在南海诸岛与其他国家存在划界问题，并于 2009 年分别对日本、马来西亚、越南向“大陆架划界委员会”提交的 200 海里外大陆架案表示过反对并致联合国秘书长发过照会，我国应在此区域做出保留意见，采取合作协商共同保护的方式，如前文所述。

---

❶ 《水遗公约》第 29 条：“任何国家或地区，在批准、接受、赞同或加入本公约之时，可向文书保管者声明，本公约不适用于其领土、内水、群岛水域或领海的某些特定部分，并在声明中阐述其理由。”第 30 条：“除第 29 条所指的情况外，对本公约不得持任何保留意见。”

6.2.4 加入《水遗公约》可重申的“主权声明”

公约基于在全球范围内有效保护水遗而赋予被联合国认可的自治地区的公约缔结权。《水遗公约》第26条第2款（b）规定，可加入本公约的国家或地区包括“没有完全独立，但根据联合国大会第1514（XV）号决议被联合国承认为充分享有内部自治，并且有权处理本公约范围内的事宜，包括有权就这些事宜签署协议的地区”。因此，缔约国在加入公约时往往对此问题发表主权声明，以维护其国家主权与领土完整。

例如，阿根廷在加入公约时，对其主权争议的“南乔治亚和南桑威奇群岛”地区发表了声明：“公约的第26条第2款（b）并不适用于被联合国大会认为存在自治权问题的地区。”阿根廷指出，福克兰群岛、南乔治亚和南桑威奇群岛及其周边海域是一个整体，是其领土不可分割的一部分，由英国不正当地占领。这种主权冲突在国际社会一直存在。特别是联合国大会通过的第2065（20）、3160（28）、31/49、37/9、38/12、39/6、40、41/40、42/19号决议，其中均确认阿根廷和英国政府之间存在关于主权的“福克兰群岛问题”，并要求对存在的冲突恢复谈判，以尽快找到一个和平、公正和持久地解决争端的办法。联合国非殖民化特别委员会也多次表示了同样的愿望。

台湾是我国水遗比较丰富的地区，我国在考虑加入公约时，应当发表声明以尊重中国主权和领土完整的国际原则，重申台湾是中国领土不可分割的一部分，台湾并不是联合国大会所认为的自治权地区，因而无权以地区身份缔结公约。但如果由于台湾水域如太平岛处于我国南沙群岛的争议区，可以基于其他考虑“保留该区域”，排除适用公约。

6.3 水遗权属争议的国际法对策

虽然我国尚无与他国之间的水遗权属争议问题，但随着人类对海洋的开发和水遗本身的文化价值、历史价值和经济价值的显现，难免遇到我国水遗遭受他国商业打捞的情况，采取国际法的途径争取我国水遗所有权将是我国水遗保护未来的重点和难点问题。

《水遗公约》虽然是全面保护水遗的国际公约，却不涉及水遗所有权，公约称“不改变各国的主权权利，也不管控文化财产的所有权”。而其他相关国际公约，如《海洋法公约》《武装冲突情况下保护文化财产公约》《关于被盗或者非法出口文物的公约》，并不涉及不同水域内水下文化遗产权属的争议问题，这使得水遗权属成为国际法中最棘手而又难以避免的问题。

从前文可知，除了内水和领海，我国的大量水下文化遗产分布在南海水域和境外他国水域。面对走私和盗捞，国内学者只有在国际社会大声呼吁返还我国的水遗，但这样的“私力救济”、外交等方法对保护远海和境外的中国水遗远远不够。只有公力救济，即国家司法或诉讼的方式，才是解决水遗所有权争议的最合法、最公正、最彻底、最权威的救济方式。

针对以上情况和我国水遗分布于世界不同水域的情况，本章分析并提出解决中国水遗在不同水域的所有权争议的国际法依据的实质标准（substantial criterion），为日后可能出现的水遗所有权争议提供借鉴。

6.3.1　水遗权属争议的复杂性

国际法中，沿海国对海域管辖权随着距海岸的距离增大而减弱。沿海国对海底自然资源的所有权，也随着管辖权的减弱而丧失。而对于水下文化遗产，却没有具体规定。不管是《海洋法公约》还是《水遗公约》，都回避了关于水下文化遗产所有权的规定，这是基于水遗权属三方面的考虑。

首先，不同国家对不同水域内的水遗规定了不同的管辖权。对毗连区内的水遗主张行使管辖权的有法国、突尼斯、丹麦等❶；对大陆架内的水遗主张管辖权的有澳大利亚❷、爱尔兰❸，还有比利时、阿尔巴尼亚、西班牙、塞浦路斯、牙买加、挪威、塞舌尔等❹；对专属经济区内的水遗主张管辖权的有摩洛哥❺，

---

❶ 赵亚娟. 联合国教科文组织《保护水下文化遗产公约》研究［M］. 厦门：厦门大学出版社，2007：148-149.

❷ Historic Shipwrecks Act 1976. R. R. &Lowe，A. V. The Law of the Sea，Manchester University Press，1999：472.

❸ S. 3（1）of the National Monuments（Amendement）Act 1987.

❹ P. J. O'Keefe&Prott，L. V.，Law and the Cultural Heritage：Volume I：Discovery and Eecavation，Professional Book，Abingdon，1984：95.

❺ Dahir of 8 April 1981，Article 5：“a 200 nautical mil exclusive economic zone off the marocaan coast.”

还有坦桑尼亚、贝巴多等❶。中国则在《水下文物保护条例》第2条规定"对毗连区、专属经济区和大陆架上起源于中国、起源国不明的文物主张所有权并行使管辖权"。因此，相比于陆地文化遗产的所有权，水遗权属因水遗沉没地理位置的不同而变得复杂。

其次，虽然国际法中的船旗国对船舶有管辖和控制权，但水遗多为沉船沉物，而沉船沉物多是海商法的调整范围。《海上救助法》规定，若船舶及船物的原所有人放弃其沉船所有权，则打捞人基于民法的"先占"原则，拥有打捞物的所有权。但沉没百年的沉船沉物，对于原所有权人是否"放弃"的问题难以界定。此时，谁享有沉船沉物的所有权？是沉船原船旗国，沉物所属国，还是沉没地所属国？假设一种最复杂的情形：这是一艘A国的商船，装着A与B国的珍奇文物，计划走私到D国，行径C国海域沉没，那么谁享有对沉船沉物的所有权？

最后，关于水下文化遗产所有权的问题，在《海洋法公约》起草中的确被讨论过，但1982年《海洋法公约》采取的是一致同意（consensus），而不是多数投票制。对于一个有160多个国家参加的国际性公约，不可能事事都达成一致。当土耳其❷和希腊❸代表分别指出水下文化遗产应该惠及文化遗产来源地的主权国时，美国代表却强烈要求删除公约草案中所有与考古、历史文物相关的字句。美国认为《海洋法公约》草案应该只讨论海中"沉默的因素"（自然资源），并坚持水遗"多方面利用"（Multiple Use Principle）——商业发掘和养护教育可以同时进行，以保证水遗获得资助。在最终的草案中，各国不再讨论水下文物的"来源国"及所有权问题。问题遗留到了2001年的《水遗公约》，在此公约的诞生过程中，参与国普遍认为公约不应该处理一个有关水下文化遗产的敏感问题❹，此公约不是一个适合讨论此问题的公约。可见，水下文化遗产的所有权问题是以上两大公约在草拟时就刻意规避的问题，所有权

---

❶ 赵亚娟．联合国教科文组织《保护水下文化遗产公约》研究［M］．厦门：厦门大学出版社，2007：149.

❷ Archaeological and Historical Treasures of the Seabed and the Ocean Floor Beyond the Limits of National Jurisdiction. U. N. Doc. A/AC. 138/SC. I/L. 16［1972-08-02］.

❸ Greece. Draft Article on Protection of Archaeological and Historical Treasures, U. N. Doc. A/AC. 138/SC. I/L. 25［1973-08-17］.

❹ Garabello , Tullio Scovazzi. The Protection of the Underwater Cultural Heritage before and after the 2001 UNESCO Convention［M］. Netherlands：Martinus Nijhoff , 2003：106.

问题成了国际法的遗珠之憾。

6.3.2　不同水域水遗权属争议的焦点

比较研究我国《水下文物保护条例》与《海洋法公约》《水遗公约》的异同可知，我国对来源于中国的水遗行使绝对管辖权，而对来自其他国家的水遗（或来源不明的水遗）采取属地管辖权，在我国领海水域属于我国所有，忽视主权豁免原则，这就可能引起对不同水域的水遗权属争议。以下按照不同水域来具体分析水遗权属争议的焦点。

（1）内水、领海内水遗所有权的争议

内水是沿海国家领土的基本组成部分，沿海国对之享有完全的、排他的主权。根据《海洋法公约》第 2 条规定，“领海是沿海国的主权及于其陆地领土及其内水以外邻接的一带海域，在群岛国的情形下则及于群岛水域以外邻接的一带海域”。沿海国对领海的权利和该国对其他领土行使的主权权利相同。鉴于内水、领海都属于国家专有管辖的水域，具有共同的国际法地位，位于此区域的水遗应归属水域的临海国。《海洋法公约》在水下文物管理的规定中尊重沿海国对内水、领海水域内水遗的绝对管辖权。[1]《水遗公约》第 7 条第 1 款规定：“缔约国在行使其主权时，拥有管理和批准开发其内水、群岛水域和领海中的水下文化遗产的活动的专属权利。”而同时，《水遗公约》、《海洋法公约》都注意到其他国家沉没军舰及飞行器的问题，“不改变任何国家对国家船舶和飞行器拥有的权利”。

而我国《水下文物保护条例》第 2 条规定，“遗存于中国内水、领海内的一切起源于中国……的文物”所有权归国家。可见，我国内水和领海内的中国水遗的权属是不存在争议的，我国现有的法律规定是符合国际法规定的。

但从本书第三章中的案件来看，在内水、领海里的水遗权属争议是他国军舰和飞行器与临海国之间的争议。国际实践在遵循国际法关于“沿海国对领海的绝对管辖权”的同时，尊重其他国家对国家沉船和飞行器的所有权。然而，我国《水下文物保护条例》第 2 条将我国领海水域起源于他国的水下文化遗产也认定为我国水遗的规定，显然不符合国际法规定和国际司法实践。此

[1] 《海洋法公约》第 303 条规定：（1）各国有义务保护在海洋发现的考古和历史性文物，并应为此目的进行合作。（2）为了控制这种文物的贩运，沿海国可在适用第 33 条时推定，未经沿海国许可将这些文物移出该条所指海域的海床，将造成在其领土或领海内对该条所指法律和规章的违反。

外，我国还主张对我国领海内起源不明水遗的所有权，但是否因起源不明就可以主张所有权有待探讨。

（2）毗连区、专属经济区、大陆架水遗所有权的争议

《海洋法公约》第 33 条规定，沿海国可在领海宽度的基线量起，不得超过 24 海里划定毗连区，在该区域内，沿海国可以“防止在其领土或领海内违犯其海关、财政、移民或卫生的法律和规章；惩治在其领土或领海内违犯上述法律和规章的行为”。专属经济区是《海洋法公约》第 55 条、第 56 条规定的为沿海国管理一定海域自然资源而设立的海水区，其宽度从基线量起不应超过 200 海里。在该区域内，沿海国可以“勘探、开发、养护和管理海床上的自然资源”，并可以管辖“人工岛屿、设施和结构的建造和使用；海洋科学研究、海洋环境保护和保全”。可见，毗连区和专属经济区都不属国家主权范围，沿海国只有勘探和开发自然资源的主权权利，没有关于文化资源的规定。而《水遗公约》第 8 条规定了缔约国可管理和批准在毗连区内的水遗开发活动。

我国规定，“遗存于中国领海以外依照中国法律由中国管辖的其他海域内的起源于中国的和起源国不明的文物”归我国所有。而根据 1958 年《中华人民共和国政府关于领海的声明》，我国对南海及其岛屿有绝对管辖权，其属于我国领海范围。此外，我国在 2009 年已向联合国大陆架界限委员会提交了 200 海里外大陆架划界方案，但与越南、印尼提交的 200 海里外大陆架划定方案存在冲突。现实就是：我国南海水域毋庸置疑属于中国管辖，因此，位于南海的起源于中国的水下文化遗产和起源不明的水下文化遗产，按照中国国内法，归中国所有。而越南、印度尼西亚、马来西亚也依照其法律主张对南海水域水遗的所有权，这就会产生双边甚至多边争议。对此，如何在确立我国对南海水域主权的前提下，解决水遗权属争议呢？

（3）公海及“区域”内水遗所有权的争议

海底管理局只是管理水遗的机构，并不是该区域水遗的拥有者。关于公海（“区域”内）水遗所有权争议的第一个问题是管理“区域”内的水下文化遗产的国际组织，即国际海底管理局（ISA）。在 1982 年的《海洋法公约》中，在 1970 年、1972 年、1973 年的分会中，土耳其和希腊的代表建议授权 ISA 管理“区域”内发现的有关考古、历史的人类共同遗产（common heritage of mankind）。美国等少数国家代表在最终的投票中反对了赋予 ISA 管理历史文物的权力，认为国际海底管理局应该只涉及对和“自然资源相关”的活动的管

辖。到2001年《水遗公约》，国际海底管理局终于被任命为管理“区域”内与水下文化遗产有关的活动最合适的国际机构。可见，海底管理局只是管理水遗的机构，而并不是该区域水遗的拥有者。

船旗国只对自身船只和船员享有管辖权。公海不是任何国家领土的组成部分，也不属于任何国家的主权管辖范围。所有国家平等地共同使用公海，不得对公海本身行使管辖权。《海洋法公约》只规定了船旗国对船舶的管辖权利和义务：第92条规定，“船旗国对其在公海上航行的船舶具有专属的管辖权”；“每个国家应对悬挂该国旗帜的船舶有效地行使行政、技术及社会事项上的管辖和控制”。因此，《海洋法公约》只规定了船旗国对其船只的管辖权，而无法干涉其他船旗国的行为，如非法打捞文物或毁坏水下文物的行为。

谁拥有公海内的水下文化遗产？对此，首先要看各国的水下文化遗产法，其次是国际规定。《海洋法公约》第136条规定：“区域”及其资源是人类的共同继承财产。第149条规定：“‘区域’内发现的一切考古和历史文物，应为全人类的利益予以保存或处置，但应特别顾及来源国，或文化上的发源国，或历史和考古上的来源国的优先权利。”这一原则也反映在《水遗公约》的第12条第6款，既肯定了水下文化遗产是属于全人类的文化财富，又顾及了水下文化遗产的民族性。

可见，沉没于公海（“区域”）内的不可辨别物主的水遗，似乎属于“全人类共同遗产”，而可辨明物主的水遗“惠及来源国”。而我国对于公海区域内起源于中国的水遗仅规定了“国家享有辨认器物物主的权利”（《水下文物保护条例》第2～3条）。这样的国际法规定和国内法规定，是否意味着我国放弃了主张公海区域内起源于中国的水遗的所有权？

（4）所有权争议的法律焦点

由上可知，我国在领海内水遗权属的争议是：可否因起源不明就可以主张所有权？我国在南海水域的水遗争议是：如何在确立我国对南海水域主权的前提下，解决水遗权属争议？而我国在公海（“区域”）内的水遗争议是：国际“人类共同遗产”原则、“惠及来源国”原则与我国仅主张的“国家享有辨认器物物主的权利”，是否会使我国丧失公海内中国水遗的所有权？

6.3.3 解决水遗权属争议的国际法对策

以下通过分析国际水遗所有权的“人类共同遗产”原则和“惠及来源国”

原则，提出“文化认同”应作为解决水遗所有权争议的国际法依据的实质标准。

（1）“人类共同遗产”原则不适用于水下文化遗产

该概念最初是反映古罗马法“大众共有之物”（res omnium communis，英译为 a thing common to all）的理念——在当时，这一概念指天空、河流、海洋和海岸这些不属于任何人的非交易之物（extra commercium）。而近代国际法中，“人类共同遗产”的概念用在海洋法和太空法中。1950 年，法国法学家赛凯利（Georges Scelle）在当年的国际法协会（ILC）第七十九次会议上第一次提出：大陆架的自然资源应该属于国际社会统一管理开发，应该建立一个类似于后来国际海底管理局（International Seabed Authority，ISA）的国际管理机构。❶ 国际法协会虽然最终否定了这一观点，认为大陆架属于沿海国❷，但是也承认了公海中这样的概念。到 1967 年，马耳他驻联合国使团代表 Arvid Pardo 在关于海底和洋底的问题上也提出了相同的概念。随后，联合国大会在 1970 年庄严宣布国家管辖范围以外的洋底及其底土（以下称“区域”）为“人类共同遗产”以及为实施这一理念起草一项条约的必要性理由❸。同时，该概念也用在规范人类太空活动上。其由阿根廷大使 Cocca 提出❹，最早被适用在月球和其他天体的资源问题上，即 1966 年《关于各国探索和利用包括月球和其他天体在内外层空间活动的原则条约》（以下简称《外空条约》）。该条约第 1 条第 1 款规定了“共同利益”原则：“太空对所有国家都是敞开的，到太空进行科研、旅行等活动的机会是均等的，但目的必须符合全人类福利和利益。”到 1979 年，联合国和平利用外层空间委员会及其下属的法律小组委员会审议和拟定了《关于各国在月球和其他天体上活动的协定》（即《月球协定》，1984 年生效），其中确立了探索和利用月球的一项基本原则，即月球及其自然

---

❶ Georges Scelle . Draft Articles on the Continental Shelf and Related Subjects Prepared by the International Law Commission [R]. London: International Law Association, 1950: 79.

❷ 英文原文：“The majority of the Commission was of the opinion that since the continental shelf is neither *res nullius* nor *res com-munis* it is subject *ipso jure* to the exercise of control and jurisdiction by the littoral State with a view to present and future exploration of its resources.”

❸ 联合国大会第 2749（XXV）号决议 [S]. 1970-12-15. 1982 年《海洋法公约》第 136 条规定：“‘区域’及其资源是人类的共同继承财产。”根据公约第 1 条的规定，“区域”指“国家管辖范围以外的海床和洋底及其底土”。

❹ Nandasiri Asentuliyana. International Space Law and the United States [M]. Netherlands: Martinus Nijhoff, 1999: 139.

资源为“人类共同继承财产”（the common heritage of mankind）。

因此，从《月球协定》《海洋法公约》等公约中可见，所谓“人类共同遗产”都具有两大特点：一是都属于自然资源；二是位于各国管辖范围以外的“区域”（the area）。也就是说，“人类共同遗产”原则是基于公平分配国家间属于管辖范围外的稀缺资源而建立起来的国际法原则，对于始终位于各国管辖范围以外的自然资源，可以归属于全人类，并本着为全人类的目的和平开发使用。

但水下文化遗产属于文化资源而不是自然资源，水遗不是人类共同遗产的调整范围。水遗和创造它的国家有着千丝万缕的联系，《海洋法公约》《水遗公约》里面提及的“人类共同遗产”原则是国际社会本着最大化保护人类文化遗产的一种国际宣导，并不能作为水遗所有权争议的国际法依据的实质标准。

（2）“惠及来源国”原则的适用困境

“惠及来源国”原则最早起源于1958年的日内瓦关于沿海国在专属经济区内享有对渔业的专属管辖权的规定：对渔业的专属管辖权，基于对渔业保护的目的，有必要在公海和领海之间的“区域”内限制捕鱼量。任何在此“区域”内捕鱼的国家应该与沿海国协商，可以通过缔结协议的方式商定捕鱼量。到1960年日内瓦的第二次大会时，“优先捕鱼权”“捕鱼区”作为专有概念在多数的双边及多边协议中被认可为国际习惯法。“捕鱼区”是指在沿海国从领海向公海方向延伸12英里作为临海国的捕鱼区；“优先捕鱼权”是指沿海国在其管辖范围内拥有专属的捕鱼权。[1] 但是，此概念并未指出沿海国是否在某种情况下对超出12英里的“捕鱼区”具有捕鱼优先权。到了1974年的渔业管辖权案（Fisheries Jurisdiction Case），国际法院第一次认同了沿海国的“优先捕鱼权”不能影响其他国家长期以来一直享有的捕鱼权利。法院还根据国际法原则和1961年英国和冰岛双方的交换意见（exchange of notes of 1961）驳回了冰岛的请求，认定冰岛所宣称的捕鱼优先权并不能阻碍英国的捕鱼船队根据“交换意见”在超过12英里的水域捕鱼。[2]

[1] Fisheries Jurisdiction Case (United Kingdom v. Iceland), Merits, http://www.icj-cij.org/docket/files/55/5979.pdf, 93.

[2] Fisheries Jurisdiction Case (United Kingdom v. Iceland), Merits, http://www.icj-cij.org/docket/files/55/5979.pdf, 94.

从此以后，“优先权”的概念得到大力发展，最终确立在以下公约中：1982年的《海洋法公约》第149条规定，在“‘区域’内发现的一切考古和历史文物……应特别顾及来源国，或文化上的发源国，或历史和考古上的来源国的优先权利”；第303条第3款规定，“本条的任何规定不影响可辨认的物主的权利、打捞法或其他海事法规则，也不影响关于文化交流的法律和惯例”；2001年的《水遗公约》第12条第6款规定，“协调国……应代表所有的缔约国，应特别考虑有关水下文化遗产的文化、历史和考古起源国的优先权”。这就将文物起源国对其文物的优先权，通过其文物所具有的“特殊的历史、考古、文化上的”特质联系起来。

而“惠及来源国”原则的问题在于“来源国”含义模糊。“来源国”一词不属于法律专业术语，但公约认为它和“善意”“公允”一样，不需要专业知识也可被一般人理解。然而若仔细考虑，公约中提及的“来源国”包含了三种不同的含义。第一种，“来源国”可以理解成文物和其来源国之间有地理位置上的联系，但也不仅如此，我们不能忽视一国的版图随着时间可能发生的变化。第二种，“来源国”强调和文物有文化上的联系，但是不能忽视一个文物可能被两个以上国家共享的情况。比如，蒙古长调在中国内蒙古和蒙古都被视为重要的非物质文化遗产，还有比利时和法国的巨人和巨龙游行（processional giants and dragons）。第三种，文物和来源国有历史或考古上的联系，但这难道意味着有此联系的文物都应该无条件地惠及来源国吗？如果是这样，希腊神庙的巴特农神庙（Parthenon Marbles）雕塑和在佳士得拍卖行拍卖的中国兔首、鼠首是不是都应该无条件归还呢？

（3）文化认同（cultral identity）应作为所有权争议国际法依据的实质标准

文化认同最早是一种研究方法，运用在人类学和文化学中，也称为“文化身份”，是指“认识主体在自己与‘他者’联系对比中对自身文化身份和地位的一种自觉和把握”❶。它是“人类对于文化的倾向性共识与认可”❷。不同的文化会产生不同的文化认同，这种认同蕴含着文化群体对自然认知的升华，并形成思维准则和价值取向，最终表现为文化的归属感和文化确信。因此，文

❶ 陈刚．全球化与文化认同［J］．江海学刊，2002（15）：50.

❷ 郑晓云．文化认同与文化变迁［M］．北京：中国社会科学出版社，1992：4.

化认同是惠及“来源国”原则的实质性标准，是判断国家具有水遗所有权的优先权利（the preferential right）的依据，是判断一个国家是否享有某一水遗所有权的国际法依据。

①文化认同是文化主权的内核。

文化认同是国家主权、民族自治的内核，能够促进国家统一、民族独立，是文化遗产所有权的国际法依据的实质标准。19 世纪，每个民族都意识到文化认同的重要性，特别是在国家领土完整和政治独立方面。例如，欧洲境内德意志的统一、意大利的统一都是民族自治的要求。[1] 而一战后基于威尔逊 14 点原则之一的民族自治原则而新兴的国家有：芬兰、立陶宛、波兰、捷克斯洛伐克、奥地利、匈牙利等。现代社会只有充分尊重文化认同，才能处理好国家内部民族之间的稳定和发展问题，不论是联邦制还是单一制的政体，典型的例子如我国的民族区域自治制度、菲律宾在 Mindanao 的 Lumads（Indigenous People）政策。相反，如果一个国家忽视或者蔑视一个民族的文化认同，那么必定会带来冲突、暴力和内战，例如前苏联和南斯拉夫的内战、黎巴嫩 1975—1990 年的内战等。因此，处理好各民族对其文化的认同感，是关系到民族发展、国家稳定的大事。可见，文化认同是水遗所有权的国际法依据的实质标准。

文化主权理论作为文化遗产所有权的内在要求，体现在有关文化遗产保护及文物回归的国际公约的相关条款中。1970 年的《关于禁止和防止非法进出口文化财产和非法转让其所有权的方法的公约》通过阐述文化财产与其创造者、国家之间的关系，强调了文化财产的国家属性。该公约第 4 条规定：“本公约缔约国承认，为了本公约的宗旨，凡属以下各类财产均为每个缔约国的文化遗产的一部分：（1）有关国家的国民的个人或集体天才所创造的文化财产和居住在该国领土境内的外国国民或无国籍人在该国领土内创造的对有关国家具有重要意义的文化财产。……”可见，文化财产（这里特指文物）和创造者的关系与发明专利和创造者的关系不同，文物除了体现创造者个人的审美、价值、情趣外，更多体现了创作者对当时社会艺术审美的诠释；而文物更多是作为一个民族、国家的艺术载体。因此，那些对国家有重要意义的文化财产体

---

[1] Michael CW. Realism Reconsidered: The Legacy of Hans Morgenthau in International Relations [M]. UK: OUP Oxford, 2007: 150.

现了国家属性，国家对之有绝对权利。而1976年著名的区域性文化公约《美洲国家保护考古历史及艺术遗产公约》（即《圣萨尔瓦多公约》）在序言中指出："劫掠（掠夺和侵吞）行为破坏并损减各国民族特性由以表现的考古、历史及艺术财富。"可见，恰是由于文物具有的"民族特性，表现考古、历史及艺术的"特质，才考虑制定公约来防止、制止非法出口、进口及转移文化财产。1995年UNIDROIT《关于被盗或者非法出口文物的公约》通过规定返还文物的情况，表明了国家可以通过行使文化主权，要求返还文物。该公约第5条第3款规定："如果要求退还国证明从其领土上取走的文物严重损害了以下一种或几种情况：（a）该文物本身环境的保护；（b）综合物品的完整性；（c）资料，如科学或历史资料的保存；（d）部落或土著人的传统用品或祭祀用品；或者证明该文物对要求退还国的重大文化意义，那么被要求退还的法院或其他主管当局下令退还非法出口的文物。"这四种情况都表明，文物和原属国之间存在的"环境的、历史的、宗教的、必然的"联系是文物返还的原因。可见，原属国对其流失文物行使文化主权。

②文化认同构成了文化权利。

文化认同构成了人权的基本内容——文化权利，是国际法赋予人民的一项基本权利。二战后，随着人权观念的发展，文化权利被分离出来而单独作为人权的一个重要方面，渐渐具体化在各类人权公约中。1946年《世界人权宣言》第27条规定："（a）人人有权自由参加社会的文化生活，享受艺术，并分享科学进步及其产生的福利。（b）人人以由于他所创作的任何科学、文学或美术作品而产生的精神的和物质的利益，有享受保护的权利。"该宣言最早把人权细化到文化权利。1966年联合国大会通过了《经济、社会和文化权利国际公约》[1]，进一步把《世界人权宣言》中的文化权利由宣言形式变为条约形式。从此以后，源于美国《独立宣言》（1776年）和法国《人权宣言》（1789年）的人权概念，就正式以文化权利（和经济权利、政治权利三方面）的内容为世界各国所认可。随后，文化权利被进一步具体化到各类区域性人权公约和特定人群的人权公约中。例如，1951年《消除一切形式种族歧视国际公约》第6条规定了"禁止并消除一切形式种族歧视，保证人人有不分种族、肤色或民

[1] 第1条："所有人民都有自决权。他们凭这种权利自由决定他们的政治地位，并自由谋求他们的经济、社会和文化的发展。"

族或人种在法律上一律平等的权利，尤其得享有……文化权利”。1981年的《非洲人权和民族权宪章》第22条规定：“一切民族均享有经济、社会和文化的发展权。”而在1989年《联合国儿童权利公约》中，文化权利特别被强调在儿童身上。最值得关注的是《联合国土著人民权利宣言》，在经过20多年的土著人和成员国之间的沟通协调下，2007年联合国大会终于通过该宣言，规定应该尊重土著固有的文化传统和习惯，保证其自身的文化发展。❶

到21世纪，文化的确定性使得文化权利进一步体现在保护文化遗产和文化多样性的国际公约中。2001年《欧洲视听觉遗产保护公约》（也译为《欧洲无形文化遗产保护公约》）在前言中指出，该公约在考虑到“欧洲遗产反映其民族的文化同一性和多样性”❷下应运而生。2003年UNESCO《保护非物质文化遗产公约》通过定义“非物质文化遗产”揭示了文化遗产保护的目的是为各民族自身的文化认同感提供持久保护。❸到2005年，UNESCO的《保护和促进文化表达多样性公约》第2条规定的指导原则是：“尊重人权和基本自由原则：确保个人可以选择文化表现形式，才能保护和促进文化多样性。”

可见，每个民族、每个公民都有权利参与到本民族的文化生活中，享受其带来的审美愉悦和精神盛宴，这是国际法保护的最基本的人权内容——“文化权利”。然而那些流失在国外博物馆的中国文物，代表着中华文明的国家瑰宝，由于存放在他国博物馆中而无法使创造它、赋予它生命艺术价值的民族和人民欣赏它、保护它、拥有它，这显然违反了最基本的人权。

关于“反人类共同遗产罪”（Crime Against the Common Heritage of Humanity）的提出：在阿富汗巴米扬大佛被毁后，世界遗产委员会大会即提出了设立“反人类共同遗产罪”之罪名，UNESCO大会也在会议议程中对构成“反人类共同遗产罪”的行为进行了初步确定。虽然要使其成为法律确定的罪名，还

---

❶ 联合国土著人民权利宣言［S］．联合国文件（A/61/L.67和Add.1）．全球3.7亿生活在非洲、大洋洲、美洲等地的土著人长期受到歧视，许多土著居民受到政治歧视、文化漠视、经济隔离等不公平待遇。该宣言表明：“尊重和促进土著人民因其政治、经济和社会结构及其文化、精神传统、历史和思想体系而拥有的固有权利，……提高政治、经济、社会和文化地位……保持和加强他们的机构、文化和传统，并根据自己的愿望和需要促进自身发展。”

❷ European Convention for the Protection of the Audiovisual Heritage 2001, Council of Europe Treaty Series（COETS）6, Strasbourg, 2001-11-08.

❸ 公约第2条：“这种非物质文化遗产世代相传，在各社区和群体适应周围环境以及与自然和历史的互动中，被不断地再创造，为这些社区和群体提供认同感和持续感，从而增强对文化多样性和人类创造力的尊重。”

需要相当复杂的法律程序及一定的时间，但2000年《联合国打击跨国有组织犯罪公约》所定义的跨国有组织犯罪的范围中，将违反有关国际公约的规定，毁坏、盗窃、非法进出口国家珍贵文物和文化遗产的行为定义为“侵犯国家珍贵文物、文化遗产罪”（Destruction or Theft or Smuggle of National Treasures），联合国将跨国打击非法进出口、盗窃、发掘、破坏国家珍贵文物和文化遗产以及非法转移所有权等行为。

可见，由于文化认同是“文化主权”的内核，更是人民“文化权利”的内因，而“文化主权”和“文化权利”是被国际法确认的一般原则及国际习惯，因此，文化认同应作为水遗所有权争议的国际法依据的实质标准。

但应注意，对于不可辨明物主及来源不明（依据现有科技无法辨明沉船沉物物主）的水遗所有权争议，就无法按照我国现有的《水下文物保护条例》的规定认定来源不明的水遗归我国所有。当水遗沉没于我国领海、毗连区、专属经济区或大陆架上时，水遗的所有权争议也就集中在中国和与水遗相关的文化、历史考古有联系的国家之间。《水遗公约》在内水和领海、专属经济区、大陆架的相关规定中都考虑到了水遗“惠及来源国”的规定❶，但同时也赋予临海国不同程度的开发和保护水遗的权利。《海洋法公约》也考虑了在海洋发现的考古和历史文物的情况。❷ 当不可辨别物主的水遗沉没于公海或“区域”内时，应当由海底管理总局代表各国管理水遗，或根据《水遗公约》第11～12条规定，确定“协调国”来代表各国管理不可辨明物主的水遗。

6.4 总结

《水遗公约》为缔约国水遗保护提供了一套国际保护措施，加入《水遗公约》不仅可以扩大传统国际海洋法的管辖权，赋予我国对处于“紧急危险”

---

❶ 《水遗公约》第7条第3款：“缔约国在其群岛水域和领海内行使其主权时……向与该水下文化遗产确有联系，尤其是文化、历史或考古方面的联系的其他国家……”《水遗公约》第9条第5款：“缔约国在其专属经济区或大陆架上拥有水下文化遗产的缔约国宣布愿意……提供咨询。提出这一宣布的缔约国确实与相关的水遗有联系，尤其是文化、历史或考古方面的联系。”

❷ 《海洋法公约》第303条规定：（1）各国有义务保护在海洋发现的考古和历史性文物，并应为此目的进行合作。（2）为了控制这种文物的贩运，沿海国可在适用第33条时推定，未经沿海国许可将这些文物移出该条所指海域的海床，将造成在其领土或领海内对该条所指法律和规章的违反。

的中国水遗的绝对管辖权，还可利用《水遗公约》提供的科学技术支持、国际合作体系、国际救济机制、资金援助等，发展我国的水遗保护事业。另外，虽然《水遗公约》不涉及水遗所有权的规定，但《水遗公约》可以理解为是对其他所有权国际公约❶的补充意见。通过分析可知，对可辨明物主的中国水遗（通过水遗具有的明显特征可以辨别与中国有“文化、历史、考古相关”的联系），不论水遗处于何种水域，“文化认同”都应作为水遗权属主张的国际法依据的实质标准。因为文化认同是“文化主权”的内核，更是人民“文化权利”的内因，而“文化主权”和“文化权利”是被国际法确认的一般原则及国际习惯。以文化认同为国际法依据的实质标准，我国可以主张位于不同水域的中国水遗的所有权，而不受“人类共同遗产”等原则的限制。

❶ 1970 年教科文组织《关于禁止和防止非法进出口文化财产和非法转移其所有权的方法的公约》和 1995 年国际统一私法协会《关于被盗或者非法出口文物的公约》。

第7章 结语

随着UNESCO《水遗公约》于2009年生效，对水下文化遗产法律保护的研究成为各国法学甚至国际法学界研究的热点问题。本书在梳理我国现有水下文化遗产法律保护的现状和困境之后，以《水遗公约》生效后国际法对水下文化遗产的保护和外国水下文化遗产保护法律制度对中国水下文化遗产法律保护的影响和借鉴为内在主线，比较分析了外国现有水下文化遗产法律保护模式、特有法律制度、司法实践，以及水下文化遗产保护的国际法框架和一般法律原则等，最终提出我国水下文化遗产法律保护的国内法建议和国际法对策。

通过研究，本书得出以下结论：

创建“水下文化遗产权”这一新型法律权利，并指出该权利成为日后构建我国水下文化遗产专门的法律保护制度并发挥其效能的关键。人类日益破坏水下文化遗产和商业性打捞水下文化遗产的情形，使得水下文化遗产权作为“应有权利”应当被确立为“法定权利”。从水下文化遗产的本质特点出发可知，水下文化遗产权应是公权力范畴的一种具体权利，行使水下文化遗产权是公共利益的需要。而“水下文化遗产权”作为新型的文化遗产权，具有文化权利的人权属性，体现了国家文化主权原则的内涵。水下文化遗产权是水遗拥有者（权利的主体），基于水遗本身的意义和价值及保护人类生存和文化多样性的需要（权利的正当性），通过发表声明、提出要求、享有强制性实施的权力等手段（权利的实施），向其他国家或个人（相关义务的承担者）要求水下文化遗产（权利的客体）的一种新型权利。

我国应当加入由联合国教科文组织制定并于2009年生效的《水遗公约》，而外国不加入该公约的原因对我国并不具有借鉴意义。该公约为缔约国的水下文化遗产保护设计了一整套行之有效的国际法保护措施，加入该公约不仅可以扩大传统国际海洋法的管辖权，赋予我国对处于“紧急危险”的中国水下文化遗产的绝对管辖权，还可以利用《水遗公约》提供的科学技术支持、国际合作体系、国际救济机制、资金援助等，发展我国的水下文化遗产保护事业。此外，加入该公约时，应在“保留条款”中表明“南海水域”不适用于该公约，并可重申“主权声明”——台湾并不是联合国大会所认为的自治权地区，因而台湾无权以地区身份缔结公约，台湾是中国领土不可分割的一部分。

明确合理地解决水下文化遗产权属争议的国际法实质标准是文化认同（Cultural Identity）。本书在联系我国国情，剖析不同水域水下文化遗产所有权问题的复杂性之后发现，现有所有权争议的焦点是：公海（“区域”）内水遗国际“人类共同遗产”原则、“惠及来源国”原则与我国仅主张的“国家享有辨认器物物主的权利”，是否会使我国丧失公海内中国水遗的所有权？本书指出“人类共同遗产”原则不适用水下文化遗产所有权，而“惠及来源国”原则无法在实际中适用于解决水下文化遗产的争议问题，只有“文化认同”作为文化主权的内核和人民文化权利的内因，应作为水下文化遗产争议的国际法依据的实质标准。因此，我国并没有丧失对领海外水域起源于中国的水下文化遗产的所有权。

针对南海水域的现实情况，我国应建立南海水域的水下文化遗产合作保护机制。本书针对我国南海水域的现实复杂情况，在考虑我国与东南亚其他国家在南海海域划界、岛礁归属之争的现实情况，坚持我国南海的主权原则，兼顾海洋经济发展和国家安全保障的基础上，为合理保护我国以及邻国在南海的水下文化遗产、解决未来在水下文化遗产方面的争议提供了法律的构想——在南海各国重叠的主张区建立暂时合作保护模式，通过达成诸如《南海水下文化遗产合作协议书》、建立南海水下文化遗产数据库、上报机制、申请“协调国”等方式，确保我国南海水域的水下文化遗产管辖权，乃至促进南海周边各国水下文化遗产的保护。

后　记

2012年4月，在“泰坦尼克号”（Titanic）沉没100周年之际，联合国教科文组织（UNESCO）《水遗公约》正式宣布该沉船成为公约的保护对象，国际社会又一次将焦点放在对海底淹没的文化遗产的法律保护上。相比于陆上的文化遗产，水下文化遗产更为完整地保留了文化多样性和人类文明。然而从20世纪80年代开始，人类对海底水下文化遗产的窥觑和贪婪导致非法打捞、走私水下文化遗产的情况愈演愈烈，各国纷纷修改国内法，对这种新型文化遗产的管理和法律保护等机制进行构建和完善。这虽然取得了一些成效，但并不显著。直到2009年联合国教科文组织《水遗公约》生效，它所提供的特有的、完善的水下文化遗产国际法保护治理模式，正在为越来越多的国家所实践。

除辉煌的陆上文明之外，我们的祖先也曾创造出璀璨的蓝色文明。但相比对陆上文化遗产持续的保护历史而言，我国水遗保护事业刚刚起步。在短短20年间，水下文化遗产保护事业的发展使得水下文化遗产法律保护的主体、客体、内容、范围都发生了巨大的变化。2011年《水下文化遗产保护“十二五”专项规划》的出台，进一步推动了我国水下文化遗产考古、保护、展示和法律等各项工作的有序开展。保护我国水下文化遗产，不仅是我国文化遗产保护事业的重要组成部分，更体现了我国海洋经济的开发、海洋战略的实施；特别是在南海局势紧张的情况下，也具有维护我国海洋主权的重要意义。水下文化遗产保护不仅应依靠国家立法的完善，更应发挥水遗博物馆、水遗考古教育等各种保护力量，以提高全社会对水遗保护的意识。同时，面对我国境外水遗肆意盗捞和破坏的情况，还需要充分利用国际水遗法律保护的机制，参与国际水遗保护交流和合作，为境外的中国水遗寻求法律保护的途径。

研究是殚思极虑、煞费心血的过程。首先，研究的基础就耗费了大量精力。不同法系的水遗国内法，属研究之基础，这些材料的搜集实属不易，特别是对于不同法系对同一问题的立法理念的爬梳工作耗费了大量时间精力。其次，本书涉猎的其他学科和领域的知识太庞杂。水下文化遗产概念本身涉及生态、考古、海洋、文化遗产等领域的新词汇，而水下文化遗产的法律保护更涉及文化遗产法、海洋法、海商法、文物保护法等多领域的新兴的法律。笔者只有谙熟其特性，才能试论法律保护模式问题及建议。最后，为保护水遗而确立的某种标准，建立的某种法律权利，以及创建的某种机制，并不是科学发明，只是寻求法律的途径来解决问题，把精神内在的关系表示到有意识的现行规范中。笔者运用国际公法原理、比较研究的方法，在国内、国外、国际多维度层次内进行研究，并且兼顾问题的普遍性和特殊性。

本书在写作过程中得到了各界人士的支持和帮助。在此特别感谢笔者的导师马治国教授、易显河教授、克罗地亚的 Degan Vladimir 教授、文物法律专家李晓东先生、中国文化遗产研究院的刘曙光院长；还要感谢巴黎联合国教科文组织《水遗公约》秘书处的 Guerin 女士、Manhart 先生为笔者提供了在教科文组织工作的机会，让笔者有机会接触到水下文化遗产国际法保护的一手资料。同时，向本书参考的大量国内外文献的作者表示敬意和谢意。

笔者深知才疏学浅，书中必存诸多疏漏。这次研究的瑕疵是，对于某些基础性资料，无法得到一手资料而仅依靠二手英文资料，如西班牙的法律制度、日本不加入《水遗公约》的法律原因等。另外，笔者深知本书所提出的所有权争议国际法依据的实质标准以及“水下文化遗产权”也有待深入研究。笔者只希望本书在梳理我国水下文化遗产法律保护问题的基础上，在分析国外、国际水下文化遗产法律保护的前提下，能为我国水下文化遗产法律保护呈现出相对完整的论证体系，对我国水下文化遗产法律研究尽绵薄之力。

拙作以笔者的博士论文为基础，可视为笔者学习之路的阶段性总结，不足之处敬请各方不吝指正。

刘丽娜

2014 年 8 月

附录 1

《保护水下文化遗产公约》及附件《关于开发水下文化遗产的活动的规章》（中文版）

（联合国教科文组织第三十一届会议于 2001 年 11 月 2 日在巴黎通过）

大会：

认识到水下文化遗产的重要性，它是人类文化遗产的组成部分，也是各国人民和各民族的历史及其在共同遗产方面的关系史上极为重要的一个内容；

认识到保护和保存水下文化遗产的重要性，所有国家都应负起这一责任；

注意到公众对水下文化遗产日益关心和重视；

深信研究、宣传和教育对保护和保存水下文化遗产极为重要；

深信公众只要以负责的和非闯入的方式进入仍在水下的水下文化遗产，就有权从中接受教育和得到娱乐，也深信公众接受的教育有助于他们认识、欣赏和保护这份遗产；

意识到水下文化遗产受到未经批准的开发活动的威胁，有必要采取更有力的措施阻止这些活动；

意识到合法开发水下文化遗产的活动也可能无意中对其造成不良后果，因而有必要对此做出相应的对策，对水下文化遗产日益频繁的商业开发，尤其是对某些以买卖、占有或交换水下文化遗产为目的的活动深感忧虑；

意识到先进的技术为发现和进入水下文化遗产提供了便利；

认为国家、国际组织、科研机构、专业组织、考古学家、潜水员、其他有关方面和广大公众之间的合作对保护水下文化遗产是极为重要的；

考虑到水下文化遗产的勘测、发掘和保护都必须掌握并能应用特殊的科学方法，必须利用恰当的技术和设备，还必须具备高度的专业知识，所有这些说明必须有统一的标准；

认识到必须根据国际法和国际惯例，包括1970年11月14日的教科文组织的《关于禁止和防止非法进出口文化财产和非法转让其所有权的方法的公约》、1972年11月16日教科文组织的《保护世界文化和自然遗产公约》和1982年12月10日的《联合国海洋法公约》，编纂有关保护和保存水下文化遗产的法典和逐步制定这方面的规章制度；

决心提高国际、地区和各国为原址保护水下文化遗产，或因科研及保护的需要，小心打捞水下文化遗产而采取的措施的有效性。

在其第二十九届大会已决定为此拟定一份国际公约的基础上，于2001年11月2日通过本公约。

第一条　定义

在本公约中：

1.（a）“水下文化遗产”系指至少100年来，周期性地或连续地，部分或全部位于水下的具有文化、历史或考古价值的所有人类生存的遗迹，比如：

（i）遗址、建筑、房屋、工艺品和人的遗骸，及其有考古价值的环境和自然环境；

（ii）船只、飞行器、其他运输工具或上述三类的任何部分，所载货物或其他物品，及其有考古价值的环境和自然环境；

（iii）具有史前意义的物品。

（b）海底铺设的管道和电缆不应视为水下文化遗产。

（c）海底铺设的管道和电缆以外的，且仍在使用的装置，不应视为水下文化遗产。

2.（a）“缔约国”系指同意接受本公约之约束和本公约对其具有约束力的国家。

（b）本公约经必要的改动后也适用于本公约第二十六条第2段（b）中所指的那些根据该条规定的条件成为本公约的缔约方的地区，从这个意义上说，“缔约国”也指这些地区。

3.“教科文组织”系指联合国教育、科学及文化组织。

4.“总干事”即教科文组织总干事。

5.“区域”系指国家管辖范围以外的海床和洋底及其底土。

6.“开发水下文化遗产的活动”系指以水下文化遗产为其主要对象，并可能直接或间接对其造成损伤或破坏的活动。

7.“无意中影响水下文化遗产的活动”系指尽管不以水下文化遗产为主要对象或对象之一，但可能对其造成损伤或破坏的活动。

8.“国家的船只和飞行器”系指属于某国或由其使用，且在沉没时仅限于政府使用而非商用的，并经确定属实又符合水下文化遗产的定义的军舰和其他船只或飞行器。

9.“《规章》”系指本公约第三十三条所指的《有关开发水下文化遗产之活动的规章》。

第二条　目标和总则

1. 本公约的目的是确保和加强对水下文化遗产的保护。

2. 缔约国应开展合作，保护水下文化遗产。

3. 缔约国应根据本公约的各项规定为全人类之利益保护水下文化遗产。

4. 缔约国应根据本公约和国际法，按具体情况单独或联合采取一切必要的措施来保护水下文化遗产，并应根据各自的能力，运用各自能用的最佳的可行手段。

5. 在允许或进行任何开发水下文化遗产的活动之前，原址保护应作为首选。

6. 打捞出来的水下文化遗产必须妥善存放和保管，以便长期保存。

7. 不得对水下文化遗产进行商业开发。

8. 本公约须与各国的惯例和包括《联合国海洋法公约》在内的国际法相一致，任何条款均不应被理解为对有关主权豁免的国际法和国家惯例的规定的修正，也不改变任何国家对本国的船只和飞行器拥有的权利。

9. 缔约国应确保对海域中发现的所有人的遗骸给予恰当的尊重。

10. 只要不妨碍对水下文化遗产的保护和管理，应当鼓励人们以负责的和非闯入方式进入仍在水下的水下文化遗产，以对其进行考察或建立档案资料，从而使公众认识到应当了解、欣赏和保护水下文化遗产。

11. 根据本公约采取的任何行动或开展的任何活动均不构成对国家主权或国家管辖权提出要求、支持或反对的理由。

第三条　本公约与《联合国海洋法公约》之间的关系

本公约中的任何条款均不得妨碍国际法，包括《联合国海洋法公约》，所赋予各国的权利、管辖权和义务。本公约应结合国际法，包括《联合国海洋法公约》，加以解释和执行，不得与之相悖。

第四条　与打捞法和打捞物法的关系

打捞法和打捞物法不适用于开发本公约所指的水下文化遗产的活动，除非它：

（a）得到主管当局的批准，同时

（b）完全符合本公约的规定，同时又

（c）确保任何打捞出来的水下文化遗产都能得到最大限度的保护。

第五条　无意中影响水下文化遗产的活动

每个缔约国应采用它能用的最佳的可行手段防止或减轻其管辖范围内无意中影响水下文化遗产的活动可能造成的任何不良后果。

第六条　双边、地区或其他多边协定

1. 鼓励缔约国为保护水下文化遗产，签订双边、地区或其他多边协定，或对现有的协定加以补充。所有这些协定应完全符合本公约的规定，不得削弱本公约的普遍性。各国在这些协定中可提出能比本公约提出的规章更好地保护水下文化遗产的规章。

2. 这些双边、地区或其他多边协定的缔约方可邀请与有关的水下文化遗产确有联系，尤其是文化、历史或考古方面的联系的国家加入这些协定。

3. 本公约不得改变缔约国在本公约通过之前缔结的其他双边、地区或多边协定，尤其是与本公约的宗旨相一致的协定中规定的有关保护沉船的权利和义务。

第七条　内水、群岛水域和领海中的水下文化遗产

1. 缔约国在行使其主权时，拥有管理和批准开发其内水、群岛水域和领海中的水下文化遗产的活动的专属权利。

2. 在不违背其他有关保护水下文化遗产的国际协定和国际法准则的情况下，缔约国应要求开发内水、群岛水域和领海中的水下文化遗产的活动遵守《规章》中的各项规定。

3. 缔约国在其群岛水域和领海内行使其主权时，根据国与国之间的通行做法，为了在保护国家船只和飞行器的最佳办法方面进行合作，要向是本公约缔约国的船旗国，并根据情况，向与该水下文化遗产确有联系，尤其是文化、历史或考古方面的联系的其他国家通知发现可认出国籍的船只和飞行器的情况。

第八条　毗连区的水下文化遗产

在不违背第九、十两条的情况下，并在此两条之外，根据《联合国海洋法公约》第303条第2段的规定，缔约国可管理和批准在毗连区内开发水下文化遗产的活动。此时，缔约国应要求遵守《规章》的各项规定。

第九条　专属经济区和大陆架范围内的报告和通知

1. 所有缔约国都有责任按本公约保护其专属经济区内和大陆架上的水下文化遗产。因此：

（a）当一缔约国的国民，或悬挂其国旗的船只发现或者有意开发该国专属经济区内或大陆架上的水下文化遗产时，该缔约国应要求该国国民或船主报告其发现或活动；

（b）在另一缔约国的专属经济区内或大陆架上：

（i）缔约国应要求该国国民或船主向其，并向另一缔约国报告这些发现或活动；或

（ii）一缔约国应要求该国国民或船主向其报告这些发现或活动，并迅速有效地转告所有其他缔约国。

2. 在交存其批准、接受、赞同或加入文书时，一缔约国应说明本条第1段（b）中提到的报告的传达方式。

3. 缔约国应向总干事通报根据本条第1段向其报告的所有发现和活动。

4. 总干事应及时向所有缔约国通报根据本条第3段向其汇报的信息。

5. 任何缔约国都可以向在专属经济区内或大陆架上拥有水下文化遗产的缔约国表示愿意在有效保护这些水下文化遗产方面提供咨询。提出这种意愿的基础是这一缔约国必须与有关的水下文化遗产确有联系，尤其是文化、历史或考古方面的联系。

第十条　专属经济区内和大陆架上的水下文化遗产的保护

1. 在本条款许可范围之外，不得授权开发专属经济区内或大陆架上的水下文化遗产。

2. 缔约国有权依据包括《联合国海洋法公约》在内的国际法，为保护其主权权利和管辖权不受干涉而禁止或授权开发本国专属经济区内或大陆架上的文化遗产。

3. 当一缔约国在其专属经济区内或大陆架上发现水下文化遗产，或有意在其专属经济区或大陆架上开发水下文化遗产时，该缔约国应：

（a）与所有根据第九条第5段提出意愿的缔约国共同商讨如何最有效地保护这些水下文化遗产；

(b) 作为“协调国”对这类商讨进行协调，除非该缔约国明确表示不愿做“协调国”；在这种情况下，其他根据第九条第5段表达参与商讨意愿的缔约国应另行指定一个“协调国”。

4. 在不妨碍缔约国遵照国际法采取各种可行措施来保护水下文化遗产，以防止水下文化遗产受到包括抢劫在内的紧急危险的情况下，如有必要，协调国可在协商之前遵照本公约采取一切可行的措施，和/或授权采取这些措施，以防止人类活动或包括抢劫在内的其他原因对水下文化遗产构成的紧急危险。在采取这些措施时，可请其他缔约国给予协助。

5. 协调国：

(a) 应实施包括协调国在内的协商国一致同意的保护措施，除非包括协调国在内的协商国同意由另一个缔约国来实施这些措施；

(b) 应为实施一致同意的符合《规章》的保护措施进行必要的授权，除非包括协调国在内的协商国同意由另一个缔约国来做出这些授权；

(c) 可对水下文化遗产进行必要的初步研究，并为此进行必要的授权，并应及时向教科文组织总干事报告研究结果，总干事也应及时将这些信息通报其他缔约国。

6. 协调国在根据本条款协调缔约国之间的协商，对水下文化遗产采取保护措施，进行初步研究和/或进行授权时，应代表所有缔约国的整体利益，而不应只代表本国的利益。协调国在采取上述行动时不能就此认为自己享有包括《联合国海洋法公约》在内的国际法没有赋予它的优先权和管辖权。

7. 除本条款第2段和第4段所指的情况外，未经船旗国的同意和协调国的协作，不得对国家船只和飞行器采取任何行动。

第十一条 “区域”内的报告和通知

1. 根据本公约和《联合国海洋法公约》第149条之规定，缔约国有责任保护“区域”内的水下文化遗产。据此，当一缔约国的国民或悬挂其国旗的船只在“区域”内发现水下文化遗产，或有意开发“区域”内的水下文化遗产时，该缔约国应要求其国民或船长向该缔约国报告他们的发现或活动。

2. 缔约国应向教科文组织总干事和国际海底管理局秘书长通知向他们报告的这些发现和活动。

3. 教科文组织总干事应及时将缔约国提供的这些信息通报给所有的缔约国。

4. 任何缔约国均可向教科文组织总干事表示愿意参与商讨如何有效地保护该水下文化遗产。提出这种意愿的基础是这一缔约国必须与有关的水下文化遗产确有联系，特别应考虑该遗产的文化、历史和考古起源国的优先权利。

第十二条　“区域”内的水下文化遗产的保护

1. 在本条款许可范围之外，不得授权开发“区域”内的水下文化遗产。

2. 总干事应邀请根据第十一条第 4 段提出意愿的缔约国商讨如何最有效地保护有关的水下文化遗产，并指定其中一个缔约国为“协调国”，协调商讨工作。教科文组织总干事还应邀请国际海底管理局参加此类协商。

3. 任何缔约国可依照本公约采取一切切实可行的措施，以防止人类活动或包括抢劫在内的其他原因对水下文化遗产造成的直接危害。必要时，可在与其他缔约国进行协商之前采取措施。

4. 协调国应：

（a）实施由包括协调国在内的协商国一致同意的保护措施，除非包括协调国在内的协商国同意由另一个缔约国来实施这些措施；和

（b）根据本公约之规定，为实施一致同意的措施进行必要的授权，除非包括协调国在内的协商国同意由另一缔约国进行这些授权。

5. 协调国可对水下文化遗产进行必要的初步研究，并为此进行必要的授权，并应及时向教科文组织总干事报告研究结果，总干事也应及时将这些信息通报其他缔约国。

6. 协调国在根据本条款协调缔约国之间的协商，对水下文化遗产采取保护措施，进行初步研究和/或进行授权时，应以全人类的利益为重，代表所有的缔约国；应特别考虑有关水下文化遗产的文化、历史和考古起源国的优先权利。

7. 任何缔约国未经船旗国的许可，不得对“区域”内的国家船只或飞行器采取任何行动。

第十三条　主权豁免

享有主权豁免的军舰和其他政府船只或军用飞行器，在执行非商业性的和非针对水下文化遗产的正常任务时，没有根据本公约第九、十、十一和十二条之规定，报告发现水下文化遗产的义务。但是缔约国应采取适当措施，在不妨碍上述船只和飞行器执行任务或损害其执行任务的能力的情况下，确保上述船只和飞行器在合理和可行的范围内，遵守本公约的第九、十、十一和十二条。

第十四条　限制进入领土，买卖和拥有

缔约国应采取措施，阻止非法出口和/或以违反本公约的方式非法打捞的水下文化遗产进入其领土，和在其领土上买卖或拥有这种水下文化遗产。

第十五条　禁止使用缔约国管辖的区域

缔约国应采取措施禁止使用其领土，包括完全处于其管辖权和控制之下的海港及人工岛、设施和结构，进行违反本公约开发水下文化遗产的活动。

第十六条　有关国民和船只的措施

缔约国应采取一切可行的措施，以确保其国民和悬挂其国旗的船只不进行任何不符合本公约的水下文化遗产的开发活动。

第十七条　制裁

1. 缔约国应对违反贯彻本公约的措施的行为进行制裁。

2. 对违反行为所作的制裁的力度应足以惩戒任何地方的违法行为，确保遵守本公约，并剥夺违反者从非法行为中获取的利益。

3. 缔约国应相互合作，以确保根据本条款所采取的制裁措施得到实施。

第十八条　水下文化遗产之扣押与处置

1. 缔约国应采取措施在其领土上扣押以违反本公约的方式打捞的水下文化遗产。

2. 缔约国应对根据本公约扣押的水下文化遗产进行登记和加以保护，并采取一切合理的措施使其保持原有状况。

3. 缔约国应向教科文组织总干事报告其依据本公约扣押的水下文化遗产，并通报任何与该水下文化遗产确有联系，尤其是文化、历史或考古方面的联系的缔约国。

4. 扣押了水下文化遗产的缔约国应确保对该文化遗产的处理方式符合公众的利益，要考虑对该遗产的保护和研究、散落文物之复原、向公众开放展览和进行教育等问题，以及与该文化遗产确有联系，尤其是文化、历史或考古方面的联系的缔约国的利益。

第十九条　合作与信息共享

1. 缔约国应依据本公约在水下文化遗产的保护和管理方面相互合作、互相帮助，有可能的话，也应在对这种遗产的调查、发掘、记录、保存、研究和展出等方面开展协作。

2. 在不违反本公约宗旨的前提下，各缔约国要与其他缔约国分享有关水下文化遗产的信息，包括水下文化遗产的发现、所处位置、违反本公约或国际法或违反与这种遗产有关的其他国际法、有关的科学方法和技术以及有关法律发掘或打捞的文化遗产。

3. 缔约国之间，或教科文组织与缔约国之间分享的有关水下文化遗产的发现或其位置的信息，只要泄露后可能危害水下文化遗产或危及水下文化遗产的保护工作，就应在不违反缔约国国内法律的前提下，作为只有缔约国主管当局了解的机密。

4. 缔约国应采取一切可行的措施，并在可行的情况下，包括利用有关的国际数据库，公布有关违反本公约或国际法发掘或打捞的水下文化遗产的信息。

第二十条　提高公众意识

缔约国应采取一切可行的措施，提高公众对水下文化遗产的价值与意义的认识以及依照本公约保护水下文化遗产之重要性的认识。

第二十一条　水下考古培训

缔约国应开展合作，提供水下考古、水下文化遗产保存技术方面的培训，并按商定的条件进行与水下文化遗产有关的技术的转让。

第二十二条　主管机构

1. 为确保本公约的有效实施，缔约国应设立主管机构，已设立的要予以加强，负责水下文化遗产目录的编制、保存和更新工作，对水下文化遗产进行有效的保护、保存、展出和管理，并开展有关的科研和教育活动。

2. 缔约国应将其主管水下文化遗产的机构的名称和地址告知总干事。

第二十三条　缔约国会议

1. 总干事应在本公约生效一年之后召开一次缔约国会议，其后至少每两年召开一次。如大多数缔约国要求，总干事应召开缔约国特别会议。

2. 缔约国会议应确定其职能和责任。

3. 缔约国会议应有自己的《议事规则》。

4. 缔约国会议可以设立一个由缔约国提名的专家组成的科学与技术咨询委员会，该委员会的组成应充分考虑公平的地理分配原则和男女成员的适当比例。

5. 科学与技术咨询委员会应在实施《规章》中涉及的科学和技术问题方面，向缔约国会议提供必要的协助。

第二十四条　公约秘书处

1. 总干事应负责为本公约设立秘书处。

2. 秘书处的职能包括：

（a）根据第二十三条第1段的规定组织缔约国会议；

（b）协助缔约国落实缔约国会议的决定。

第二十五条　和平解决争端

1. 两个或两个以上缔约国在解释或实施本公约时出现的任何争端，都应以诚恳的协商或它们所选择的其他和平方式加以解决。

2. 如此类协商未能在合理的时间内解决争端，可经当事缔约国同意后，交由教科文组织调解。

3. 如未进行调解或调解无效，《联合国海洋法公约》第十五部分有关解决争端的条款，经必要修改后，可适用于本公约缔约国之间在解释或实施本公约中出现的任何争端，无论这些缔约国是否也是《联合国海洋法公约》的缔约国。

4. 本公约及《联合国海洋法公约》的缔约国依据《联合国海洋法公约》第287条所选择的任何程序，都适用于解决本条款中所说的争端，除非该缔约国在批准、接受、赞同或加入本公约之时或其后的任何时候，依据第287条选择了其他程序来解决因本公约引起的争端。

5. 没有加入《联合国海洋法公约》的本公约缔约国，在批准、接受、赞同或加入本公约之时或其后的任何时候，可以通过书面声明的方式，由自由选择《联合国海洋法公约》第287条第1段所规定的一种或多种方式，来解决本条款中所说的争端。第287条适用于这类声明，也适用于上述缔约国为当事一方，但是不在有效声明范围内的任何争端。依据《联合国海洋法公约》附件V和附件VII，为了进行调解和仲裁，上述缔约国有权指定调解人和仲裁人，列入附件V第2条和附件VII第2条提到的名单，以解决因本公约引起的争端。

第二十六条　批准、接受、赞同或加入

1. 教科文组织会员国可以批准、接受或赞同本公约。

2. 可以加入本公约的国家或地区包括：

（a）不是教科文组织会员国，但是联合国成员国或联合国系统内某一专门机构或国际原子能机构的会员国的国家，《国际法院规约》的缔约国，以及应教科文组织大会的邀请加入本公约的任何国家；

（b）没有完全独立，但根据联合国大会第1514（XV）号决议被联合国承认为充分享有内部自治，并且有权处理本公约范围内的事宜，包括有权就这些事宜签署协议的地区。

3. 批准、接受、赞同或加入本公约的文书应交存于总干事处。

第二十七条　生效

在收到本公约第二十六条言及之第二十份文书三个月之后，本公约生效，但仅限于递交了文书的二十个国家或地区。其他任何国家或地区在递交其文书三个月后，本公约生效。

第二十八条　内陆水域声明

任何国家或地区，在批准、接受、赞同或加入本公约之时或其后的任何时候，都可以声明本公约之《规章》适用于其不具海洋性质的内陆水域。

第二十九条　地理范围的限定

任何国家或地区，在批准、接受、赞同或加入本公约之时，可向文书保管者声明，本公约不适用于其领土、内水、群岛水域或领海的某些特定部分，并在声明中阐述其理由。该国应尽其所能尽快地创造条件，使本公约适用于其声明中所指的特定区域，一旦条件成熟，应尽快全部或部分地撤回其声明。

第三十条　保留

除第二十九条所指的情况外，对本公约不得持任何保留意见。

第三十一条　修正

1. 缔约国可书面通知教科文组织总干事，对本公约提出修正建议。总干事应将此通知转发给所有缔约国。如在通知发出之日起六个月内，有一半以上的缔约国答复赞成这一要求，总干事应将此建议提交下一次缔约国会议讨论，决定是否通过。

2. 对本公约的修正须经出席并参加表决的缔约国三分之二多数票通过。

3. 对本公约的修正一经通过，可交由缔约国批准、接受、赞同或加入。

4. 对于批准、接受、赞同或加入修正案的缔约国来说，本公约修正案在三分之二的缔约国递交本条第3段所提及的文书之日三个月之后生效。此后，对任何批准、接受、赞同或加入修正案的国家或地区来说，在其递交批准、接受、赞同或加入文书之日三个月之后，本公约修正案即生效。

5. 依照本条第4段修正案生效后，本公约的缔约国或地区，在该国或地区未表示异议的情况下，应：

（a）被视为本公约业经修正之文本的缔约方，

（b）但在与不受修正案约束的任何缔约国的关系中，仍被视为未经修正之公约的缔约方。

第三十二条　退出

1. 缔约国可书面通知教科文组织总干事退出本公约。

2. 退出自接到通知之日起十二个月后生效，除非通知指定一个较后的日期。

3. 退出本公约绝不意味着该缔约国可以不履行按照本公约以外的国际法应承担的与本公约的规定相同的一切义务。

第三十三条　规章

作为本公约之附件的《规章》是本公约的一个组成部分，除非另有明确说明，否则凡提及本公约时，均包括该《规章》。

第三十四条　备案

根据联合国宪章第102条，本公约应按总干事的要求在联合国秘书处备案。

第三十五条　有效文本

本公约用阿拉伯文、中文、英文、法文、俄文和西班牙文制定，这六种文本具有同等效力。

附件：《关于开发水下文化遗产的活动的规章》

I. 一般原则

第一条　原址保护应作为保护水下文化遗产的首选方案。因此，批准开发水下文化遗产的活动必须看它是否符合保护该遗产之要求，在符合这种要求的情况下，可以批准进行一些有助于保护、认识或改善水下文化遗产的活动。

第二条　以交易或投机为目的而对水下文化遗产进行的商业性开发或造成的无法挽救的失散与保护和妥善管理这一遗产的精神是根本不相容的。水下文化遗产不得作为商品进行交易、买卖和以物换物。

本条不得解释为禁止下述活动：

（a）开展性质和目的完全符合本公约之规定，并经主管当局批准的专业考古工作或必要的辅助工作；

（b）保管在开展与本公约精神相符的研究项目时打捞的水下文化遗产，

条件是这种保管不会损害打捞物的科学或文化价值，无损于其完整性或不会造成其无可挽回的失散，而且要符合第三十三条和第三十四条的规定并经主管当局批准。

第三条　开发水下文化遗产的活动对这一遗产造成的损坏必须以为完成项目而不得不造成的损坏为限。

第四条　开发水下文化遗产的活动应当优先考虑使用非破坏性的技术和勘测方法，而不是去打捞有关物品。如果为了科学研究或最终保护有关水下文化遗产而需要进行发掘或打捞，那么所使用的技术和方法应尽可能不造成破坏，并有助于保存遗物。

第五条　开发水下文化遗产的活动应当避免不必要地侵扰人的遗骸或历史悠久的遗址。

第六条　开展开发水下文化遗产的活动应当严格按规定做好文化、历史和考古方面的资料工作。

第七条　应当鼓励向公众开放仍在水下的水下文化遗产，但不利于保护和管理的情况除外。

第八条　应鼓励在开展开发水下文化遗产的活动方面进行国际合作，以促进有效地交流或使用考古学家及其他有关的专业人员。

II. 项目说明

第九条　在开展开发水下文化遗产的活动之前，应当拟定一份项目说明，并提交主管当局批准和请同行进行必要的评议。

第十条　项目说明应当包括：

（a）对先前或初步研究的结果进行评估；

（b）项目说明和目标；

（c）准备采用的方法和技术；

（d）预计的资金；

（e）完成项目的时间表；

（f）项目小组的成员，每位成员的资历、责任和经验；

（g）实地考察工作后的分析工作和其他活动的计划；

（h）与主管当局密切合作拟定的文物和遗址保护计划；

（i）整个项目执行期间的遗址管理和保护政策；

（j）文献资料计划；

（k）安全措施；

（l）环境政策；

（m）与博物馆和其他机构，特别是与科研机构的合作安排；

（n）报告的编写；

（o）档案，包括打捞上来的水下文化遗产的存放计划；

（p）出版计划。

第十一条　应当根据主管当局批准的项目说明开展开发水下文化遗产的活动。

第十二条　在出现未曾预料的发现或情况发生变化的情况下，项目说明应经主管当局批准予以复议和修订。

第十三条　在出现紧急情况或意外发现时，即使没有项目说明，也可允许开展开发水下文化遗产的活动，包括短期的保护措施或活动，特别是稳定遗址方面的工作，以保护水下文化遗产。

III. 初步工作

第十四条　第十条（a）项所说的初步工作包括一项评估工作，即评估水下文化遗产和周边自然环境的重要性和建议执行的项目会在多大程度上使其受损，以及收集符合项目目标的数据的可能性。

第十五条　这项评估工作也应包括对现有的历史和考古资料，对有关遗址在考古和环境方面的特点，以及这些活动对有关水下文化遗产的长期稳定可能造成的侵扰的后果进行研究。

IV. 项目的目标和使用的方法及技术

第十六条　所使用的方法应符合项目的目标，采用的技术应尽量不造成破坏。

V. 资金

第十七条　除水下文化遗产的紧急保护外，在开始进行任何开发活动之前，必须有足以完成项目说明中所有阶段所需的基本资金，包括对打捞的文物进行保护、登记造册和保管以及编写和散发报告所需的基本资金。

第十八条　项目说明应表明有足够的能力，如获得一笔保证金，来资助该项目，直至全部完成。

第十九条　项目说明应包括一项应急计划，确保在预计资金中断的情况下仍能保护水下文化遗产和编写有关的文献资料。

VI. **项目的期限——时间表**

第二十条　在开展开发水下文化遗产的活动之前，应拟定一份详细的时间表，以确保完成项目说明中规定的各个阶段的活动，包括对打捞上来的水下文化遗产进行保护、登记和保管，以及编写和散发报告等工作。

第二十一条　项目说明应包括一项应急计划，确保在项目中断或终止执行的情况下仍能保护水下文化遗产和编写有关的文献资料。

VII. **专业水平和资历**

第二十二条　开发水下文化遗产的活动只能在有一名具有项目所需的科学能力的合格的水下考古专家并经常在现场指导和监督的情况下才能开展。

第二十三条　项目小组的所有成员都应能胜任工作并具备完成各自的任务所需的专业技能。

VIII. **文化保护与遗址管理**

第二十四条　文物保护计划应提出在开展开发水下文化遗产的活动期间、在运输途中和在长时期内如何处理有关文物。保护工作应按现行的专业准则进行。

第二十五条　遗址管理计划应对水下文化遗产在现场开发期间及之后的原址保护和管理工作做出规定。这一计划应包括公众宣传，以及采取稳定遗址、对其进行监测和防止其受到侵扰的合理手段。

IX. **文献资料**

第二十六条　文献资料计划应根据现行的考古文献工作的专业标准，详细记录开发水下文化遗产活动的全部情况，包括一份进度报告。

第二十七条　文献资料至少应包括一份遗址的详细介绍，包括在开发活动中被挪动的或打捞的水下文化遗产的来历、现场纪事、示意图、图样、截面图及照片或以其他手段保存的资料。

X. **安全**

第二十八条　应制订一套安全措施，充分确保项目小组成员和第三方的安全与健康，并符合现行法律和职业方面的一切规定。

XI. **环境**

第二十九条　应制订一项环境政策，确保不过多地打乱海底和海洋生物的现状。

XII. 报告

第三十条　应根据项目说明中规定的工作时间表提交中期报告和最后报告，并应存放在有关的公共档案中。

第三十一条　报告应包括：

（a）目标的实现情况；

（b）方法和技术使用情况；

（c）已获得的结果；

（d）活动各阶段的主要图表与照片等文献资料；

（e）有关保护和保存遗址及所打捞的水下文化遗产的建议；

（f）有关今后活动的建议。

XIII. 项目档案的保存

第三十二条　在开展任何开发活动之前，应当商定保存项目档案的措施，并应写入项目说明。

第三十三条　项目档案，包括所有被打捞的水下文化遗产和所有相关的文献资料必须尽量集中在一起，并保持其完好无损，以便于专业人员和公众使用和对这些档案的保存。这项工作应当尽快完成，最迟在项目结束之后的十年内完成，因为这符合保存有关水下文化遗产的精神。

第三十四条　项目档案应根据国际专业标准加以管理，并由主管当局认可。

XIV. 宣传

第三十五条　项目应适时提供公众教育和项目结果的普遍代表性。

第三十六条　项目的最后综合报告应：

（a）在考虑到项目的复杂性和有关资料的保密性或敏感性的同时，尽早公布于众；

（b）存放在有关的国家档案中。

正本两份，由联合国教科文组织大会第三十一届会议主席和联合国教科文组织总干事签署，并将存放于联合国教科文组织的档案中。经核准的副本将分送第二十六条所提及的所有国家和地区以及联合国。

上述文本为在巴黎召开的，于2001年11月3日闭幕的联合国教科文组织第三十一届大会正式通过的公约的正式文本。

为此，我们签上名字，以资证明。

附录2

世界水下文化遗产数据库

为争取做好全球范围的水遗普查，推广区域的水遗保护、交流和合作打下基础，UNESCO积极鼓励各国、区域建立自己的水遗数据库，并协助建立了世界水遗数据库。笔者根据UNESCO网站及其他国家相关网站，总结了世界各地最为著名的一些水遗数据库。

世界水遗数据库

世界水下文化遗产管理数据库（MACHU数据库）：最初是欧盟的一个水下遗产管理计划，为所有欧盟注册的国家水下考古遗址进行监测并建立信息数据库，为研究、管理人员和民众所知。这是一个管理世界水下文化遗产的项目，通过地理信息系统（GIS）储存了各类水下文化遗产资料。该项目是从最初的7个欧洲国家发展到世界各地，并不断更新信息。此数据库包含的资料主要是对各个水下遗产的考古和其环境的考古和历史信息（如地球物理，地球化学，沉积学和海洋数据）并确定由人类活动引起的威胁的可能性。该数据库对专业文物管理人员提供完全的访问平台，但对大众也提供了一个受限的访问平台。此外，也包括一个关于科学数据交换和决策支持系统（DSS）的网上平台。（MACHU Database. http：//www. machuproject. eu/）

一、欧洲

欧盟古代海军考古数据库的NAVIS一期工程与NAVIS二期工程数据库是由欧洲委员会主持收集古代水下海军的数据库，其中有关于水下沉船的信息。

1. 芬兰

国家海事博物馆档案馆：芬兰（赫尔辛基）国家海事博物馆负责芬兰境

内除了 Åland（奥兰）的所有水下考古。该博物馆正在将超过 1200 艘沉船残骸的信息进行电脑登记。

Åland（奥兰）沉船注册簿：奥兰省是芬兰的一个自治省，拥有自己的法律。省博物馆（奥兰博物馆）提供境内单独的沉船登记系统，约有 270 艘沉船记录在案。

2. 法国

DRASSM **目录**（法国水下与海洋考古中心数据库）：法国文化部的沉船数据库和综合档案馆。

3. 爱尔兰

爱尔兰沉船目录：是由爱尔兰水下考古机构（UAU）提供的在爱尔兰水域内沉船的资料，它包括 1945 年至今 10，000 个已被编译和整理的沉船资料。档案 inventory 可跟档案馆事先联系咨询事宜。

4. 意大利

Archeomar 项目：意大利文化部在意大利南部与 Super-intendancies 和警察局一起合作创立了水下考古文物登记系统。该项目的主要目的是编辑一个注册簿，标记和记录位于意大利南部地区如坎帕尼亚，普利亚，巴西利卡塔和卡拉布里亚的水下考古信息，以便最终实现改善考古文物管理的最终目标。该项目的另一目标是提供加强网站管理所需的必要工具，以实现该网站的重要意义。

5. 挪威

挪威海事博物馆：奥斯陆的国家海事博物馆（NSM）建立的沉船登记系统收集了有关挪威和其他 4 个地区博物馆内的沉船信息：the NTNU、Trondheim、斯塔万格市海事博物馆、卑尔根海事博物馆，以及在特罗姆瑟大学的特罗姆瑟博物馆。每个地区的博物馆负责每一个地区的沉船信息的登记。

6. 瑞典

瑞典海事博物馆的沉船注册：瑞典国家沉船登记注册簿，对公众开放，但还没有形成完全的电子数据库。

7. 英国

国家档案馆——国家档案馆保存一些失事船只的纪录和绝大部分英国沉船的信息。

二、大洋洲

澳大利亚

澳大利亚国家沉船数据库：澳大利亚沉船数据库由澳大利亚政府提供，它提供的用户检索可以检索到联邦及地区法律保护的那些历史沉船。

新南威尔士的海洋文化在线数据库：根据南威尔士1977年文物法案成立的专门负责管理历史性沉船的机构是规划发展部文物科。该网站就是它提供的包含新南威尔士海洋遗产的数据库，如原住民遗址、沉船、飞机遗骸、港口等。数据库检索的信息，除了文字介绍，还包括静态图像、视频剪辑、考古调查报告和活动指南。

西澳大利亚海洋博物馆沉船数据库：该数据库是由在西澳大利亚海洋博物馆内的海洋考古部提供的有关西澳沉船的信息。

北部省沉船数据库：澳大利亚北部省政府建立的数据库包含超过200艘沉船、73架飞机残骸和14处距离北方省海岸不远的水下文化遗产。

塔斯马尼亚沉船数据库：提供了那些在塔斯马尼亚岛附近海域发生在过去200年内的11艘沉船的数据信息。

三、北美洲

1. 加拿大

沉船调查数据库：该网站提供了由加拿大图书馆和档案馆出具的官方调查报告中的一系列沉船信息。

2. 美国

海峡群岛国家海洋保护区沉船数据库：海峡群岛国家海洋保护区一直在与BRIDGE合作，提供有关在美国西海岸的5个国家海洋保护区发现沉船的重要信息。

阿拉斯加的MMS沉船数据库：美国内政部的矿产管理局（MMS）是美国联邦机构里管理的外大陆架天然气、石油和其他矿产资源的机构。它的沉船数据库提供了阿拉斯加从俄罗斯世代（1741）到现在的沉船汇编。

加利福尼亚州土地委员会的加利福尼亚州沉船数据库：包含有关在加州沉船的论文、文物图片和水下视频以及一个在线数据查询。

威斯康星州的沉船数据库：美国威斯康星州海事遗迹项目和威斯康星大学

共同维护威斯康星历史沉船的数据库。

明尼苏达历史沉船数据库：苏达州历史学会提供了明尼苏达州苏必利尔湖的系列沉船和水下考古遗址名单。

佛蒙特州的水下历史遗迹数据库：由尚普兰湖海事博物馆提供尚普兰湖的沉船信息。

佛罗里达州的水下考古遗迹数据库：历史资源司是国家专门促进佛罗里达州文化资源的隶属美国政府的国家机构，它包含了美国佛罗里达州指定为水下遗迹的11艘沉船残骸的数据信息。

四、南美洲

巴西

Mergulho **数据库：**是一个公共的大型数据库，旨在鼓励人们合理利用水下文化遗产。它提供了巴西海岸沉船目录、数据库和地图以及宝贵的历史资料和法律资料。

五、亚洲

亚洲境内的沉船数据库：包括泰国、马来西亚、菲律宾、中国等亚洲地区的水遗信息数据库。（Shipwreck Asia Database：www. shipwreckasia. org）

附录 3

世界水遗博物馆*

水遗丰富的国家多以博物馆的形式公开展出沉船、人类残骸及人类淹没的建筑物等水下文化遗产。这些博物馆内常设有国家的水遗修复或水遗考古中心，成为国家重要的水遗征集、典藏、陈列和研究的重要场所。

全世界大概有 200 多家这样的水遗博物馆，笔者将其按所在地分为“水下的水遗博物馆”和“岸上的水遗博物馆”。在着重介绍新颖的“水下的水遗博物馆”之外，笔者整理汇编了主要的“岸上展示型水遗博物馆”的英文资料（以字母顺序排列），并翻译了每类中最为重要的几所。

一、水下的水遗博物馆

其中秉承“原址保护（In-situ）”的原则，最需要技术支持的是“水下水遗博物馆”，直接在水遗原址的基础上修建博物馆，展示从沉船或者水下废墟中获取的文化遗产，甚至是沉船的全貌。

这些具有创新性和新颖性的水下博物馆可分为全淹没型博物馆（submerged museum）和半淹没型博物馆（semi-submerged museum），以下介绍其中著名的几座博物馆：

（一）全淹没型的博物馆

白鹤梁博物馆（中国）：白鹤梁堪称世界上最古老的水文站，记录了重庆市涪陵区以北的长江水位 1200 余年的变化。这块石头梁长 1600 米，宽 15 米，脊梁标高 138 米，三峡大坝工程完成后就淹没于 43 米水下。白鹤梁博物馆的

---

* 水遗博物馆的内容及网站，参考联合国教科文组织“水下文化遗产”官方网站。http：//www.unesco.org/new/en/culture/themes/underwater-cultural-heritage.

建设是一个举世创举，是世界范围内首次达到如此深度的无需潜水参观的原址保护的水下文化遗产。白鹤梁博物馆已于2009年开馆。

网站：http：//www. cqbhl. com. cn/

亚历山大水下博物馆项目（埃及）：1968年在亚历山大海湾水下考古发现了著名的世界七大奇迹之一的灯塔、托勒密宫殿的废墟遗址后，埃及政府就一直计划在亚历山大湾建立一个水下博物馆，博物馆被设计成“水族馆”的形式，通过潜艇管通往亚历山大湾。2006年教科文组织和埃及文化部合力讨论了博物馆建成的可行性，它将包括一个海平面上的展览大厅和相对应的一个水下考古区。

网站：http：//www. unesco. org/csi/pub/source/alex1. htm

（二）半淹没型博物馆

广东海上丝绸之路博物馆（南海I号馆）（中国）：南海I号沉船在珠江入海口处西侧发现，载有60000至80000件珍贵的物品，这艘古代沉船遗骸所携带的关于中国古代造船和航海技术的关键信息寓意深远，可以与中国西安闻名于世的兵马俑相比。南海I号博物馆将沉船放置于和沉船发掘时相同水质、温度和环境的水族馆中。考古学家在水族馆中展开考古发掘沉船的工作，从而使参观者在博物馆内就可以观察水下考古工作。

网站：http：//www. msrmuseum. com/

二、岸上的水遗博物馆

岸上博物馆对水遗的展示可谓千差万别。有专门为某艘历史沉船而设立的专属水遗博物馆；也有在沉船密集的地区修建的综合沉船博物馆。

（一）专属沉船博物馆

此类博物馆是针对某一特定沉船而设立的。最著名的是展示出水的沉船、飞行器、人类遗骸或其他。

1. 瓦萨博物馆（瑞典）：瓦萨博物馆展示一艘17世纪当时最强大的战船“瓦萨”号。该船于1628年沉没，1961年被打捞，目前陈列于访问人数最多的斯堪的纳维亚半岛博物馆。

网站：http：//www. vasamuseet. se/en/

2. 玛丽玫瑰博物馆（英国）：玛丽玫瑰朴次茅斯博物馆展示了16世纪都铎海军舰艇玛丽玫瑰号，此乃亨利八世国王舰队的主要船只，饱含丰富的历史信息。其建于1509年至1510年间，沉没于1545年的一次抗法战斗中。该沉船于1971年被发现，1982年被打捞，现在该博物馆展出。

网站：http：//www. maryrose500. org/

3. Cape Cod Maritime Museum Massachusetts（USA）：Dedicated to Cape Cod's maritime past, present and future this museum displays the shipwreck of the Sparrow-Hawk, a 17th century trans-Atlantic vessel.

Website：http：//www. capecodmaritimemuseum. org/

4. Central Museum, Utrecht（Netherlands）：This major museum for history and arts presents interesting pieces of underwater heritage including the Utrecht ship.

Website：http：//centraalmuseum. nl/

5. Egyptian Museum, Cairo（Egypt）：One of the biggest and most renowned museums focusing on Egyptian Antiquity. Its collections include more than 160000 pieces including many ancient ships and ship models.

Website：http：//www. egyptianmuseum. gov. eg/

6. Great Britain, Bristol Dry Dock（UK）：The dry dock is the place where the SS Great Britain, one of the most iconic and significant historic ships in the world, was built and rests. The collections include the boat, as salvaged in the 1970ies and restored, extensive archives and conserved material dating from every stage of the ship's working life.

website：http：//www. ssgreatbritain. org/DryDock. aspx

7. Korean National Maritime Museum（ South Korea）：The museum is a maritime museum dedicated to preserving and presenting Korea's rich maritime history. It displays over 3000 excavated underwater cultural heritage relics from Wando and a replica wooden ship from the Goryeo Dynasty as well as approx. 22000 items from Chinese ships of the 14th century.

Website： http：//www. seamuse. go. kr/seamuseweb/main/Index. do? mn = EN_ 01

8. Kaiyo-Maru, Esashi town（Japan）：the museum consists of a square-rigged wooden battleship built more than 120 years ago. It stranded off Esashi in 1868, was salvaged and restored and is now used as a youth training facility. The ship exhibits Japan's oldest underwater heritage relics.

9. National Maritime Museum, Chantaburi, (Thailand): The National Maritime Museum is housed in a fortress. It displays models of boats that were used in Thailand, full sized old transport ships as well as artefacts found in sunken ships.

10. National Maritime Museum, Haifa, (Israël): The museum is devoted to the maritime history of the Mediterranean basin, the Red Sea and the Nile. It displays ship models; maritime archaeological artefacts and a large collection of ancient maps.

Website: http://www.hms.org.il/Museum/

11. National Museum of the Philippines, (Philippines): The museum was established in 1901 as a natural history and ethnography museum. It exhibits among others important underwater archaeological artefacts from various excavations and its scientists take part in investigation and excavation projects.

Website: http://www.nationalmuseum.gov.ph/

12. Yigall Alon Museum, Kibbutz Ginosar (Israel): The museum is also called the《Jesus Boat Museum》and exhibits a 2, 200 year old shipwreck.

Website: http://www.jesusboatmuseum.com/

Comacchio Museum, Ravenna

Confederate Naval Museum, Georgia

CSS Neuse State Historic Site, North Carolina

De Soto National Wildlife Refuge, Missouri River

Dover Museum, Kent

Georgetown Maritime Museum, South Carolina

German Maritime Museum, Bremerhaven

Göteborg City Museum, Sweden

Gottorp Castle Schleswig, Germany

Hull and East Riding Museum, Yorkshire

Kalmar Castle, Sweden

Kyrenia Ship Museum, Cyprus

Ladby Ship Museum, Denmark

Laténium-Archeological Park and Museum of Neuchatel, Switzerland

Mallorytown Landing Ontario Canada

Mariner's Museum, Newport News, Virginia

Marsala Regional Archaeological Museum, Sicily

Medieval Museum, Stockholm, Sweden

Museum of Ancient Navigation, Mainz

Museum of the Plains, Orme, Italy.

Museum of Overseas Communications History, Fujian

Museum of Roman Ships, Rome

Museum of Underwater Wrecks of the Invasion, NormandyNational Archaeological Museum of Aquileia, Italy

National Aviation Museum, Florida

National Museum of American History Smithsonian Institution

National Museum of Denmark

National Museum of Naval Aviation

National Museum of the Pacific War, Fredericksburg

National Museum of Underwater Archaeology, Cartagena.

Norwegian Maritime Museum, Oslo

Pilgrim Hall, Plymouth Massachusetts

Portland Harbor Museum, South Portland Maine

Rahmi M. Koç Museum, Istanbul

Royal Navy Submarine Museum, Portsmouth

Shipwreck Galleries, Western Australian Museum, Fremantle

South Carolina State Museum

St. Lawrence Islands National Park, Canada

Steamboat Arabia Museum Kansas City

Swedish Aircraft Museum, Linköping

Swedish Naval Museum, Karlskrona

Turks and Caicos National Museum

University of Haifa, Israel

Vicksburg National Military Park, Mississippi

Warren Lasch Conservation Center

Western Canada Aviation Museum, Manitoba

（二）综合沉船博物馆

该类博物馆内展示的不止一艘沉船沉物，而是集中展示该区域内的多艘沉船沉物、沉船模型，以及其他水下文化遗产。这种博物馆多出现在欧洲沿海国，特别是北欧。其中还有些特别的博物馆，如专门陪葬船博物馆或私人水遗博物馆。

1. 博德鲁姆（Bodrum）水下考古博物馆（土耳其）：这个博物馆是土耳其最受欢迎的旅游景点之一。它展出了五艘古船及其船上的双耳环细颈土罐、钱币，以及其他物品。

网站：http：//www. bodrum-museum. com/

2. 维京船博物馆（丹麦）：位于罗斯基勒（Roskilde）的海盗船博物馆重点展出古代和中世纪时期的船舶、航海及造船文化。维京船大厅被设计成一个大的展柜，陈列在 Skuldelev 发现的五艘维京船。除了展示五艘船舶外，大厅内还设有专门的临时展览，以及一艘仿制的商船和一艘仿制的装备了货物、武器的军舰。造船的传统文化和维京时代的文化及其历史背景通过造船工人和展览体现出来。每逢夏季，在博物馆岛上都会有工匠们在考古工作室内对从丹麦境内发现的船只进行测量、记录以及海上考古等活动。

网站：http：//www. vikingeskibsmuseet. dk/

3. Australian National Maritime Museum（Australia）：This maritime museum is located at Darling Barbour, Sydney. It displays a fleet of historic vessels, special exhibitions, historic and underwater archaeological artifacts. The museum has also an underwater archaeology unit.

Website：http：//www. anmm. gov. au/site

4. Bergen Maritime Museum，（Norway）：The museum presents the history of seafaring in Norway focusing on the importance of Bergen. It contains an exhibition of Viking ship models, on Norway's role in World War II and of paintings and marine artefacts rescued from the North Sea.

Website：http：//www. bergen-guide. com/57. htm

5. Kalmar County Museum，（Sweden）：This museum on the history of the region shows relics from the Royal flagship Kronan and many other underwater heritage artefacts.

Website：http：//www. kalmarlansmuseum. se/#translate

6. Estonian State Maritime Museum, (Estonia): The museum displays the general history of shipping and fishing in Estonia.

Website: http: //www. meremuuseum. ee/? setlang = eng

7. Lake Champlain Maritime Museum, Vermont (USA): This archaeological museum focuses on the story of the people and culture of the Lake Champlain region and features a fleet of replica vessels and a collection of artefacts from shipwrecks of the Lake.

Website: http: //www. lcmm. org/

8. Langelands Museum, (Denmark): This museum on the history of the area displays objects from prehistory to the early 20th century coming from Langeland, Strynø and Ærø. Langelands Museum has performed several underwater archaeological excavations of prehistoric settlements as well as of shipwrecks. Some of the recovered artefacts are shown

Website: http: //turist. langeland. dk/

9. Maritime Museum of Finland (Finland): This National Maritime Museum includes an exhibition on the history of Finnish seafaring, featuring ships and maritime trade. It also displays items recovered from underwater wrecks like the St. Mikael which sank in 1747.

Website: http: //www. nba. fi/en/mmf

10. National Maritime Archaeological Museum, Cartagena (Spain): This national museum for the promotion of Spanish underwater heritage shows among others a life-size model of a Phoenician merchant ship and artefacts from shipwrecks (Amphorae, lead ingots, anchors…)

Website: http: //museoarqua. mcu. es/

11. Museum of National Antiquities, Stockholm (Sweden): The museum presents Swedish cultural history and art from the Stone Age to the 16th century. Its collection includes Viking artefacts, gold art works and pre-historical objects recovered partly from the water.

Website: http: //www. historiska. se/

12. Norwegian National Maritime Museum, Oslo (Norway): The Norwegian Maritime Museum presents a collection of boat models, on fishing, marine archaeolo-

gy artefacts, marine paintings, and a display on ship building.

Website: http: //www. marmuseum. no/

13. Rostock Maritime Museum, (Germany): This museum on the history of shipping and shipbuilding displays among others an ancient logboat as well as ship models.

Website: http: //www. schifffahrtsmuseum-rostock. de/

14. Strandingsmuseum, Thorsminde, Jutland (Denmark): The museum presents the history and everyday life along the west coast of Jutland. Its collections encompass among others thousands of artefacts recovered from the wreck of HMS St. George, an exhibition of photos of recent wrecks and-outside the museum - a historical anchors park.

Website: http: //www. vragmus. dk/uk-version/index-uk. htm

15. Stavanger Maritime Museum (Norway): This department of the Stavanger Museum displays the development of the shipping and fishing industry over the last 200 years and shows two ancient sailboats, the Anna af Sand from 1848 and the Wyvern from 1896 as well as material from marine archaeological finds.

Website: http: //www. stavanger. museum. no/default. aspx? ChannelID = 1119

16. Western Australian Museum, Geraldton (Australia): The museum focuses on the region's natural landscapes and marine environment. Its collections include artefacts from shipwrecks located in the region, the Batavia, the Gilt Dragon, the Zuytdorp, the Zeewijk and the HMAS Sydney (II).

Website: http: //museum. wa. gov. au/museums/geraldton/#geraldton/getting-here

17. Tromsø Museum, Tromsø University (Norway): The University museum consists of 6 departments, including an archaeology exhibition and some artifacts recovered from under water

（1）陪葬船博物馆[1]

博物馆内展出了保存较完整的陪葬船，这些陪葬船，最初多是当时声名赫赫的战船，后当做当时帝王重要的陪藏品。

18. 开罗的胡夫船舶博物馆（埃及）：也称为太阳船博物馆。在埃及开罗

[1] 因国内尚无此类博物馆，笔者暂译为陪葬船博物馆。

的胡夫金字塔里就保存了迄今最古老、最大的葬船——胡夫葬船。它是法老胡夫的陪葬品，因为船只是古埃及人沟通河谷南北的唯一交通工具。他们认为太阳是创造万物、主宰一切的神，建造的太阳船可以让死去的国王升天追上太阳神。陪葬船的船头有凉棚，船身两侧各配有五支桨，船尾两个桨作舵用。

网站：http：//museumchick. com/2010/03/khufu-boat-museum-giza-egypt-felucca. html

19. Sutton Hoo, Suffolk, UK：The site of two Anglo-Saxon cemeteries of the 6th century and early 7th century contained an undisturbed ship burial. Exhibited are the royal burial mounds, a full-size reconstruction of the burial chamber, replica artefacts and original finds from one of the mounds, including a prince's sword.

网站：http：//www. nationaltrust. org. uk/sutton-hoo/

20. Viking Ship Museum, Oslo（Norway）：This Viking Ship Museum, located in Oslo, shows Viking Age ships（the Oseberg Ship, Gokstad Ship, Tune Ship…）, sledges, beds, a（horse）cart, wood carving, tent components, buckets and many grave goods. Finds come mainly from land-based burial mounts.

Website：http：//www. khm. uio. no/english/visit-us/viking-ship-museum/

（2）私人的船舶博物馆

由私人或非政府组织赞助的船舶博物馆

21. Ben Cropp Shipwreck Museum, Queensland（Australia）：Private museum exhibiting relics from shipwrecks found on the North Eastern Australian coast. The collection includes an estimate of over 1, 000 items from shipwrecks such as the Yongala, Pandora, Purpoise, Cambus Wallace, Aahrus, Eastern Argosy, Sun, Titanic, Batavia, and Zeeyk. More.

Website：http：//www. collectionsaustralia. net/org/1014/about

22. Mel Fisher Maritime Museum, Florida（USA）：This museum funded by the treasure-hunter Mel Fisher hosts a collection of artefacts from 17th century shipwrecks, as the Henrietta Marie, Nuestra Senora de Atocha and Santa Margarita.

Website：http：//www. melfisher. org/

23. Whydah Pirate Museum, Cape Cod（USA）：The museum shows pirate shipwreck artefacts found off the coast of the Cape, including the cargo, crew's weapons, supplies and clothing.

Website: http: //www. whydah. org/

三、综合博物馆内水下文化遗产展

除了上述岸上的水遗博物馆外，还有些岸上博物馆拥有少数的水遗藏品。他们在博物馆的特定区块陈列展出当地少量的打捞出水的人类遗存物品或沉船沉物、船货等。

1. Bredasdorp Shipwreck Museum (South Africa): The theme of this museum is "Shipwrecks along the dangerous Southern Cape coast and their influence on the development of the Strandveld". The collection encompasses a variety of material recovered from wrecks, such as the wrecks of the British troopship HMS "Birkenhead" (1852) and the wreck of the "Nieuw Haerlem" (1647).

Website: http: //www. sa-venues. com/things-to-do/westerncape/visit-the-bredasdorp-shipwreck-museum

2. Broome Historical Society Museum, Broome (Australia): The museum gives an insightful look into Broome's diverse cultural history, including the town's pearling history and many old photographs and files of Japanese air raids on Broome during World War II, including tales of shipwrecks.

Website: http: //www. about-australia. com/travel-guides/western-australia/australias-north-west/attractions/museum/broome-historical-society-museum

3. Brunei Maritime Museum, Kota Batu (Brunei): Description: this museum explains the importance of Brunei as a centre for maritime trade during the ancient times. Collection: three galleries and shipwreck artefacts discovered along Brunei waters.

Website: http: //www. bt. com. bn/home_ news/2008/10/09/maritime_ museum_ set_ to_ open_ in_ 2010

4. East London Museum, East London (South Africa): The museum is a major natural and cultural history museum in South Africa. Its maritime gallery displays model ships and shipwreck artefacts.

Website: http: //www. elmuseum. za. org/

5. Flagstaff Hill Maritime Museum, (Australia): The museum explains the history of the Great Ocean Road and does also display an important collection of shipw-

reck and maritime trade artefacts.

Website: http: //www. flagstaffhill. com/

6. Graeco-Roman Museum of Alexandria (Egypt): The museum provides an excellent introduction to the Greek and Roman Art of Egypt. It displays hundreds of precious antiques from the surrounding of Alexandria, including artefacts recovered from the bottom of the bay.

Website: http: //www. grm. gov. eg/

7. La Pérouse Museum, Sydney (Australia): Located within the Botany Bay National Park, the La Perouse Museum and Visitors Centre stands on the site of the first landing of the First Fleet in January 1788, which was followed by the French explorer Comte de Laperouse, who later mysteriously disappeared. The museum hosts also exhibitions on Australian history and a collection of Aboriginal artefacts, historic maps, important local documents and maritime exhibits, including recovered relics from French explorers.

Website: http: //www. environment. nsw. gov. au/NationalParks/parkVisitorCentre. aspx? id = N0066

8. Malacca Maritime Archaeology Museum (Japan): The museum exhibits maritime archaeology artifacts and findings. Its collection includes artifacts from shipwrecks, such as the Royal Nanhai, the Xuande and the Turiang.

Website: http: //www. malaysian-museums. org/mam. htm

9. Maritime Museum, Calcutta Port Trust (India): Description: Objects represent historic ivory, lacquer ware, and bronze works as well as artefacts from China, Japan, Burma, Nepal, and Tibet. The archaeological section contains exhibits of stone-age Indian artefacts, antiquities ranging from 2500 BC to 1500 BC, sculptures from the 4th and 5th Centuries BC, as well as late medieval artefacts, Indo-Muslim architecture, and religious treasures that have made it a place of pilgrimage.

Website: http: //www. worldportsource. com/ports/IND_ Port_ of_ Kolkata_ 236. php

10. Maritime History Museum, New Caledonia (New Caledonia): The museum focuses on the maritime history of New Caledonia and displays artefacts from numerous ships salvaged around the reefs in New Caledonia, dating from the 19th and 20th

century.

Website: http: //www. nouvellecaledonietourisme-sud. com/en/discover-new-caledonia/history/292

11. Museum of Tropical Queensland (Australia): This natural history and archaeological museum located in Townsville displays among others artefacts from the wreck of HMS Pandora.

Website: http: //www. mtq. qm. qld. gov. au/

12. National Maritime Museum, Galle (Sri Lanka): The new museum is located within the Galle fort and displays marine artefacts found in underwater explorations, especially from the Dutch Aavonster wreck.

Website: http: //www. trulysrilanka. com/museums/sri-lanka-national-maritime-musuem. html

13. National Museum, Beijing (China): Description: it is the largest comprehensive history museum in China now, located on the side of Tian'an Square in Beijing, built on former China History Musuem and former China Revolutionary Museum. Collection: both material and non-material collections and exhibits.

Website: http: //www. chinamuseums. com/nationalm. htm

14. National Museum, New Delhi (India): Description: apart from the art collections, this Museum has conservation laboratory and the national museum institute of history of art, conservation and museology. Collection: it possesses 200, 000 objects of art covering 5000 years of India cultural heritage.

Website: http: //www. nationalmuseumindia. gov. in/

15. National Museum of Vietnamese History, Hanoi (Vietnam): The national museum features with large collections, including a collection of unique ceramic items from an ancient shipwreck found near Cu Lao Cham Island.

Website: http: //baotanglichsu. vn/portal/vi/Trang-chu/mid/29453A92/

16. Navy Museum, Cochin, (India): The museum is divided into various different sections, which highlight significant and interesting aspects of the Indian navy like shipbuilding, evolution of the Indian navy since the year 1600, wars fought and victories of the navy, etc. History and important landmarks of the Indian navy. Collection: One can even find information on the various wars fought by the Indian navy

like the Goa liberation, Indo-Pak conflicts of 1965 and 1971, Operation Cactus (Maldives), Operation Pawan and planned drills during Kargil war recently.

Website: http: //www. keralatourism. org/destination/destination. php? id = 1797006262

17. Osaka Maritime Museum, Osaka (Japan): The museum explains the general development of maritime culture in Osaka. Its highlights are a replica Naniwa Maru, a 17th century trade ship, and a range of artefacts as well as a 60 m underwater walkway.

Website: http: //www. jikukan-ogbc. jp/english/index. html

18. Port Natal Maritime Museum (South Africa): The museum gives an insight into the influence of maritime culture on local life whilst also reflecting on the rigors and romance of lives lived at sea. Its collection encompasses artifacts from a number of vessels and some Chinese porcelain from a Portuguese ship wrecked in 1554.

website: http: //www. durban-history. co. za

19. Prince of Wales Museum, Mumbai (India): Description: as one of the best-known Museums of the Country opened in 1922, its mainly collections were acquired by the Trustees and the Sir Ratan Tata bequest. Its maritime heritage gallery as the first of its kind in India

Website: http: //www. bombaymuseum. org/

20. Queenscliffe Museum, Victoria, (Australia): Initially the museum was formed to preserve the last Queenscliff lifeboat which was in service between 1926 and 1976. The lifeboat forms the core of the Museum collection. The collection includes also artifacts from shipwrecks.

Website: http: //www. maritimequeenscliffe. org. au/index. html

21. South Australia Maritime Museum, Port Adelaide (Australia): Hosting one of the oldest nautical collections in Australia the museum displays large collections including a nautical museum collection.

Website: http: //www. history. sa. gov. au/maritime/collections/portadelaide_nautical. htm

22. Shipwreck Galleries, Western Australia Museum (Australia): The museum is considered the No. 1 maritime archaeology museum in the southern hemisphere. It

displays hundreds of relics from wrecked ships, such as the Dutch shipwrecks Zuytdorp, Zeewijk and Vergulde Draeck.

Website: http: //museum. wa. gov. au/museums/shipwrecks/# shipwrecks/getting-here

23. Western Australian Museum, Geraldton (Australia): The museum focuses on the region's natural landscapes and marine environment. Its collections include artifacts from shipwrecks located in the region, the Batavia, the Gilt Dragon, the Zuytdorp, the Zeewijk and the HMAS Sydney (II).

Website: http: //museum. wa. gov. au/museums/ geraldton/ #geraldton/ getting-here

Aegean Maritime Museum, Mykonos

Archaeological Museum, Zadar, Croatia

Australian War Memorial

Beachcomber's Museum, Texel

Bermuda Museum

Bohus County Museum/Västarvet, Sweden

Bryggen Museum, Bergen

Calvert County Maritime Museum, Maryland

Castle Cornet, St Peter Port, Guernsey

Cité de la Mer Museum, Cherbourg

Cobh Museum, Ireland

Columbia River Maritime Museum, Astoria, Oregon

Corpus Christie Museum of Science and History, Texas

Florida Aquarium, Tampa (Little Salt Spring exhibit)

Florida Museum of Natural History, Gainsville

German Museum of Technology, Berlin

Glasshouse Museum, Kibbutz Nahsholim

Gotland Museum, Sweden

Great Lakes Shipwreck Museum, Michigan

Guildhall Museum, London.

Hung Yen Province Museum, Vietnam

Israel National Maritime Museum

Kalmar County Museum

Kom El-Dikaa Roman amphitheatre, Alexandria

Kota Lukut Museum Malaysia

Lake Nemi shipyard, Italy

Lake Vänern Museum, Sweden

Liverpool Maritime Museum

Louisiana State Museum

Maine Maritime Museum, Bath.

Maritime Museum of Finland, Helsinki

Maritime Museum of Piran Slovenia

Maritime Museum of the Atlantic, Halifax, Nova Scotia

Maritime Museum, Alexandria

Maritime Museum, Noumea

Medieval Museum, Stockholm

Memorial University, Newfoundland

Michinoku Traditional Wooden Boat Museum, Aomori city, Japan

Montevideo National Maritime Museum

Museo Archeologico Nazionale di Reggio Calabria

Museo Nazionale, Reggi

Museum of Cadiz, Spain

Museum of Archaeology and Anthropology Campinas State University, Brazil

Museum of National Antiquities, Stockholm

Museum Negara, Kuala Lumpur

Museum of London

Museum of Maritime Science, Tokyo

Museum of Mobile, Alabama

Museum of the Royal Palaces, Santo Domingo

Mystic Seaport, Connecticut

National Archaeological Museum, Athens

National Archaeological Museum of Athens

National Maritime Museum, Gdansk, Poland

National Maritime Museum, Greenwich

National Maritime Museum, Paris

National Museum of Archaeology, Lisbon

National Museum of Northern Ireland, Belfast

National Museums and Galleries, Liverpool

National Museum of Anthropology, Mexico City

National Museum of the Phillippines

National Museum Phnom Penh

Newfoundland Museum, St Johns

Norfolk Island Museum

North Carolina Maritime Museum

Oiasso Roman Museum Irun, Spain

Palacio Cantón Museum of Mérida, Yucatán

Piraeus Archaeological Museum

Piraeus Hellenic Maritime Museum

Plymouth City Museum and Art Gallery

Polish Maritime Museum, Gdansk

Quebec Museum of Civilization

Queen Victoria Museum, Launceston, Tasmania

Rijksmuseum, Amsterdam

Strandingsmuseum, Jutland, Denmark

Submarine Museum, Gosport

Swedish National Maritime Museums

Swiss National Museum

Thalassa Museum. Cyprus

Tower Museum Derry, Ireland

Turks and Caicos National Museum, West Indies

Ulster Museum

US Navy Museum

Vancouver Maritime Museum

Viborg Historical Museum, St Petersburg, Russia

附录 4

南海水域水下文化遗产上报表

笔者根据《水遗公约》水下文化遗产上报表及南海水域水遗特点，构建此表。请填写所提供的选项并提供相关信息，随《南海水遗合作协议书》提交。

第 1 章——相关遗址

选择你表示愿意参与上报的水下文化遗产地或文物：

1. 通过南海水下文化遗产数据库报告的发现或开发活动。(报告编号：　　)
2. 一协议国船只或国民直接报告的发现或开发活动。请提供需要的信息：

协议国：　　　　中国

相关遗址类型：

i. 船难
ii. 飞行器失事
iii. 其他交通工具失事
iv. 遗迹
v. 人居
vi. 渔栅
vii. 港口建筑
viii. 废桥
ix. 个别文物
x. 古洞/沼穴
xi. 其他

报告日期（年/月/日）：__________

报告人：__________

地理坐标：__________，__________（礁/岛/）。

第2章——确有关系的相关信息

贵国的历史文化与相关遗址或文物有何种联系？

i. 文物的文化起源
ii. 与相关历史事件（战争、发现、贸易）有关
iii. 所有权
iv. 对国家历史文化的影响
v. 其他

请解释（用中文或英文）：__________

第3章——主管机关

请填写相关信息：

a. 主管机构：____________

b. 联系人：__________

第4章——图片、文件或其他相关信息

请附上贵国的文化或历史与相关水下文化遗产有联系的信息：

图片

文件

（你可以在本页添加说明）

第5章——发送

声明发送至：

（只显示适当的声明协调国、其他相关缔约国或教科文组织）

相关缔约国（自动显示或点击下拉菜单选择）

所有协定国

你希望在教科文组织网站公布你转告的信息以供广大公众查阅吗？

□是/□否

第6章——确认书

显示转告确认书，并注明声明编号。

参考文献

一、著作类

（一）中文

［1］王铁崖．国际法［M］．北京：法律出版社，2005.

［2］沈宗灵．法理学［M］．北京：北京大学出版社，2001.

［3］王利明．民法［M］．北京：中国人民大学出版社，2000.

［4］吴士存．南沙争端的由来与发展［M］．北京：海洋出版社，1999.

［5］海洋法国际问题研究会．中国海洋邻国海洋法规和协定选编［M］．北京：海洋出版社，1984.

［6］吴士存．纵论南沙争端［M］．海南：海南出版社，2005.

［7］郭玉军．国际法与比较法视野下的文化遗产保护问题研究［M］．湖北：武汉大学出版社，2011.

［8］傅琨成，宋玉祥．水下文化遗产的国际法保护：2001 年联合国教科文组织《保护水下文化遗产公约》［M］．北京：法律出版社，2006.

［9］黑格尔．法哲学原理［M］．北京：商务印书馆，1961.

［10］王铁崖．国际法引论［M］．北京：北京大学出版社，1998.

［11］李晓东．文物保护法概论［M］．北京：学苑出版社，2002.

［12］邹启山．人类非物质文化遗产代表作［M］．张崇华，燕汉生，译．郑州：大象出版社，2006.

［13］罗伯特·隆波里．意大利法概要［M］．薛军，译．北京：中国法制出版社，2007.

［14］亚历山大·基斯．国际环境法［M］．张若思，编译．北京：法律出版社，2000.

［15］汉斯·凯尔森．国际法原理［M］．王铁崖，译．北京：华夏出版社，1989.

［16］希尔松·兰贝利．保卫巴西水下文化遗产：法律保护与公共考古学［M］．巴黎：国际博物馆，2008.

［17］朱利江．对国内战争罪的普遍管辖与国际法［M］．北京：法律出版社，2007.

［18］张松．城市文化遗产保护国际宪章与国内法规选编［M］．上海：同济大学出版

社，2007.

[19] 赵兴德．当代战列巡洋舰大观［M］．北京：世界知识出版社，1991.

[20] 朱文奇．国际法学原理与案例教程［M］．北京：中国人民大学出版社，2006.

[21] 王铁崖．国际法渊源［G］//邓正来．王铁崖文选．北京：中国政法大学出版社，2003.

[22] 马克思，恩格斯．马克思恩格斯全集［M］．第1卷．北京：人民出版社，1956.

[23] 张乃根．西方法哲学史纲［M］．北京：中国政法大学出版社，2002.

[24] 董云虎，刘武萍．世界人权约法总览［M］．成都：四川人民出版社，1991.

[25] 蔡守秋．环境政策法律问题研究［M］．武汉：武汉大学出版社，1999.

[26] 吕忠梅．环境法新视野［M］．北京：中国政法大学出版社，2000.

[27] 杨春福．权利法哲学研究导论［M］．南京：南京大学出版社，2000.

[28] 马克思，恩格斯．马克思恩格斯全集［M］．第1卷．北京：人民出版社，1995.

[29] 冯宪芬，马治国．经济法［M］．西安：西安交通大学出版社，2003.

[30] 傅琨成．南（中国）海法律地位之研究［M］．台北：123资讯有限公司，1995.

[31] 赵亚娟．联合国教科文组织《保护水下文化遗产公约》研究［M］．福建：厦门大学出版社，2007.

[32] 张明．黄岩岛之后［J］．北京：中国新闻周刊，2012（19）.

[33] 郑晓云．文化认同与文化变迁［M］．北京：中国社会科学出版社，1992.

[34]［美］E. R. 克鲁斯克，B. M. 杰克逊．公共政策词典［Z］．上海：上海远东出版社，1992.

[35]《中国大百科全书》总编辑委员会．中国大百科全书［Z］．北京：中国大百科全书出版社，2003.

[36]《中国大百科全书》总编辑委员会．中国大百科全书（法学卷）［G］．北京：中国大百科全书出版社，1984.

[37] 中国大百科全书（文物　博物馆卷）［G］．上海：中国大百科全书出版社，1993.

（二）英文

[1] Francesco Francioni. The 1972 World Heritage Convention：a Commentary［M］. Oxford：Oxford University Press, 2008.

[2] Patrik J. O. Keefe. Shipwrecked Heritage：A Commentary on the UNESCO Convention on Underwater Cultural Heritage［M］. UK：Institute of Art and Law, 2002.

[3] Sarah Dromgoole（ed）. Legal Protection of the Underwater Cultural Heritage：National and International Perspectives［M］. The Huge：Kluwer Law International, 1999.

[4] Jeanette Greenfield. The return of cultural treasures［M］. Cambridge：Cambridge University Press, 1996.

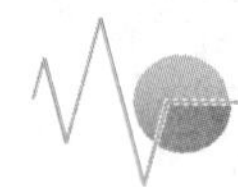

[5] Sarah Dromgoole (ed) . The Protection of the Underwater Cultural Heritage: National Perspectives in Light of the UNESCO Convention [M]. Leiden: Martinus Nijhoff Publishers, 2006.

[6] Jean-Yves Blot. Underwater Archaeology: Exploring the World Beneath the Sea [M]. UK: Thames & Hunson, 1995.

[7] Sherry Hutt, Caroline M. Blanco, Ole Varmer. Heritage Resources Law: Protecting the Archeological and Cultural Environment [M]. New York: J. Wiley, 1999.

[8] Barbara T. Hoffman. Art and Cultural Heritage: Law, Policy, and Practice [M]. Cambridge: Cambridge University Press, 2006.

[9] Will Kymlicka. Multicultural Odysseys: Navigating the New International Politics of Diversity [M]. Oxford: Oxford University Press, 2007.

[10] Roberta Garabello, Tullio Scovazzi. The Protection of the Underwater Cultural heritage: Before and After the 2001 UNESCO Convention [M]. Leiden: Martinus Nijhoff Publishers, 2003.

[11] Bradford, E. The story of the Mary Rose [M]. New York/London: W. W. Norton & Company. 1982.

[12] Ballard, R. D. Archaeological Oceanography [M]. New Jersey: Princeton University Press, 2008.

[13] Cairns, L. and Henderson, G. Unfinished Voyages: Western Australian Shipwrecks 1881-1900 [M]. Australia: University of Western Australia Press, 1995.

[14] Muckelroy, K (ed) . Archaeology Under Water: An Atlas of the World's Submerged Sites [M]. Mc Graw-Hill, New York, 1980.

[15] Catsambis, A. , Ford, B. and Hamilton, D. (eds) . Oxford Handbook of Maritime Archaeology [M]. New York: Oxford University Press, 2011.

[16] Dear, I. C. B. and Kemp, P. Oxford Companion to Ships and the Sea [M]. Oxford: Oxford University Press, 2006.

[17] Greme Boer. Heritage Law in Australia [M]. Oxford: Oxford University Press, 2005.

[18] Henderson, G. Maritime Archaeology in Australia [M]. University of Western: University of Western Australia Press, 1986.

[19] Anastasia strati. The Protection of the Underwater Cultural Heritage: an Emerging Objective of the Contemporary Law of the Sea [M]. Leiden: Martinus Nijhoff publishers, 1995.

[20] Maurizio Ragazzi. The Concept of International Obligations ERGA OMNES [M]. Oxford: Oxford University Press, 2000.

[21] Day Alan J. Border and Territorial Disputes [M]. London: Longman, 1982.

[22] Garabello, Tullio Scovazzi. The Protection of the Underwater Cultural Heritage Before and After the 2001 UNESCO Convention [M]. Netherlands: Martinus Nijhoff , 2003.

[23] Nandasiri Asentuliyana. International Space Law and the United States [M]. Netherlands: Martinus Nijhoff, 1999.

[24] Greme Boer. Heritage Law in Australia [M]. Oxford: Oxford University Press, 2005.

[25] Robert Pickard. Policy and Law in Heritage Conservation [M]. London: Spon Press, 2001.

[26] Michael CW. Realism Reconsidered: The Legacy of Hans Morgenthau in International Relations [M]. UK: OUP Oxford, 2007.

[27] Peter B. Boorsma, Annemoon van Hemel, Niki van der Wielen (ed). Privatization and Culture: Experiences in the Arts, Heritage and Cultural Industries in Europe [M]. Boston: Kluwer, 1998.

[28] Benjamin, J., Bonsall, C., Pickard, C. and Fischer, A. (eds). Submerged Prehistory [M]. Oxford, Oxbow Books. 2011.

[29] P. J. O' Keefe, Prott, L. V. Law and the Cultural Heritage: Volume I: Discovery and Excavation [M]. Butter Worths Law, 1983.

[30] Fenwick, V., Gale, A. Historic Shipwrecks: Discovered, Protected and Investigated [M]. Stroud: Tempus Publishing. 1999.

[31] Porter Hoagland, Sarah Dromgoole (ed). Legal Protection of the Underwater Cultural Heritage: National and International Perspectives [M]. Kluwer Law Internatinal, 1999.

[32] Kocabaş, U. The "Old Ships" of the "New Gate": Yenikapi'nan eski gemilerl [M]. Istanbul: Ege Yayinlari. 2008.

[33] Natalie Klein. Dispute Settlement in the UN Convention on the Law of the Sea [M]. Cambridge: Cambridge University Press, 2005.

[34] Berit Wästfelt, BoGyllenevard and Jorgen Weibull. Porcelain from the East Indiaman Gotheborg [M]. Denmark: Forlägs AB Denmark, 1990.

[35] Franck Goddio. Discovery and Archaeological Excavation of a 16th Century Trading Vessel in the Philippines [M]. Lausanne: World Wide First. 1988.

[36] Allison I. Diem. Relics of a Lost Kingdom: Ceramics from the Asian Maritime Trade [M]. In the Pearl Road: Tales of Treasure Ship in the Philippines. Gristophe Loviny (Ed). Manila: Asiatype Inc, 1996.

二、期刊、论文、报告、杂志类

（一）中文

[1] 郭玉军，徐锦堂．国际水下文化遗产若干法律问题研究 [J]．中国法学，2004 (3).

[2] 王云霞. 论文化遗产权 [J]. 中国人民大学学报，2011 (2).

[3] 赵亚娟，张亮. 从“南海一号”事件看我国水下文化遗产保护制度的完善 [J]. 法学，2007 (1).

[4] 周冠. 全人类共同利益原则对国家主权的挑战——从水下文化遗产的保护谈起 [J]. 法制与社会，2008 (15).

[5] 魏峻. 中国水下文化遗产保护现状与未来 [J]. 国际博物馆（中文版），2008 (4).

[6] 鲜乔蓥. 中国文物法制化管理的开端——简析南京国民政府的《古物保存法》 [J]. 中华文化论坛，2010 (2).

[7] 郭玉军，向在胜. 法国法中海底文化财产的法律地位 [J]. 时代法学，2005 (4).

[8] 龙运荣. 从意大利和英国管理模式看我国文化遗产保护的新思路 [J]. 湖北社会科学，2010 (17).

[9] 靳平川. 对意大利文物警察体制之扬弃 [J]. 中国文物科学研究，2011 (13).

[10] 上官丕亮. 论公法与公权力 [J]. 上海大学学报（社会科学版），2007 (3).

[11] 刑鸿飞，杨婧. 文化遗产权利的公益透视 [J]. 河北法学，2005 (4).

[12] 韩小兵. 非物质文化遗产权——一种超越知识产权的新型民事权利 [J]. 法学杂志，2011 (1).

[13] 周方. 传统知识权的法律界定 [J]. 西安交通大学学报（社会科学版），2011，31 (5).

[14] 李白蕾. 福州将出台首部保护水下文物的地方性法规 [N]. 福州日报，2007-08-31 (2).

[15] 张彤. 山东3处古沉船遗址待探秘 [N]. 济南日报，2012-03-30 (4).

[16] 李臻. 宁波水下考古可探“泰坦尼克” [N]. 东南商报，2011-03-22 (2).

[17] 黄捷. 舰魂铸碑——中山舰博物馆的设计 [J]. 建筑学报，2007 (5).

[18] 蔡岩红. 我国水下文物盗捞呈集团化公司化趋势 [N]. 法制日报，2011-12-15 (12).

[19] 崔波. 中肯合作实施拉穆群岛地区考古项目签字仪式举行 [N]. 中国文物报，2010-02-24.

[20] 国家水下文化遗产中心. 意大利水下文化遗产调研报告 [R]. 国家水下文化遗产中心2011工作汇报材料，2011.

[21] 含唐. 西班牙掀起保护海底文物热 绘制“海上宝藏图” [N]. 中国文化报，2012-02-08.

[22] 管松. “无意中影响水下文化遗产的活动”法律问题研究 [D]. 厦门：厦门大学，2007.

[23] 肖锡维. 西班牙世界文化遗产保护工作及其启示 [D]. 北京：对外经济贸易大学，2005.

[24] 张一鸣．水下文化遗产勉励的威胁与保护［J］．世界文化，2007（17）．

[25] 吴溪．一半是宝藏一半是梦想［J］．海洋世界，2007（8）．

[26] 林文荣．“泰兴号”沉船打捞揭秘［N］．福建日报，2008-8-28（11）．

[27] 白庚胜，牛锐．文化主权与国家安全［N］．中国民族报，2009-08-28．

[28] 海洋发展战略研究所．中国海洋发展报告［R］．北京：海洋出版社，2011．

[29] 陈刚．全球化与文化认同［J］．江海学刊，2002（15）．

[30] 国家水下文化遗产保护中心．水下文化遗产保护“十二五”专项规划（草案）［R］．国家水下文化遗产保护中心2010工作汇报材料，2010．

[31] 联合国环境规划署世界保护与监测中心．《世界遗产名录》中的湿地和海洋保护区的全球总观［R］．1997．

[32] 辛元欧．瑞典的航海船舶博物馆与水下考古事业［J］．船史研究，1997（11）．

（二）英文

[1] Herderson, Graeme. Significance Assessment or Blanket Protection [J]. *The International Journal of Nautical Archaeology*, 2001, 30 (1).

[2] Janet Blake. The Protection of the Underwater Cultural Heritage [J]. *International and Comparative Law Quarterly*, 1996, 45 (4).

[3] Dromgoole. Military Remain on and Around the Coast of the United Kingdom: Statutory Mechanisms of Protection [J]. 11 *International Journal of Marine and Coastal Law*, 1996.

[4] Borhegyi S. F. The Challenge, Nature and Limitations of Underwater Archaeology, Diving into the Past: Theories, Techniques and Applications of Underwater Archaeology [J]. *Minnesota historical society and the council of underwater Archaeology*, 1964.

[5] Dromgoole, S. Revisiting the Relationship Between Marine Scientific Research and the Underwater Cultural Heritage. *International Journal of Marine and Coastal Law*, 2001, 25 (1).

[6] Edney, J. Impacts of Recreational Scuba Diving on Ship-wrecks in Australia and the Pacific: a Review [J]. *Micronesian Journal of the Humanities and Social Sciences*, 2006 (5).

[7] Adams, J. Ships and Boats as Archaeological Source Material. *World Archaeology*, 2001. 32 (3).

[8] UNESCO. Wrecks of Underwater Cultural Heritage [R]. France: UUNESCO Press, 2012.

[9] Bin Cheng. United Nations Resolutions on Outer Space: Instant International Customary Law? [J]. *Indian J Int. Law*, 1965 (5).

[10] Carducci, G. New Developments in the Law of the Sea: the UNESCO Convention on the Protection of Underwater Cultural Heritage [J]. *American Journal of International Law*, 2002 (2).

[11] UNESCO. Code of Ethics for Diver [R]. France: UNESCO Press, 2011.

[12] UESCO. Third Section of Meeting of States Parties to the Convention on the Protection of the Underwater Cultural Heritage, UCH/11/3. MSP/220/INF5 [R]. Paris: UNESCO, 2010.

[13] Dutch Archaeological Institute. MACHU Research Program [R]. Deutsches Archäologisches Institut Rom, 2010.

[14] UNESCO. Museums and Tourism of Underwater Cultural Heritage [R]. First Section of Meeting of States Parties to the Convention on the Protection of the Underwater Cultural Heritage, Paris: 2010.

[15] Anne F Bayefsky. Cultural Sovereignty, Relativism, and International Human Rights: New Excuses for Old Strategies [J]. *Ratio Juris*, 1996 (8).

[16] Andrew Viduka. Australia's Consideration of the Ratification Process and Current Position, Towards Ratification: Papers from the 2013 AIMA [R]. 2014.

[17] Nafziger. The Underlying Constitutionalism of the Law Governing Archaeological and Other Cultural Heritage. *Willamette L. Rev.* 1974, 581 (30).

[18] Georges Scelle . Draft Articles on the Continental Shelf and Related Subjects Prepared by the International Law Commission [R]. London: International Law Association, 1950.

[19] M. L'Hour, F. Richez. An 18th century French East Indiaman: the Price de Conty (1746) [J]. *The International Journal of Nautical Archaeology*, 1990 (19).

[20] M. L'Hour, L. Long. The Wreck of an 'Experimental' Ship of the 'Oost-Indische Companie': The Murititus (1609) [J] . *The International Journal of Nautical Archaeology*, 1990 (19).

[21] C. Martin. La Trinidad Valencera: An Armada Invasion Transport Lost off Donegal [J]. *The International Journal of Nautical Archaeology*, 1979 (8).

[22] Jeremy Green, Rosemary Harper. The Excavation of the Pattaya Wreck Site and Survey of Three Other Sites, Thailand [J]. *Australian Institute for Maritime Archaeology Special Publication*, 1983 (1).

[23] Jeremy Green, Rosemary Harper and V. Intakosi. The Kosichang One Shipwreck Excavation 1983-1985, A progress Report [J] . *The International Journal of Nautical Archaeology*, 1986 (15).

[24] Michael Flecker. Excavation of an Oriental Vessel of c. 1690 off Con Dao, Vietnam [J]. *The International Journal of Nautical Archaeology*, 1992 (21) 3: 221-244.

三、公约、决议、法律类

[1] 联合国教科文组织 . 保护水下文化遗产公约 (UNESCO Convention on the Protection of the Underwater Cultural Heritage) [S].

[2] 国际法院规约（The Statute of the International Court of Justice）[S].

[3] 联合国教科文组织. 保护世界文化和自然遗产公约（Convention Concerning the Protection of the World Cultural and Natural Heritage）[S].

[4] 关于禁止和防止非法进出口文化财产和非法转让其所有权的方法的公约（The Convention on the Means of Prohibiting and Preventing the Illicit Import, Export and Transfer of Ownership of Cultural Property）[S].

[5] 国际流失文物返还公约（The UNIDROIT Convention on Stolen or Illegally Exported Cultural Objects）[S].

[6] 海牙公约（1899，1907）（Hague Convention of 1899）（Hague Convention of 1907）[S].

[7] UNESCO. 保护非物质文化遗产公约（the Convention for the Safeguarding of Intangible Cultural Heritage）[S].

[8] 与贸易有关的知识产权协定（Agreement On Trade-related Aspects of Intellectual Property Right，TRIPs）[S].

[9] 保护文学和艺术作品伯尔尼公约（Berne Convention for the Protection of Literary and Artistic Works）[S].

[10] 保护和促进文化表现形式多样性公约（Convention on the Protection and Promotion of the Diversity of Cultural Expressions）[S].

[11] 武装冲突情况下保护文化财产公约（1954 Hague Convention on the Protection of Cultural Property in the Event of Armed Conflict）[S].

[12] 联合国. 海洋法公约（The 1982 United Nations Convention on the Law of the Sea，UNCLOS）[S].

[13] 国际救助公约（1989 International Convention on Salvage）.

[14] European Convention for the Protection of the Audiovisual Heritage 2001.

[15] Archaeological and Historical Treasures of the Seabed and the Ocean Floor Beyond the Limits of National Jurisdiction. U. N. Doc. A/AC. 138/SC. I/L. 16 [1972-08-02].

[16] Greece. Draft Article on Protection of Archaeological and Historical Treasures, U. N. Doc. A/AC. 138/SC. I/L. 25 [1973-08-17].

[17] IUCN, The World Heritage List: Future Priorities for a Credible and Complete List of Natural and Mixed Sites. WHC-04/28. COM/INF. 13B.

[18] The Treaty Departments of Ministries of Foreign Affairs and International Organizations of Cuba. Depositary Letters [R]. LA/DEP/2008/032, UNSECO: 2008.

[19] Code of Good Practice for the Management of the Underwater Cultural Heritage in the Baltic Sea Region (COPUCH).

[20] Indonesia . Republic of Indonesia Number 5 of 1992 Concerning Items of Cultural Property (Law No. 5), 1992.

[21] 日本. 文化财产法 [S].

[22] 泰国. 有关“文物、纪念碑、国家博物馆艺术品”的法案 [S].

[23] 法国. 61/1547 号“确立海难残骸机制的法律”法案 [S].

[24] 西班牙. 西班牙历史遗产法 [S].

[25] Thailand. Civil and Commercial Code [S].

[26] Malaysia. The Merchant Shipping Ordinance of 1952 [S].

[27] Australia. Maritime Archaeology Act 1973 [S].

[28] United Kingdom. the Protection of Wrecks Act 1973 [S].

[29] United Kingdom. the Ancient Monuments and Archaeological Areas Act 1979 [S].

[30] United Kingdom. the Protection of Military Remains Act 1986 [S].

[31] United Kingdom. Merchant Shipping Act 1995 [S].

[32] United Kingdom. Protection of Military Remains Act [S].

[33] United States. National Marine Sanctuaries Act, 1972 [S].

[34] United States. 1906 Antiquities Act [S].

[35] United States. 1966 National Historic Preservation Act [S].

[36] United States. 1979 Archaeological Resources Protection Act [S].

[37] United States. 2005 Sunken Military Craft Act [S].

[38] Netherlands. the Monuments Law [S].

四、部分双边、多边水遗保护协议

[1] 荷兰与澳大利亚关于荷兰古代沉船的协议（Historic Shipwrecks Act 1976）[S].

[2] 关于规范 HMS Birkenhead 号沉船老旧之解决方案的意见（南非—英国）（1989 Exchange of Notes Between South Africa and the United Kingdom Concerning the Regulation of the Term of Settlement of the Salvaging of the Wreck HMS Birkenhead）[S].

[3] 关于 CSS Alabama 号沉船的协定（美国—法国）（1989 Agreement Between the Government of the United States of America and the Government of the French Republic Concerning the Wreck of the CSS ALABAM）[S].

[4] 关于 HMS Erebus 号与 HMS Terror 号沉船的谅解备忘录（英国—加拿大）[S].

[5] 关于“RMS Titanic”号沉船的协定（美国、法国、英国和加拿大）（2004 Agreement Concerning the Shipwrecked Vessel RMS Titanic）[S].